10대를 위한
돈 공부

10대를 위한 돈 공부

초판 1쇄 2022년 02월 24일 **초판 3쇄** 2022년 10월 24일

지은이 김명지 | **펴낸이** 송영화 | **펴낸곳** 굿웰스북스 | **총괄** 임종익

등록 제 2020-000123호 | **주소** 서울시 마포구 양화로 133 서교타워 711호

전화 02) 322-7803 | **팩스** 02) 6007-1845 | **이메일** gwbooks@hanmail.net

© 김명지, 굿웰스북스 2022, *Printed in Korea*.

ISBN 979-11-92259-02-4 03190 | **값 15,000원**

꿈 · 행복 · 부 · 인생을 모두 배우는 진짜 경제 수업!

10대를 위한
돈 공부

김명지 지음

굿웰스북스

10대부터
행복한 부자가 될
준비를 해야 한다!

용돈으로
10대가 실천할 수 있는
투자법은 따로 있다!

교직 생활 8년 차 중등 지리 교사이며 2020년 말부터 주식 투자를 시작했다. 투자자로 살아가며 주식 투자로 번 자본 소득이 월급이라는 노동소득보다 많아지는 것을 경험하였다. 좋은 대학, 좋은 직장에 가야만 돈을 많이 벌 수 있다고 생각했다. 하지만 투자로 돈을 벌어보니 내가 지금까지 돈을 많이 못 번 이유가 열심히 살지 않아서 그런 것이 아니라 돈에 대해 무지한 채 열심히만 살았기 때문임을 알았다.

투자자로 살아보니 '돈'에 대해 아는 것은 정말 중요했다. 돈은 나에게 있어 행복을 가져다주고, 꿈을 꾸게 해주었다. 또한 투자를 빨리 할수록 복리 효과로 인해 큰 부자가 될 수 있다는 것을 알았다. 하지만 학교에서는 여전히 입시 위주의 교육이 주로 이루어질 뿐 자본주의 사회에서 꼭 알아야 할 '돈'에 대한 금융경제 교육은 거의 이루어지지 않는 것이 현실이다.

그냥 나부터 시작해보자 생각하고 금융 교육을 실천에 옮겼다. 2021년 내가 근무하고 있는 학교 학생들을 대상으로 금융경제 교실, 모의 주식 투자를 진행하며 학생들에게 돈 공부에 대해 가르치기 시작했다. 10대는 용돈, 아르바이트비라는 적은 돈으로 투자를 시작해야 한다. 또한 학교 공부와 병행해야 하기 때문에 투자에 전념하기도 어렵다. 그래서 적은 돈으로 시작할 수 있고, 어렵지 않은 10대 맞춤형 투자 방법을 고민했다. 그리고 그 답을 이 책을 통해 공유하려 한다.

이 책을 통해 '나는 어떻게 돈을 벌어야 할까? 어떻게 돈을 지켜야 할까? 어떻게 돈을 써야 할까?'에 대한 도움을 받을 수 있을 것이다. 내가 부자가 되어야만 하는 이유를 알 수 있고, 부자가 되고 싶다는 강력한 동기부여를 받게 될 것이다. 부자가 될 수 있는 실천법을 상세하게 제시했기에 따라 하기만 하면 된다. 10대부터 행복한 부자가 될 준비를 해야 한다.

1장 '꿈을 이루고 싶으면 경제와 친해져라'는 내가 왜 이 책을 쓰게 되었는지, 2장 '10대에게 가장 필요한 교육은 금융 교육이다'는 학생의 관점에서 왜 이 책을 읽어야 하는지, 3장 '10대, 돈 공부를 통해 배울 수 있는 것들'에서는 돈 공부의 긍정적인 효과들을 담았다. 4장 '학교 공부보다 쉬운 8가지 투자 실천법'에서는 10대가 당장 실천할 수 있는 맞춤형 투자 방법을 제시했고, 5장 '경제를 제대로 안다면 내 삶의 주인이 될 수 있다'는 1~4장을 아우르는 내용을 다루었다. 부록에는 제자들 중 실제 주식 투자를 하고 있는 10대 학생들의 인터뷰 내용을 넣어 주식 투자에 대한 학생들의 생각을 진솔하게 담아 보았다.

내 별명은 '빈틈없는 사람'이다. 내가 일하는 책상을 보고 동료 교사가 지어준 별명이다. 정리 정돈이 그만큼 취약한 나란 사람이, 내가 알고 있는 것을 정리해서 책을 쓰는 것은 꽤 힘든 작업이었다. 하지만 나의 경험과 지혜가 누군가에게 도움이 될 수 있다는 마음으로 책을 썼다. 저축, 월급만이 돈 버는 방법은 아니라는 것을 꼭 알려주고 싶었다. 내가 아는 모든 것을 쏟아부어, 10대를 위한 투자 지침서가 되기를 바라는 마음으로 열심히 썼다. 이 책을 시작으로 10대를 위한 금융 교육 전문가로서 성장하기 위해 더 공부하고 발전하는 사람이 되고 싶다.

이 책을 쓰면서 도움을 많이 받아 감사한 사람들이 정말 많다.

먼저, 실제 주식 투자를 하고 있는 10대 제자 중 세 명에게 설문 조사를 했는데, 인터뷰를 성실히 해줘서 책을 쓰는 데 큰 도움을 받았다. 학생들의 투자철학, 투자를 통한 본인의 비전 등이 너무 멋졌고, 그들에게 많이 배웠다. 정말 고맙다, 애들아!

다음으로, 주식 투자에 대해 알려주시며 나를 투자자로 살아가게 해주시고, 책을 써보라고 하시며 발전하는 삶을 살게 해주신 주이슬 멘토, "성공해야 책을 쓰는 것이 아니라, 책을 써야 성공한다."라고 하시며 책 쓰기 노하우를 알려주신 김태광 멘토. 두 멘토에게 정말 감사드린다. 책 출판까지 응원해주신 가족, 친척, 친구, 직장 동료, 출판사 식구들에게도 감사하다고 말씀드리고 싶다.

마지막으로 가장 감사한 분들이 있다. 부모님과 남편이다. 변함없는 사랑을 주시고, 도전하는 사람으로 성장할 수 있도록 지원해주고 키워주신 부모님, 책 쓰느라 예민해진 나에게 힘을 주며 내가 하고 싶은 것은 무엇이든지 하라고 지지해주는 남편에게 이 책을 통해 감사함을 전한다.

이 책을 읽고 당장 실천하는 10대는 반드시 부자가 될 수 있다. 투자의 귀재 워런 버핏이 유언으로 남긴, 돈을 벌 수밖에 없는 투자처를 1만 원대로 살 수 있는 방법도 책에 소개했다. 작은 성공의 경험이 큰 성공 경험을 만든다. 1만 원 혹은 더 적은 돈으로 시작해서 수익을 얻는 경험을 하면 재미가 붙어 더욱 돈 공부를 하게 할 것이고 투자자로서 살아가는 힘을 얻을 수 있을 것이다. 10대부터 투자자로 살아갈 당신의 앞날을 축복한다.

2022년 2월, 10대를 위한 금융 교육 전문가 김명지

목 차

2장 10대에게 가장 필요한 교육은 금융 교육이다

3장 10대, 돈 공부를 통해 배울 수 있는 것들

4장 학교 공부보다 쉬운 8가지 투자 실천법

5장 경제를 제대로 알면 내 삶의 주인이 될 수 있다

꿈을 이루고
싶으면 경제와
친해져라

STUDYING MONEY

왜 돈 공부를 10대 때 시작해야 할까?

나는 30대 중반의 8년 차 중등교사다. 현재 세종시에 내 아파트 한 채가 있고, 주식 투자자로 살아가고 있다. 돈 공부를 본격적으로 시작한 것은 1년 정도 되었다. 주식으로 돈 공부를 시작했다. 나는 돈을 벌기 위해 멀리 돌아왔다. 돈 버는 방법을 몰랐기 때문이다. 좋은 대학을 가야만, 좋은 직장을 얻어야만 돈을 많이 번다고 생각했다.

돈 공부를 하고 돈을 벌어 보니 이제는 알겠다. 누구나 돈에 대해 공부한다면 돈을 벌 수 있다는 것을 말이다. '지금은 단군 이래 가장 돈 벌기 쉬운 세상'이라는 말을 들어본 적이 있을 것이다. 그런 만큼 돈 공부는 무조건 빨리 시작하는 것이 좋다. 돈 공부를 10대 때 시작했다면 내 인생은 어떻게 달라졌을까? 이 책을 읽는 10대는 분명히 부자가 될 수 있다.

"부자에는 정원(定員)이 없다."

학교 성적표에는 등급이 있다. 학생들은 1등급을 쟁취하기 위해 열심히 공부한다. 학교 대회에도 언제나 순위가 있다. 해당 등급, 해당 순위 안에 들기 위해 학생들은 친구들과 경쟁한다. 그러나 부자에는 정원(定員)이 없다. 그러니 누구나 부자가 될 수 있다.

"학교 공부할 시간도 없는데 무슨 주식을 한다고 그래?", "투자는 무슨 투자! 공부 열심히 해서 좋은 대학 가고, 좋은 직장에 취직해야지."라고 말하는 부모, 과거 본인이 투자에 실패한 경험으로 인해 주식에 대해 부정적인 부모가 옆에 있는가? 이 책을 읽고 돈과 투자에 대한 관념을 새로 세우고 부모를 설득하면 된다.

워런 버핏은 열한 살부터 주식 투자를 시작했다고 한다. 그리고 세계의 금융을 이끌어가고 있는 유대인들은 자녀가 어릴 때부터 자녀에게 경제 교육을 한다. 유대인들은 13세에 성인식을 치르는데, 그때 우리 돈으로 5,000만 원 이상의 큰돈을 친척이나 하객들에게서 받는다. 그리고 그 돈으로 돈을 불리는 법을 깨우치는 경제 교육을 받기 시작한다.

페이스북의 창업자 마크 저커버그, 마이크로소프트의 창업자 빌 게이츠, 애플의 창업자 스티브 잡스, 테슬라의 창업자 일론 머스크…. 이들의 공통점은 무엇일까? 바로 유대인이라는 사실이다. 유대인은 자녀가 어릴 때부터 돈의 중요성을 강조한다. 유대인을 세계 최고의 부자로 만든 부의 비밀은 어린 시절부터 시작했던 경제 교육이라고 볼 수 있다.

한국 사회에는 아직도 '돈이 인생의 전부가 아니다, 행복은 돈으로 살 수 없다.'라는 분위기가 있다. 10대 초반의 어린 자녀에게 큰돈을 쥐어주는 데 거부감을 느끼고, 10대가 돈을 버는 것에 대해 좋지 않은 시선을 가진 사람도 많다.

학교에 '돈 모으는 법', '돈 버는 법' 같은 과목은 없다. 돈은 성인이 되어 벌고 학생이라면 본분에 맞게 학교 공부를 하라고 가르친다. 하지만 학생을 가르치고 있는 교사로서, 이제는 확실히 말할 수 있다. 10대에게 가장 필요한 공부는 '돈 공부'이며 빨리 시작할수록 성공자가 될 수 있다는 것 말이다.

현재 근무하는 학교의 전교생 중 절반 이상의 학생들과 '모의 주식 투자'를 하고 있다. 그리고 방과 후 수업에서 주식 투자에 대해 알려준다. 그렇게 10대에게 돈 공부를 시키고 있다. 10대가 할 수 있는 투자 방법은 따로 있다. 10대가 할 수 있는 투자는 제약이 많다. 그리고 처음 시작한 10대의 돈 공부는 투기가 아닌 투자를 가르쳐야 한다. '세 살 버릇 여든까지 간다'라는 속담이 있다. 10대 때 투자 습관을 잘 들여놓아야 투자자로 사는 삶을 평생 이어갈 수 있을 것이다. 그래서 10대 맞춤형 금융 교육을 실천하고 있다. 10대 맞춤형 돈 공부를 책에서 소개할 수 있게 되어 정말 다행이라고 생각한다.

수능을 앞둔 고3 학생이 나를 찾아왔다.

"선생님, 수능 끝나면 저도 주식 수업 들을 수 있을까요?"

학생의 질문에 나는 곧바로 대답했다.

"당연하지. 수능 끝나면 바로 와!"

학생들은 돈을 벌고 싶고, 돈을 벌려면 투자 공부를 해야 한다는 것도 알고 있다. 그러나 학생들이 진짜 배우고 싶은 돈 공부를 학교에서는 가르치지 않는다. 학교 공부나 열심히 하라고 말한다. 성적으로 서열을 매기면서.

하지만 행복은 성적순이 아니다. 진짜 부자는 "돈이 행복을 준다."라고 말한다. 교사인 나는 학생들에게 "돈 공부는 꿈을 이루게 해준다."라고 말하고 싶다. 꿈이 없다면 더더욱 '돈 공부'부터 시작해야 한다. 돈 공부를 하면 세상이 돌아가는 흐름을 파악할 수 있어 앞으로 내가 무슨 직업으로 돈을 벌어야 행복해질지 알게 되기 때문이다.

우리는 누구나 어떤 직업을 가졌든 인생을 살아가면서 돈을 벌고, 돈을 쓴다. 그래서 어렸을 때부터 돈 쓰는 법, 돈 버는 법, 돈 불리는 법, 돈의 중요성, 부자가 되어야 하는 이유를 가르쳐주는 금융 교육을 반드시 실시해야 한다.

10대가 투자란 걸 할 수 있을까? 당연히 'YES'다. 워런 버핏이 그랬고, 지금 책을 읽는 당신도 할 수 있다. 검색해보면 유튜브나 각종 SNS에서도 주식 투자를 하는 10대들을 볼 수 있다. 그들을 보면 어떤 생각이 드는가? 대단하다는 생각이 드는가? 그럴 필요 없다. 지금부터 돈 공부를 시작하면 된다. 이 책은 돈은 많이 벌고 싶은데 어떻게 시작해야 할지 막막한 10대들을 위한 지침서가 될 것이다. 끝까지 읽어본다면 분명히 돈 버는 법을 알게 될 것이다.

돈 공부는 10대부터 시작해야 한다. 자본주의 시대에 살아가는 10대로서 자본인 '돈'에 대해 아는 것이 그 시대에 살아남는 방법이다. 좋은 대학, 좋은 직장을 다니는 것도 중요하다. 그러나 결국 그렇게 해서 번 돈을 어떻게 관리하는지 아는 것이 더 중요하다. 돈 공부는 재미있다. 왜냐면 돈 공부는 나에게 기쁨을 주는 돈을 벌 수 있게 해주기 때문이다. 돈 공부는 나의 노력으로 돈을 벌었다는 성취감, 노동소득 이외에 자본소득이 생기는 기쁨을 알게 해줄 것이다. 그리고 그렇게 번 돈이 또다시 투자를 통해 돈을 벌어다 주는 경험을 하게 될 것이다. 그렇게 당신은 부자가 된다.

워런 버핏이 인생을 살아오면서 가장 후회되는 일 중 하나가 '더 어렸을 때부터 주식을 시작하지 않았다는 것'이라고 한다. 주식은 복리의 마법으로 더 큰 부를 이루게 해준다. 10대에 시작한 돈 공부가 당신을 미래의 워런 버핏으로 만들어줄 것이다. 워런 버핏은 11세에 처음 투자를 시작해서 재산을 불려 지금은 100조가 넘는 재산을 소유한 어마어마한 부자가 되었다.

워런 버핏은 복리 효과에 대해 설명하기 위해 '스노우볼 효과'에 대해 얘기한다. '스노우볼 효과'란 눈사람을 만들 때 주먹만 한 눈덩이를 계속 굴리다 보면 어느새 산더미처럼 커지는 현상을 빗댄 것이다. 복리 효과를 누리기 위해서는 하루라도 빨리 시작해야 하고, 꾸준히 이어갈 수 있는 지속성이 중요하다.

10대부터 용돈, 아르바이트비 등에서 일정 부분을 떼어 꾸준하게 투자함으로써 자본을 조금씩 늘리고 그 자본이 또 돈을 버는 구조를 깨달아

실천하면 더 빨리 부자가 될 수 있다.

이 책을 읽고 10대에 투자를 바로 시작한다면 당신의 인생은 달라질 것이다. 부자들의 공통점이 있다. 바로 실행력이 뛰어나다는 것이다. 실행력이 인생을 좌우한다. 책을 읽고 인풋만 하지 말고 반드시 아웃풋을 하자. 어느 정도 개인차는 있겠지만 돈 공부로 부자 되는 것을 진지하게 고민하고 있는 독자라면 반드시 큰 도움을 받을 것이라 감히 확신한다. 돈 공부를 하고 즐겁게 투자를 시작해보자. 10대부터 투자자로 살아갈 당신의 앞날을 미리 축복한다.

제 꿈은 사장님입니다

　나는 8년 차 중등교사다. 매년 새 학기가 되면 담임으로서 학생들과 상담을 한다. 새 학기 상담의 꽃은 진로 상담이다. 매년 똑같은 경험을 하는데 예전의 나와 현재의 나는 똑같은 현상에 대해 받아들이는 시각이 달라졌다. 학기 초 기초조사서를 작성해오라고 하면 반 학생들 중 한 명은 진로 희망 사항에 '사장님(CEO)'이라고 쓰는 것을 매년 경험한다. 예전에는 속으로 '철딱서니 없네. 안정적인 직업을 가져야지. 무슨 사장님이야. 사업이 얼마나 위험한데. 학교 공부나 열심히 하지.' 이렇게 생각했다. 공부를 더 열심히 해서 대학을 가고, 안정적인 직업을 가져보라고 권유도 했었다. 하지만 돈 공부를 하고 나서는 생각이 180도로 바뀌었다. '사장님이 꿈이라니 이 학생 생각이 깨어 있네. 무슨 사업에 대해 관심이 있을까? 이 학생과 좀 더 얘기를 나눠보고 싶다.' 이렇게 말이다.

올해도 역시 우리 반에는 본인 장래 희망이 사업가라고 밝힌 학생이 있다. 그 학생과 했던 대화를 적어보겠다.

나: 그럼 어떤 사업가가 되고 싶니?

학생: '시스템'으로 돈을 벌고 싶어요.

나: '시스템'으로 돈을 번다는 것이 구체적으로 어떤 의미야? 아, 혹시 인스타그램 열심히 하는 이유가 그런 시스템을 염두에 두고 하고 있는 거야? 너 인스타그램 인플루언서 같던데.

학생: 아, 그것도 관심은 있지만요. 저는 건물주가 되어 월세 등이 꼬박꼬박 나오는 시스템을 이용하고 싶어요. 지금 경매 공부도 하고 있는데, 아빠가 추천해주셔서 경매학원에 다닐까 고민 중이에요. 경매학원비가 비싸서 제가 스스로 확신이 들 때까지 좀 더 경매 공부를 책 등으로 해보고 결정하려고요. 경매는 성인이 되면 할 수 있으니까 그전까지 공부해보려구요. 그리고 사업 아이템을 잘 선정해서 다른 사업도 시스템으로 키울 생각을 가지고 있어요.

나: 와, 멋지다! 시스템으로 돈을 번다는 건 어디서 배웠어? 그리고 경

매 공부는 어떻게 하게 된 거야?

학생: 『부의 추월차선』이라는 책에서 돈을 버는 방법 중에 시스템을 활용하라는 것이 있었는데, 제가 생각하는 돈 버는 법과 비슷했어요. 그리고 요즘 아버지와 부동산 임장을 다니면서 부동산 투자에 대해 배우고 있는데요. 아빠가 경매 공부를 해보면 좋을 것 같다고 하셔서 시작했어요. 또 아빠가 건물이 있으신데 나중에는 저보고 그 건물을 관리해보는 것도 좋겠다고 하셔서 배우고 있습니다.

나: 그런 투자 공부는 언제부터 한 거야?

학생: 작년부터 아빠가 투자 쪽에 관심이 생겨 공부하시더니 투자 관련 책들을 저에게 많이 추천해주셨어요. 그렇게 관련 경제 서적을 다양하게 읽다 보니 투자에 관심이 생겨서 하게 되었어요.

나: 학교 공부에는 관심이 없어? 대학은 안 갈 거야?

학생: 학교 공부에는 관심이 없어요. 하지만 출석은 신경 쓰고 학교는 잘 다녀서 졸업하겠습니다. 대학은 안 갈 거예요. 지금 하고 있는 경제 분야를 더 파고들어 공부해, 성인이 되면 제 사업을 시작해보고 싶어요. 대학 가는 것보다 지금 공부하는 분야를 열심히 하는 것이 더 빨리 성공할 것 같고, 가고 싶은 학과도 딱히 없습니다.

이 학생은 현재 고등학교 2학년 학생이다. 이 학생의 성적은 8등급 정도이다. 학교 공부에 흥미가 없어 수업에 집중하지 않고 잠을 자고 있는 모습을 볼 때도 많다. 하지만 학교에 늦은 적이 없고 본인의 흥미 분야에는 관심을 가지며 학교생활을 한다. 내가 개설했던 '경제 교실' 방과후 수업에 참여하면서 경제 뉴스를 분석하고, 경제 용어를 배우며, 돈 공부를 배웠다. 본인의 관심사에는 열정적으로 참여하는 모습을 보여주었다.

학교 끝나고 집에 가서 뭐 하는지 물으면 경제 공부를 한다고 했다. 학교 공부는 흥미가 없지만, 경제 공부는 실제 본인의 미래에 도움이 되기 때문에 재미가 있다고 했다. 실제로 주식 투자도 하고 있다고 했다. 우량주 중심의 국내 주식에 투자한다고 말했다. 하지만 본인은 공부를 해보니 부동산 공부가 더 재미있다고 얘기했다. 다양한 분야의 투자 관련 서적을 아버지께 추천받아 읽고, 자신의 생각을 정리한다고 했다.

나는 이 학생을 보며 대단하다는 생각이 들었다. 어려서부터 본인이 앞으로 어떻게 살아갈지에 관해 생각하고, 투자하며 직접 경험해보고 있으며, 그것을 사업으로 연결시킨다. 나는 학생의 아버지가 정말 현명하시다는 생각이 들었다. 보통의 부모님처럼 학생에게 학교성적을 강요하지 않는다. 또한 국 · 영 · 수 학원 대신 경매학원을 보내주겠다고 하셨다. 역시 경제 교육은 가정에서부터 시작되어야 한다는 생각이 들었다.

이 학생의 학교생활기록부 독서활동 상황에 입력된 책 목록은 다음과 같다. 1학년 2학기 때 읽은 책들을 나열해보겠다. 『주린이도 술술 읽는 친절한 주식책』(최정희, 이슬기), 『진짜 부자 가짜 부자』(사경인), 『존 리의 부자되기 습관』(존 리), 『부자 아빠 가난한 아빠』(로버트 기요사키) 등을 읽었다.

2학년 1학기 때 읽은 책들을 나열해보겠다. 『내일의 부』(조던 김장섭), 『한국의 1000원짜리 땅 부자들』(김장섭), 『단숨에 읽는 부동산 시장 독법』(최진기), 『대세는 꼬마빌딩이다!』(김윤수), 『빌딩 투자, 이렇게 한번 해볼래요?』(조현우), 『꼬마빌딩 재테크』(임동권), 『스타트업 아이템 발굴부터 투자 유치까지』(임성준), 『만화 경제 상식사전』(조립식), 『미국주식으로 부자 되기』(김훈), 『돈의 속성』(김승호), 『대한민국 부동산의 미래』(김장섭), 『주식투자 무작정 따라 하기』(윤재수), 『스타트업 성공 방정식(창업가라면 반드시 봐야 할 리얼 성공 원리)』(양민호), 『주린이가 가장 알고 싶은 최다 질문 TOP 77』(염승환), 『부의 추월차선』(엠제이 드마코) 등을 읽었다.

이 책 목록을 보고 좋은 의미로 충격을 받았다. 내가 돈 공부를 시작하면서 읽었던 책들을 고등학생이 이미 읽었고, 그것을 이해하고 읽는다는 사실이 놀라웠다. 이 책들을 생활기록부 독서활동 상황에 입력하기 위해서는 독서감상문을 작성해와야 선생님이 써줄 수 있다. 이 학생은 1년간 돈 공부 관련 책들을 읽으며 얼마나 많은 투자 지식과 부자 마인드를 얻었을까? 주식 분야뿐만 아니라 부동산 분야까지 다양한 방면의 경제 책을 읽는 이 학생이 정말 멋지게 보였다.

학교 성적으로 볼 때 이 학생이 책을 이렇게나 많이 읽었다는 것을 보고 그동안 편견을 가지고 학생을 바라보았다는 생각이 들었다. 이 학생은 학교 공부에 관심이 없어서 성적이 좋지 않았을 뿐 본인의 미래를 위한 공부는 누구보다 열심히 하고 있었다. 본인의 장래를 생각하여 돈 공부를 하고 있다. 고등학교 시절을 본인이 하고자 하는 것에 선택과 집중을 하며 살고 있는 모습을 볼 수 있었다.

학교 교내대회 모의 주식 투자에 참여하는 학생과 최근 대화를 나눈 적이 있다. 모의 주식 투자를 하면서 좋은 점이 부모님과 대화할 거리가 많아진 것이라고 말했다. 멀리서 일하셔서 주말에만 집에 오시는 아버지가 그동안 주식을 하고 계시는지 몰랐다고 한다. 일주일에 한 번씩 보니 서먹한 사이라고 얘기했다. 어느 날 학교에서 모의 주식 투자를 하고 있다는 얘기가 나왔는데, 아빠에게 어떤 종목을 사야 하는지 물어보면서 자연스럽게 이야기를 더 많이 하게 되었다고 한다. 유대인은 13세 때부터 부모와 함께 상의하여 투자를 시작한다. 부모와 함께 투자에 관해 이야기하면서 세상 돌아가는 것에 대해 얘기하는 것을 상상하면 정말 멋지다.

내가 어렸을 때 어머니께서 주식 투자를 하셨다가 약 1,000만 원 정도 손해를 입었다는 얘기를 들었다. 그래서 '주식은 위험한 것, 안정적인 저축이 최고!'라는 생각이 어렸을 때부터 들었던 것 같다. 부모님 세대 때는 은행에 저축해도 이자가 20%인 적이 있었으니 저축으로도 사실 돈이 불어나는 것이 쉬웠다. 워런 버핏도 매년 20% 이상의 수익을 얻기에 투자의 귀재라고 듣는 것인데, 예전 시대에는 누구나 이자만으로 투자의 귀재가 될 수 있었다.

하지만 지금은 세상이 달라졌다. 1%대의 은행 이자로는 절대 부자가 될 수 없다.

그래서 나는 투자 공부를 통해 세상이 어떻게 돌아가는지를 배워야 한다고 생각한다. 돈 공부를 통해 세상에 필요한 아이템을 선정하고 창업 아이디어를 얻을 수 있다고 생각한다. 학교에서도 '창업 교육'을 실시해야 한다고 생각한다. 창업을 통해 경제 활동에서 상대방(소비자)을 이해하는 능력을 기르고, 고객의 니즈(욕구, needs)를 파악할 수 있다. 창업은 도전을 가르친다. 돈 버는 능력을 키우는 경험이다. 창업 과정을 거치면서 경제 원리, 돈의 흐름을 파악하게 된다.

성공하고 싶다면 위치를 노동가에서 자본가로 바꾸어야 한다. 이제는 10대가 성인이 되면 안정적인 직장을 선택하게 하는 것이 아니라 유대인 문화처럼 창업을 통해 인생의 성장을 경험하게 해주어야 할 것이다. '교사, 판사, 의사'가 꿈이 아닌 '사장님'이 꿈인 10대 학생들이 많아지길 바란다. 창업가가 되어 자기 주도권을 확보하여 자신의 무한한 가능성을 시험해볼 수 있기를 바란다. 돈 공부를 통해 자신만의 창업 아이템을 선정할 수 있을 것이다. 나의 꿈도 이제는 1인 창업을 하는 사업가다. 10대를 위한 금융 교육을 실시하는 메신저의 삶을 살고 싶다. 그리고 주식 투자를 통해 기업의 CEO가 나를 위해 일하게 할 것이다.

03

꿈을 이루고 싶으면 경제와 친해져라

매년 학기 초에 진로 희망에 대해 학생들과 진로 상담을 한다. 상담해 보면 진로 희망이 정해지지 않은 학생들이 꼭 몇 명씩 있다. 고등학교 3학년 담임을 할 때도 마찬가지였다. 고등학교 3학년이 되어도 진로 희망이 없어 성적에 맞추어 대학에 가는 학생들을 많이 보았다. 학교생활기록부의 진로 희망 분야에 꿈이 아직 없는 학생은 '진로 탐색 중'이라고 쓴다.

꿈이 없는 학생들을 보면 안타깝다. 내가 무엇을 좋아하고 관심 있는지를 모르는 학생들이 많다. 내가 좋아하는 일이 내 직업이 되면 얼마나 행복할까. 경제 공부를 통해 세상 돌아가는 것에 관심을 가지게 된다면 내 꿈을 찾을 수 있다. 또한 내가 좋아하고 관심이 있는 분야를 직업으로 삼아 돈을 벌 수 있다.

나는 학창 시절 소위 말하는 모범생이었다. 반에서 1, 2등을 도맡아 했다. 그리고 자연스럽게 교사를 진로 희망으로 삼게 되었다. 공부 좀 한다는 학생은 '교사, 판사, 의사'를 보통 희망했다. 학교 현장에 있어 보니 십 년이 훌쩍 지난 지금도 상황은 비슷하다.

교사가 되어 현재 8년 차 사회과 중등교사로 근무 중이다. 공무원으로서 매달 월급을 벌며 은퇴하기 전까지 학생들을 가르치며 살아가야겠다 생각했다. 그러나 2020년 11월 주식 투자를 시작하면서 1년 만에 다른 꿈이 생겼다. 바로 '파이어족'이 되는 것이다. 파이어족이란 '경제적 자립을 토대로 자발적 조기 은퇴를 추진하는 사람들'을 뜻한다. 투자를 통해 자본소득이 노동소득을 능가하는 것을 경험하면서 평생 일하면서 살지 않아도 되겠다는 생각이 들었다. 파이어족이 되어 내가 좋아하는 일을 하며 행복하게 살고 싶다. 파이어족을 꿈꿀 수 있었던 것은 경제 공부를 통해 자산을 늘릴 수 있었기 때문이다. 즉, 주식투자에 대해 공부해 매달 월급처럼 꾸준히 주식으로 돈을 버는 파이프라인을 만들고 있기 때문이다.

김도사는 저서 『100억 부자의 생각의 비밀 필사 노트』에서 다음과 같이 말하고 있다.

"내가 좋아하는 일을 좋아하는 장소에서 좋아하는 사람들과 좋아하는 만큼만 할 수 있다는 것은 축복이다. 인생을 천국처럼 살고 있다."

파이어족이 되면 내가 좋아하는 것을 하면서 인생을 천국처럼 살 수 있게 되는 것이다. 나는 돈 공부를 하고 '파이어족'이라는 꿈이 생겼다. 직장인으로서 '회사 가기 싫다.'를 반복하며 회사의 부속품처럼 일하는 삶을 끝낼 것이다. 교사로서 학생들을 가르치는 것은 보람을 느끼게 해주지만, 결국 타인에 의해 큰 틀이 결정되는 직업이다. 타인이 정한 시간에 일하고, 정해준 공간에서 일한다. 몸이 좋지 않아도, 참아야 할 때가 많다. 교사는 감정노동자로서, 학생, 학부모, 동료 교사들에게 시달리는, 정신적인 스트레스가 많은 직업이다. 파이어족이 되어 나를 위해 시간을 사용하며 내가 하고 싶은 일들로 일상을 채우는 삶을 살 것이다. 교사로서 학생의 꿈을 키워주는 것도 좋지만 내 꿈을 한 살이라도 더 젊을 때 실현하기로 다짐했다.

꿈이 없는 10대는 경제 공부로 어떻게 꿈을 찾을 수 있을까? 경제 공부는 미래에 대한 예측력을 길러준다. 교사라는 직업은 인공지능과 로봇의 등장 등으로 미래에 줄어들거나 사라질지도 모른다고 한다. 미래 교육의 핵심은 '에듀테크'라고 한다. 에듀테크는 교육(education)과 기술

(technology)의 결합을 뜻한다. 빅데이터, 인공지능(AI) 등 정보통신기술(ICT)을 활용한 차세대 교육을 의미한다. 정말 교사가 사라질까? 일부 교사는 사라질 것이라 생각한다. 그 일부 교사는 강의식으로 수업하고 수업 내용을 암기시키는 교사를 말한다. 4차 산업혁명 시대에는 암기시키고 이해시키는 역할은 에듀테크가 할 것이고, 상담 및 코칭의 역할로서 교사는 더 중요해질 것이다. 경제 공부를 하며 4차 산업혁명에 대해 알게 되었기에 이런 예측이 가능했다.

에스파의 〈넥스트 레벨〉 뮤직 비디오를 보고 놀랐다. 4차 산업혁명 시대의 큰 화두인 '메타버스'를 내세워 각 멤버별 캐릭터를 구현해내었고 그것을 상품화했다. 신인상을 받으며 멋지게 성공했다. 에스파의 사례처럼 미래를 예측하고 그에 맞게 준비한다면 꿈을 이룰 수 있다. 경제 뉴스를 보면 앞으로 일어날 세계 변화의 흐름을 알 수 있어서 어떻게 미래를 준비하고, 그중 내가 어떤 분야에서 일할지를 스스로 결정해볼 수 있다.

4차 산업혁명 시대에 코로나가 쏘아 올린 '언택트'로 인하여 재택근무, 원격 교육, 원격 의료, 온라인 쇼핑, 플랫폼, SNS 문화가 더욱 발달했다. 4차 산업혁명에선 데이터가 중요하다. 자율주행, 인공지능 기술을 집합시킨 친환경 전기 자동차가 주목받고 있다. 인구 고령화 시대가 되면서 바이오산업도 발달하고 있다.

이런 것들은 다 경제 공부를 하면서 알게 된 것들이다. 이렇게 다가오는 미래를 알고 나의 진로 희망을 찾는다면 지금처럼 '교사, 판사, 의사'라는 한정된 직업만을 추구하지는 않을 것이다. 코로나19 사태 이후 많은 것이 변했다. 새로운 세상과 새로운 경험에 착안해 경제 공부를 통해 미래를 대비할 수 있다.

2021년 넷플릭스의 〈오징어 게임〉이 크게 흥행했다. 코로나19 여파로 인한 집콕 문화로 넷플릭스는 큰 수혜를 받았다. 넷플릭스는 미국 온라인 동영상 서비스(OTT) 업체이다. OTT는 Over-the-top의 약자로, 인터넷을 통해 미디어 콘텐츠를 제공하는 서비스를 말한다.

〈오징어 게임〉이 흥행할 수 있었던 것은 작품 자체도 훌륭했지만, 인터넷 연결만 가능하면 TV, PC, 핸드폰 등의 스마트기기 어디에서나 콘텐츠를 즐길 수 있는 넷플릭스에서 제작되었기 때문이라고 생각한다. 넷플릭스로 K-콘텐츠인 〈오징어 게임〉이 글로벌 시장에서 훨씬 더 주목받을 수 있었다. 미래를 예측하면 더 쉽게 본인의 꿈을 크게 이룰 수 있다.

올해도 어김없이 『김난도의 트렌드 코리아 2022』가 나왔다. 이 책은 매해 나올 때마다 베스트셀러에 등극한다. 우리는 왜 매해 트렌드를 알려고 하는 것일까? 미래를 읽기 위해서이다. 트렌드를 아는 것도 경제 공부다. 트렌드를 알고 앞으로 세상이 어떻게 변화할 것인지, 그에 따라 나는 어떤 비전을 둘 것인지를 계획해야 한다. 그것이 현대사회에서 생존과 직결된다. 경제 공부를 하면 내가 원하는 꿈으로 살아남거나 그 꿈을 바꾸거나 둘 중 하나를 선택할 수 있다. 변화에 따라 발 빠르게 업종에 맞춰 움직일 수 있다. 비디오 대여 서비스에서 넷플릭스처럼 스트리밍 서비스로 업종 변환한 사례는 생존을 위한 변화 적응력을 보여준다.

경제 공부는 꿈이 없는 학생에게는 미래 유망 직업을 알려주고, 꿈이 있는 학생에게는 그것을 더 발전시킬 방안을 알려줄 것이다. 창업가가 꿈인 학생에게는 소비자의 니즈를 파악하게 해주고 사업 아이디어를 제공해줄 것이다. 이제 우리는 경제 공부로 세상을 이해하고 내가 앞으로 어떻게 살아갈지를 스스로 결정할 수 있다. 경제를 알면 세상의 변화를 두려움이 아닌 기회로 받아들이는 힘을 가지게 될 것이다.

예전에 교사 대상 연수 특강에서 강연가가 이런 질문을 한 적이 있다. "왜 예전과는 다르게 청소년들에게 사춘기가 늘어났을까?"라고. 그분이 들려준 정답은 '미래가 불안하기 때문에'였다. 공감이 되었다. 예전 신분제 사회에서는 청소년들은 본인이 자라서 어떤 일을 해야 하는지가 정해져 있었다. 신분에 따라 농사를 짓거나 노비가 되거나 관직에서 일하거나 이런 것이 미리 정해져 있었다. 그래서 미래가 예측되었고, 그렇게 살아가면 되었다.

그러나 오늘날 사회는 어떠한가? 학업에서 입시 경쟁이 심화됨에 따라서 대학, 진로, 미래에 대한 불안감 등이 커지고, 청소년들이 받는 스트레스가 한층 높게 나타나고 있다. 청소년들은 입시라는 경쟁에 놓여 있고, 이것이 미래의 직업과 관련되어 경제적, 사회적 위치에 대한 모든 것들과 연결된다. 이로 인해 아이들이 먼 미래에 대해 막연한 불안감에 휩싸이면서 심적으로 고통받는다. 그것이 짜증, 반항 등으로 표출되어 사춘기 현상이 더 두드러지는 것처럼 보인다. 청소년들이 예민하고 감정 기복이 심한 이유는 미래가 없기 때문이다. 앞으로의 삶이 불안하기 때문에, 두렵기 때문에 감정에 날이 서는 것이다.

세상이 달라졌다. 학교 성적으로 좋은 대학을 가서 좋은 직장에 가는 것이 꿈이 되어야 할까? 나는 본인이 관심이 있고 행복한 일을 하는 것이 꿈이 되길 바란다. 그 힌트를 경제 공부가 줄 것이라고 생각한다. 경제 공부를 통해 직장에서 노예처럼 일하는 것이 아니라, 본인이 직접 창업을 하면 된다. 창업할 때 학벌은 중요하지 않다. 어떤 아이디어로 창업을 하느냐가 중요하다. 경제 공부를 통해 사업을 하고 건물주가 되겠다는 멋진 꿈을 품고 있는 우리 반 학생도 학교 공부는 잘하지 못한다.

경제라는 단어를 생각하면 뭔가 어렵고 따분하게 느껴진다. 하지만 경제를 알아야 하는 이유는 바로 '꿈'을 이루기 위해서이다. 경제 공부를 통해 본인이 좋아하는 일을 하면서 살아가길 바란다. 학교 공부를 잘하는 사람이 꿈을 이루는 것은 아니다. 경제 공부를 한다면 누구나 꿈을 꾸고 그것을 이룰 수 있다. 내가 존경하는 분이 이런 말씀을 하신 적이 있다.

"가장 아름다운 사람은 자신의 꿈을 믿는 사람들이다." 경제 공부로 꿈을 찾고 그 꿈을 이루기 위한 방법을 모색하는 10대가 되길 바란다.

04

금융 문맹으로 성장하는 아이들이 가장 위험하다

주식 투자 관련 유튜브를 자주 보는 편이다. 내가 보는 유튜브 채널들에서는 부모가 자녀에게 사줄 주식은 무엇이 있는지에 관한 방송을 종종 볼 수 있다. 그런 것을 볼 때 시대가 많이 변한 것을 느낀다. 우리 부모님 세대는 '주식은 위험한 것'이라는 생각을 가진 분들이 많았다. 물론 우리 부모님도 마찬가지다. 그러나 한 달 전 엄마가 500만 원 정도로 주식 투자를 해보고 싶다고 하셔서 놀랐다.

엄마는 작년까지도 절대 주식은 하지 말라고 하셨던 분이다. 그런 분도 주식으로 돈을 버는 사람들을 보고, "어떤 종목이 좋다더라."라는 말을 듣고 주식을 하고 싶다고 하셨다. 엄마는 예전에 어떤 주식 종목을 지인에게 소개받고 투자했다가 돈을 잃으셨다. 그런 분이 내가 주식 투자를 하는 것을 보고, 본인도 해보고 싶다고 하셨다. 나는 엄마가 이번에 지인에게 들은 주식 종목에 관해 DART라는 금융감독원 전자공시시스템에서 재무제표를 확인한 후 말렸다. 어쨌든 엄마가 주식 투자를 다시 하겠다는 얘기가 나에게는 새롭게 다가왔다.

나는 투자를 안 하는 것이 하는 것보다 위험하다고 생각한다. 지금은 자본주의 시대이다. 자본주의 시대에 살면서 학생들에게 "어린아이가 돈 밝히면 안 된다.", "용돈은 엄마가 관리해줄게." 이런 식으로 말하는 것을 이제는 바뀌어야 한다고 생각한다. 주식 투자를 하고, 자녀에게 주식을 사주는 부모들이 늘어나고 있지만, 여전히 금융 문맹인 학부모와 학생들이 많다.

내가 8년 전 첫 학교에 부임했을 때는 주식 투자를 하는 학생이 없었다. 그러다가 작년부터 한 학년에 몇 명 생기더니 올해 우리 학교에 재학 중인 고등학교 2학년 학생들을 대상으로 알아보니 한 반에 최소 1~2명씩은 주식 투자를 하고 있었다. 부모님께서 계좌 개설을 해주셨다고 했다. 그리고 용돈이나 아르바이트 등을 통해 모은 돈으로 주식 투자를 하고 있다고 했다. 기특했다. 내가 초등학생이었을 때는 학교와 은행이 연계하여 일주일에 한 번씩 학교에 돈을 내면 은행에 저축해주었다. 매주

5,000원, 1만 원씩 엄마에게 받아서 학교에 가져가 저축을 했던 기억이 난다. 물론 그 돈을 저축하지 않고, 문방구에서 써버려 부모님께 혼났던 기억도 난다. 어쨌든 그런 저축 습관을 길러주는 것이 중요하다고 생각한다.

올해 주식 투자 관련 방과후 학교를 개설하고 수업했다. 수업을 모두 듣고도 여전히 주식 투자에 대해 두려움을 느껴 본인은 주식 투자 대신 앞으로도 통장에 저축하겠다는 학생도 있었다. 반면에 모의 주식 투자를 해보고, 선생님이 알려준 주식 투자 스타일을 적용하며 앞으로 실전 투자를 해보겠다고 하는 학생도 많았다. 열 명 중 한 명은 앞으로도 저축, 아홉 명은 주식 투자를 하겠다는 입장이었다. 만약 이 아이들이 주식 투자 경제 교실 수업을 듣지 않았다면 어렸을 때의 나처럼 '주식은 위험한 것이다. 쳐다보지도 말자.'라고 생각했을 것이다.

주식을 떠올리면 막연한 공포가 생긴다. 어렸을 때부터 주식 투자에 대해 부정적인 내용을 많이 들어왔기 때문일 것이다. 하지만 작년부터 주식 투자를 해보니 '더 일찍 해볼 걸.'이라는 생각이 많이 들었다. 주식은 투자인데, 우리가 그동안 어른들께 들어왔던 주식은 투기의 느낌이었다. 그래서 주식은 도박처럼 느껴졌다. 하지만 막상 해보니 주식 투자는 원칙을 지켜서 꾸준히 한다면 돈을 벌어다 준다는 것을 알게 되었다. 이제는 낮은 은행 이자로 저축을 드느니 차라리 배당금을 많이 주는 은행주를 사라고 얘기한다. 배당금의 자세한 개념에 관해서는 다음 장에서 소개하겠다.

투자자로 살아보니, 어렸을 때의 돈에 관한 개념 정립이 굉장히 중요하다는 것을 많이 느낀다. 드라마, 영화 속 부자들은 악한 사람으로 그려질 때가 많고, 돈을 탐하지 않는 사람을 성인군자처럼 보는 경향이 있다. 그래서 부자들은 남의 돈을 빼앗아서 부자가 되었다는 인식을 갖기도 한다.

뉴스에서 우리나라 재벌들이 나올 때, 자식에게 증여세를 줄이기 위해 편법으로 재산을 물려주거나 본인들이 불리한 경우 휠체어를 타고 검찰에 출석하는 장면을 많이 봐왔다. 일부 부자만 그런 것인데, 그런 모습을 뉴스에서 자주 보다 보니 부자에 대해 안 좋은 인식을 갖게 된 것 같다.

자신에게 솔직하게 물어보자.
'나는 부자가 되고 싶은가?'
혹시 아니라고 생각한다면 그동안 봐온 부자들이 존경할 만한 사람들이 아니었기 때문일 것이다. 하지만 생각해보면 우리는 용돈 주는 어른을 좋아하고, 아르바이트비 많이 주는 일자리를 찾고, 월급 많이 주는 회사를 최고라고 생각한다. 사실은 다들 돈을 좇고 있다. 돈은 좋은 것이다. 그런데 왜 사회 분위기는 "나는 돈을 좋아하는 사람이다."라고 당당하게 말하기 어려운 것일까. 빌 게이츠, 워런 버핏, 마크 저커버그 등은 세계적 부자면서 기부도 많이 하는 것으로 알려졌다. 그런 부자가 되면 된다. 선한 영향력을 끼치는 부자들을 보며 부자의 꿈을 키워가길 바란다.

"돈은 더 나은 세상을 만들기 위해 신이 인간에게 준 선물이다."

이것이 유대인들의 돈의 법칙이라고 한다. 그리고 유대인들은 번 돈의 10분의 1을 기부하도록 경제 교육을 한다. 나는 유대인들이 어렸을 때부터 받는 경제 교육에 대해 알고 나서 우리나라도 얼른 도입해야 한다는 생각이 들었다. 나쁜 부자를 보고 돈을 멀리해야 하는 것이 아니라, 좋은 부자를 보고 돈을 많이 벌어 유용한 곳에 쓰겠다는 생각을 가져야 한다.

2020년 코로나19 시대 이후 주식 시장에서 동학 개미 혁명을 일으킨 존봉준이라 불리는 '존 리'라는 사람이 있다. 존 리는 메리츠자산운용 대표이사로서 주식 투자 열풍을 이끌었다. 내 주변에도 존 리의 강의를 듣고 주식을 시작한 사람이 세 명 있을 정도다. 그분이 부모님들에게 한 말 중에서 교육자로서 공감 가는 말이 있었다.

"학원을 보내지 마세요. 사교육비를 끊고 그 돈으로 주식을 사세요."

통계청에 올라온 교육부에서 조사한 통계자료에 따르면 2020년 초중고 사교육비는 전체 학생 대상은 1인당 평균 28.9만 원이었고, 참여 학생 대상은 1인당 평균 43.4만 원이었다. 고등학교 참여 학생 대상의 경우 64만 원이 평균 사교육비였다. 또한 사교육 참여율은 전체 학생의 66.5%나 되었다.

우리 사회는 학벌을 중시해서 학생, 학부모 모두 좋은 대학에 가는 것을 학생이 성취할 가장 큰 목표로 두는 분위기이다. 그러나 서울대를 간다고 모두 성공하는가? 서울대를 간다고 모두 부자가 되는가? 어른들은 서울대를 나와서 좋은 직장에 취직하라고 한다. 그 이유는 무엇일까? 바로 돈을 많이 벌기 위해서이다. 그런데도 돈을 밝히지 말라고 하는 사회 분위기는 참 아이러니하다.

자녀를 학원에 보내기 위해 맞벌이하는 부모님들을 주변에서 흔하게 볼 수 있다. 하지만 학원을 보낸다고 학생들이 모두 성적이 오르는 것도 아니다. 당장 학원을 그만두게 하는 것도 요즘 상황을 보면 어려운 것 같다. 그렇다면 학원 3~4개 보낼 것을 1~2개로 줄이고, 그 학원비를 투자 자금으로 써보는 것은 어떨까. 결국 좋은 직장을 얻어 돈을 많이 버는 것이 목적이라면 어렸을 때부터 학원비로 주식을 사서 자녀에게 투자를 가르치며 돈을 더 잘 벌게 해주는 것이 더 낫다고 본다.

모의고사 등급이 1~2등급인 고등학교 3학년 학생에게 수능시험이 끝나고 모의 주식계좌를 개설해볼 것을 권유했다. 몇 개월 후 성인이 되면 본인이 주식계좌를 개설할 수 있으니 그 전에 모의 주식 투자를 한번 경험해보면 좋을 것 같아서 말이다. 그리고 물었다. "○○아, 국내 1등 주식이 무엇인지 알아?" 나는 당연히 알 것으로 생각했지만, 돌아오는 모른다는 대답은 충격적이었다. 학교 공부는 잘하는데 우리나라 주식 시장을 이끌어가는 우량주를 모른다는 사실은 학생들이 얼마나 금융 문맹으로 성장하는지를 여실히 느끼게 해주었다.

미국 연준 의장을 역임한 경제학자 앨런 그린스펀은 다음과 같이 말했다.

"문맹은 생활을 불편하게 하지만 금융 문맹은 생존을 불가능하게 만들기 때문에 문맹보다 더 무섭습니다."

존 리는 금융 문맹은 전염병이라고 말했다. 금융 문맹은 본인을 가난하게 하고, 사회를 가난하게 만드는 병인 것이다. 그리고 금융 문맹은 자본주의 사회에서 살아가기가 힘들다. 복리의 마법은 얼마나 빨리 투자를 시작하느냐에 따라 결정된다고 앞에서 말했다.

어렸을 때부터 빨리 돈 공부를 시켜야 한다. 학생들에게 금융 교육을 실시하여 금융에 대해 이해하게 해야 한다. 돈을 벌고, 모으고, 쓰는 방법에 대해 알려주며 학생들에게 돈에 대한 감각을 키워주어야 한다. 경

제 공부를 통해 학생들에게 잠재되어 있는 거인을 깨우는 교육을 시행해

야 한다고 생각한다.

05

경제 공부는 어떻게 삶의 무기가 되는가

　나는 실용주의자다. 그리고 가성비를 잘 따진다. 그래서 무엇을 하든 실제 내 생활에 도움이 되어야 실행한다. 경제 공부를 하고 나만의 무기를 장착할 수 있게 되었다. 경제 공부는 나에게 여러 가지 수식어를 가져다주었다. 투자자, 실행 부여가, 금융 교육 전문가, 김작가, 부의 메신저….

　『철학은 어떻게 삶의 무기가 되는가』라는 책을 읽었다. 그리고 경제 공부는 어떻게 삶의 무기가 되는지 생각해보았다. 나는 히어로물 영화를 좋아하는 남편에게 물은 적이 있다. "배트맨이랑 슈퍼맨이랑 싸우면 누가 이길까?" 그때 남편은 각자 가진 능력이 달라서 상황에 따라서 결과가 달라질 것 같다고 했다. 영화 속 히어로들은 많지만 히어로들의 모든 능력을 합쳐놓은 압도적인 슈퍼 히어로는 없다. 각자의 히어로가 자신만의 능력을 갖고 있는 것처럼 경제 공부를 하면 사람마다 각기 다른 무기가 생길 것이다. 내가 경제 공부를 통해 가지게 된 무기들을 소개하겠다. 이것이 여러분의 무기가 될 수도 있고, 경제 공부를 통해 또 다른 당신만의 무기를 가지게 될 수 있을 것이다. 새로운 히어로들이 계속 탄생하는 것처럼 경제 공부를 하면 새로운 당신만의 무기들이 계속 생길 것이다. 경제 공부를 통해 당신 자체가 마블, DC가 될 수 있다. 경제 공부로 다양한 히어로들을 탄생시켜 자신만의 무기로 세상을 살아가기를 바란다.

내가 경제 공부를 통해 가진 첫 번째 무기는 '실행력'이다. 투자를 하고 싶어도 모르면 쉽사리 실행이 쉽지 않다. 내가 아는 만큼, 믿는 만큼 실행이 된다. 작년에 코로나19로 주식 시장이 큰 충격을 겪은 후 상승장이 지속되었다. 그러나 그 상승장 속에서도 나는 바로 도전하기가 쉽지 않았다. 모르니까 두려움이 앞섰고 투자를 실행하기가 쉽지 않았다. 그래서 주식 투자에 관해 알기 위해 관련 유튜브, 책 등을 보았다. 내가 보았던 책 중『주식 투자, 이렇게 쉬웠어?』의 저자 주이슬 작가님을 직접 만나 경제 공부를 하게 되었다. 경제 공부를 하고 나니 주식 투자는 투기가 아닌 반드시 해야 하는 투자라는 것을 알게 되었다. 아는 만큼 보인다고 경제 공부를 하고 나니 주식 투자를 안 할 이유가 없었다. 그리고 이 좋은 것을 나뿐만 아니라 다른 사람들에게도 알려주고 싶었다. 그렇게 주변 지인, 학생들에게 알려주었다.

그렇게 해서 주식 투자와 관련한 금융경제 교육에 관하여 방과후 수업, 교과 수업, 교내대회 등을 통해 학생들에게 알려주게 되었다. 학생들에게 가르치고 보니 경제 교육에 대한 관심도가 매우 높았고, 이것을 우리 학교 학생들뿐만 아니라 다른 10대들에게도 꼭 알려주고 싶었다. 경제 공부를 빨리 하면 할수록 투자의 길에 빨리 들어설 수 있기 때문이다. 그래서 이렇게 10대를 위한 경제 교육에 관한 책을 쓰게 된 것이다. 내가 경제 공부를 시작하고 책을 쓰기까지 1년이 채 걸리지 않았다. 경제 공부를 해보면 실행하게 된다. 주식 투자는 경험이 전부다. 주식 투자는 책으로, 이론으로 하는 것이 아니다. 경험으로 하는 것이다. 투자를 실행하고 결심하게 해주는 경제 공부를 이 책으로 하고, 이 책을 덮고는 바로 실행하길 바란다.

성공은 위치를 바꾸는 데서 시작된다고 한다. 나는 경제 공부를 한 후 노동자에서 투자자로 위치가 바뀌며 기업의 대주주로 살아가고 있다. 기업이 만든 물건을 소비하는 소비자에서 기업의 주식을 가지면서 기업이 나를 위해 일하게 만들고 있다. 또한, 책을 읽는 독자에서 책을 쓰는 저자로 위치가 바뀌었다. 주식 투자 공부를 하고 투자자가 되었고 투자에 관한 글쓰기를 시작하였다. 삶이 변화되었다. 당신도 경제 공부를 통해 삶이 좀 더 나은 방향으로 변화할 수 있다.

내가 경제 공부를 통해 가진 두 번째 무기는 '책임감'이다. 투자자로서 어떤 회사 주식을 살 때는 그 회사에 대해 공부를 하고, 내 선택으로 주식을 산다. 투자를 한 종목에 대해서는 수익을 얻을 수 있도록 해야 한다. 수익도 내 책임, 손실도 내 책임이다. 그 선택에 대해 회피하지 않아야 한다. 수익이 났다면 그 이유를 분석하여 다음에도 수익을 내도록 준비하고, 만약 손실이 났다면 그 이유가 무엇인지 분석하고 다음에는 같은 실수를 반복하지 않도록 해야 한다.

며칠 전 내가 맡은 학교 업무 예산을 쓰는 데 실수를 한 적이 있다. 그래서 다른 사람에게 피해를 줄 뻔한 일이 있었다. 그때 든 생각이 있다. '내가 싼 똥은 내가 치운다.' 정신이다. 내가 한 행동에 대해서는 내가 책임진다는 생각이다. 그래서 그 실수로 인한 결과를 받아들이고, 다시 원래 상태로 되돌리기 위해 부단히 노력했다. 그리고 다행히 해결되었다. 주식 투자에서도 어떤 종목이 예상과 달리 손실이 날 수 있다. 손실도 결국 내가 한 경제 공부 방법이 틀렸기 때문이기에, 그것을 겸허히 받아들이고 앞으로를 준비하면 된다. 고등학생들은 모의고사를 보고 난 후 '오답 노트'를 만든다. 앞으로 그런 유형의 문제가 나왔을 때 다시는 틀리지 않기 위해서이다. 주식 투자도 마찬가지이다. 내 선택으로 인한 결과는 책임지고 앞으로를 준비하면 된다. 모든 투자에 대한 책임은 본인에게 있음을 깨달은 후부터는 해당 기업에 대해 공부를 충분히 한 후에 해당 기업 주식을 사게 되었다.

내가 경제 공부를 통해 가진 세 번째 무기는 '인내심'이다. 워런 버핏은 이런 말을 했다. "주식 시장은 적극적인 자에게서 참을성이 많은 자에게로 돈이 넘어가도록 설계되어 있다."라고…. 매우 공감하는 바다. 주식 시장은 한 단어로 '파동'이라 말할 수 있다. 주식 시장이 좋을 때도 있지만, 좋지 않을 때도 있다. 좋을 때는 한없이 좋지만, 좋지 않을 때에는 잘 견뎌내어야 한다.

2021년 1월에 '테슬라'라는 종목을 산 적이 있다. 그 당시 테슬라는 '천슬라'라고 불리며 종목 토론방 및 주식 투자 유튜버들이 곧 1주에 1,000달러가 된다며 지금이 가장 쌀 때라고 했다. 그런 정보를 듣고, 테슬라라는 기업에 대해 제대로 공부도 해보지 않고, 그저 행복회로를 돌리며 더 늦게 사면 안 되겠다 싶어 그 당시 고점이었던 850달러에 샀었다. 그렇게 1월에 산 테슬라는 계속 떨어지다가 10월 말경에 실제로 '천슬라'가 되었다. 테슬라 1주가 1,000달러가 되기까지 몇 개월 동안 테슬라 창업주인 '일론 머스크'가 SNS에 적은 몇 마디로 주식이 출렁이고, 여러 악재들로 주가가 내려가길 반복했다. 그러나 '테슬라'라는 기업에 대해 공부하며 버텼다. 공부해보니 손해를 보며 팔기에는 아까운, 앞으로 전망 있는 기업임을 알게 되었다. 그렇게 10개월을 가지고 있다가 1주에 1,000달러를 찍는 날 인내심을 가지고 버틴 나를 칭찬해주었다. 또한 앞으로 무분별한 정보에 휩쓸려 기업 주식을 사는 것이 아니라, 내가 경제 공부를 한 후에 확신이 들 때 사자는 생각도 함께하게 되었다. 내가 테슬라를 사고 테슬라 기업에 대해 공부하지 않았다면 테슬라 주식이 500달러권에 갔을 때 두려움에 팔아버렸을 것이다. 주식 시장에서는 내가 아는 만큼만 인내심을 가지게 된다는 것을 알게 되었다.

내가 경제 공부를 통해 가진 네 번째 무기는 '비전'이다. 경제 공부를 하면 미래를 예측하게 된다. 왜냐하면 경제 공부를 통해 앞으로 발전할 분야를 공부하게 되기 때문이다. 그래서 그러한 미래 상황에서 내가 어떤 기업에 투자하고 살아가야 할지가 보인다.

그래서 나는 경영 동아리를 운영하면서 창업에 관심 있는 학생들에게 ESG 기업을 소개하였다. ESG란 'Environment', 'Social', 'Governance'의 머리글자를 딴 단어로 기업 활동에 친환경, 사회적 책임 경영, 지배구조 개선 등 투명 경영을 고려해야 지속 가능한 발전을 할 수 있다는 철학을 담고 있다. 경제 뉴스를 보면 저탄소 배출이 전 세계 각국의 목표가 되어가고 윤리적 소비가 중요시되는 사회에서 친환경 트렌드를 반영한 기업의 행보는 앞으로 더욱 각광받을 것임을 알게 되었다. 그렇기에 창업 희망 학생들에게 사회 트렌드를 반영한 기업의 비전을 가진 'ESG 기업' 창업에 대해 알려주었다.

농업에 관심이 있는 학생에게는 도시농업을 소개했다. 도시에 사는 사람들은 많아지고 있지만 도시에서 농사를 짓기는 쉽지 않다. 하지만 사람들이 먹는 것은 농업에서 계속 나올 수밖에 없기에 도시에서 할 수 있는 농업에 대해 연구할 수밖에 없다. 그래서 고층 빌딩이 있는 도시에서 할 수 있는 농업으로 도심의 빌딩이나 옥상에서 식물을 재배하는 도시농업에 관하여 비전을 제시하고 공부해보라고 했다. 촌락에서 농사를 짓는다는 고정 관념을 현실적인 부분을 반영하여 도시농업이라는 비전을 제시해주고 있는 것이다. 이러한 것들은 모두 경제 뉴스 등을 보며 사회가 어떻게 변화해갈지 안목을 길렀기에 가능했던 것이다.

이외에도 경제 공부를 통한 성실함, 꾸준함, 의식 성장 등 다양한 인생의 무기가 생길 수 있다. 경제 공부를 통해 생긴 무기가 나의 장점이 될 것이다. 학기 초 자기소개서에 자신의 장점을 쓰라고 하면 '모르겠음'이라고 적는 학생들이 많다. 장점을 찾고 싶다면 경제 공부를 시작해보자. 나는 경제 공부로 1년이라는 단기간에 나도 몰랐던 나의 장점들을 발견하게 되었고, 나만의 무기를 장착하게 되었다. 경제 공부를 통해 자신에게 잠자고 있던 거인을 깨울 수 있다. 그 거인이 가진 무기가 무엇일지 궁금하지 않은가? 당신은 무궁무진한 가능성을 가진 사람이다. 경제 공부를 한 후 당신의 무기는 무엇이 될까? 궁금하다면 반드시 경제 공부를 시작해보자. 경제 공부를 통해 나날이 발전하는 당신을 발견할 수 있게 될 것이다.

06

학교에서 배우는 첫 주식 수업

오늘 학교에서 어떤 하루를 보냈는가? 행복한 하루를 보냈는가?

나는 학교에서 사회 수업을 가르친 지 8년 차 중등교사다. 아이들에게 요구되는 것들은 해가 갈수록 계속 많아지고 있다. 대학 입시를 위한 수시라는 제도에 의하여 학생들은 학교 성적뿐만 아니라 학교생활기록부를 관리하여야 하므로 교내대회, 봉사, 동아리, 교과별 수행평가 등을 잘 해내야만 한다. 아이들에게 만능을 요구하고 있는 세태에 지금의 학생들이 안쓰럽다는 생각을 많이 한다. 수업 시간에 엎드려 자는 학생이 많아지고 있다. 내 생각에 그 이유는 크게 두 가지인 것 같다. 학교 현장에서 요구하는 많은 것을 해내느라 늦게까지 잠을 자지 못해 피곤하거나 그것들을 해내기가 벅차서 포기해버리거나….

안타까운 현실을 매년 경험한다. 인간은 누구나 행복해지고 싶어 한다. 내가 봐온 대부분의 10대는 '열심히 공부하면 좋은 대학에 간다. → 좋은 직장을 얻을 것이고 행복해질 것이다.'라는 행복회로를 돌린다. 그렇게 하며 지금의 어려운 현실을 참고 견뎌낸다. 하지만 좋은 대학, 좋은 직장에 들어갈 수 있는 인원은 한정되어 있다. 그리고 그렇게 들어간다고 한들 행복은 보장되지 않는다. 직장에서 돈을 많이 받을지언정 그만큼 내 몸을 혹사하게 된다. 남의 돈을 벌기는 쉽지 않다. 그렇게 회사에서 부속품으로 일하면서 노동소득을 올리는 것이다. 그렇게 힘들게 번 돈을 직장인들은 어떻게 사용할까? 알뜰살뜰 모으기도 하지만, 스트레스를 풀기 위해 물건을 사고, 야근 수당으로 무리해서 병난 몸을 치료하고, 힐링을 위하여 여행을 간다. 어떠한가, 행복해 보이는가?

이틀 전 새집으로 이사를 왔다. 나는 물을 좋아하고, 반신욕 하는 것을 좋아한다. 여행을 가서 숙소를 고를 때 가능하다면 욕조 있는 곳을 무조건 선택한다. 이사 온 집은 생애 최초로 마련한 자가이다. 새 아파트인데 욕조가 있다. 내 평생 처음 욕조가 있는 집에서 살게 되었다. 퇴근을 하고 방금 욕조에서 반신욕을 했다. 내가 좋아하는 음악을 들으며 내가 읽고 싶었던 책을 읽으면서 말이다. 행복이 충만함을 느꼈다. "돈이 있어서 참 행복하다."라는 말이 절로 나왔다. 돈은 행복을 준다. 돈은 좋은 것이고 감사한 것이다. 돈을 버는 것은 선착순이 아니며, 한계도 없다. 그런 돈을 벌게 해주는 돈 공부를 안 할 이유가 없음을 한 번 더 느낀다. 내가 부동산 투자에 관해 알지 못했다면 30살 중반에 세종시에 내 이름으로 된 아파트를 가질 수 있었을까? 돈 공부를 한 것에 감사함을 느낀다. 이 행복을 나뿐만 아니라 다른 사람도 느꼈으면 좋겠다. 그래서 돈 공부의 필요성과 내가 했던 여러 가지 돈 공부를 알려주고 싶다. 특히 10대부터 돈 공부를 시작하면 더 빨리 나의 행복을 찾을 수 있기에 교직에 근무하는 동안 청소년들에게 금융 교육을 계속해서 실시할 것이다.

내가 야근을 했다면, 내일의 출근을 위해 빨리 씻고 자야 하기 때문에 욕조에 물을 받고 30분 이상의 반신욕을 하는 행복을 누릴 수 있었을까? 사치라고 생각했을 것이다. 정말 소소한 일이지만, 회사 일에 치일 때는 그것마저도 허락되지 않을 때가 많다. 그래서 나는 하루라도 빨리 돈 공부를 시작해서 회사의 노예로 살기보다는 본인이 일하고 싶을 때 원하는 일을 할 수 있는 자유를 누려야 한다고 생각한다. 돈 공부를 하면 일을 하지 않아도, 내가 잠자고 있는 동안에도 돈이 돈을 번다. 노동을 통해서만 돈을 벌려고 하지 말자. 자본수익을 얻기 위한 돈 공부를 통해 돈을 버는 것도 값진 것이다. 자본수익은 당신을 행복하게 살 수 있도록 도울 것이다. 지금 살고 있는 집은 처음 살 때보다 2년이 조금 지났는데 벌써 두 배 이상으로 가격이 상승했다. 이 돈을 노동소득으로만 번다면 최소한 10년은 걸렸을 것이다. 하지만 돈 공부를 통해 그 시간을 단축했고 내 집을 마련할 수 있었다. 내가 내 집을 마련할 수 있었던 방법은 4장에서 소개하겠다. 10대부터 이 방법을 적용할 수 있기에 반드시 따라 할 것을 추천한다.

세계 유명 부자들 중에 노동소득으로, 특히 회사원으로 일하여 부자의 반열에 오른 사람은 내가 알기론 없다. 전부 창업 등으로 성공하거나 투자로 성공한 사람들이 부자가 된다. 부자가 되고 싶다고 하면서 투자 공부를 하거나 창업을 하지 않고, 학교 공부를 통해 좋은 대학을 가려고 하는 것은 아이러니하다. 세계 최고 부자 중 한 명인 테슬라 CEO 일론 머스크는 직원들을 뽑을 때 학벌은 전혀 보지 않는다는 뉴스 기사를 본 적이 있다. 그는 2014년 〈오토빌드〉와 인터뷰하며 "학벌은 전혀 중요하지 않다. 고등학교를 안 나왔어도 능력 있는 사람도 있다."라고 말한 바 있다. 대신 면접 때 모든 지원자에게 항상 같은 질문을 던진다. "당신이 살면서 직면한 가장 어려운 문제와 그걸 어떻게 해결했는지 자세히 말해달라." 학교 공부만 한 학생이라면 이것에 대해 어떻게 답변할 수 있을까? 다양한 경험을 하게 하는 대신 천편일률적으로 대학수학능력시험이라는 단 한 번의 시험 성적으로 인생이 결정되는 현실이 매우 슬프다. 왜 우리나라 교육 현실은 여전히 대학이라는 학벌이 최종 목표인 것처럼 보일까?

로버트 기요사키의 『왜 A학생은 C학생 밑에서 일하게 되는가 그리고 왜 B학생은 공무원이 되는가』라는 책이 있다. 긴 제목에서 영어 알파벳은 대학 학점이 아니다. A는 'Academics(학자형)', B는 'Bureaucrats(관료형)', C는 'Capitalists(자본가형)'를 뜻한다. 학교에서 모범생으로 자란 학자형 학생은 봉급생활자가 되어 일자리를 창출하는 자본가형 밑에서 일하고, 책임감은 있지만 조직의 보호에 숨으려는 관료형 학생은 공무원이 된다는 뜻이다. 작가는 학교에서 돈에 대해 가르치지 않음을 비판하며, 학교 시스템은 아이들을 피고용인, 즉 조직의 직원인 'A 학생'이나 'B 학생'이 되도록 훈련한다고 말한다. 새로운 일자리를 만드는 'C 학생'을 키우는 데는 관심이 없다. 많은 젊은이가 자본가를 적대하는 태도로 무장한 채 사회에 나온다고 비판한다. 현직에 있는 교사로서 적극 공감한다. 나는 모범생은 부자가 되기 어렵다고 생각한다. 봉급생활자를 길러내는 학교가 아닌 일자리를 창출하는 기업가를 만들고, 기업에 투자하는 방법을 알려주는 투자 교육이 필요하다.

학교 성적과 돈 버는 것은 별개이다. 영국의 인터넷 마케팅 기관인 '버브 서치'에 따르면, 전 세계 자수성가 억만장자 100명 중 25%는 대학교

나 고등학교를 중퇴한 것으로 조사되었다. 억만장자의 4분의 1이 학력과 무관했다. 학력이 높아야만 부자가 될 수 있는 것이 아니다. 명문대를 졸업해야 부를 쌓기에도 유리하다는 믿음이 사회적으로 자리 잡혀 있지만 전혀 그렇지 않다.

　어렸을 때 어른들이 이런 말씀을 하신 것을 들은 적이 있다. '어린애가 돈 밝히면 못 쓴다.'라는 말이다. 하지만 자본주의 사회에서 살아보니 '돈에 밝지 않으면 못 쓴다.'라는 생각이 들었다. 코로나19 이후 주식 시장이 활황을 겪고 주식 시장에 참여하게 된 후 주식 투자의 필요성을 느꼈다. 그래서 나는 올해 자본주의 사회에서 학생들이 필수로 알아야 할 '돈 공부'를 가르치기로 했다. 금융 교육이 고등학교 교과목에 편제되어 있지는 않다. 하지만 나는 가장 필요한 교육이라고 생각되어 교과 수업 시간, 방과후 수업 시간, 교내대회, 동아리 등을 통해 진행하였다. 학생을 대상으로 모의 주식 투자를 진행하였고, 경제 뉴스 읽기와 주식 투자 방법에 대해 알려주었다. 주식은 우리의 일상을 바꿔줄 기업에 내 자산을 투자하여 기업의 이익을 나누는 것으로 기업과 투자자 모두에게 윈윈인 투자이다. 그런 투자를 올바르게 하는 방법, 돈을 버는 방법에 대해 가르치고 싶었다.

　고등학교 사회 과목에는 '경제'라는 과목이 있고, 지금은 사라졌지만 내 전공인 지리 과목 중 과거에는 '경제 지리'라는 과목이 있었다. 그리고 학생들이 선호하는 학과 중에는 경제학과가 있다. 일상에 실질적인 도움이 되는 경제 교육은 교육 측면에서도 반드시 이루어져야 한다. 교과서적인 경제 관련 용어나 사례도 중요하지만 실제로 학생들이 일상에서 느끼는 경제를 알아보고, 공부하여 투자를 빨리 시작하는 것을 목표로 삼고 금융 교육을 실시하고 있다.

올해 나는 처음이자 본격적으로 금융 교육을 시작했다. 주식 투자 교육으로 금융 교육을 시작했고 전교생의 절반이 조금 안 되는 207명의 학생이 2학기 모의 주식 투자대회에 참가했다. 주식 투자 공부를 하지 않고 호기심으로 그냥 참여하거나 종목 토론방 등을 보며 투기로 참여한 학생도 많았다. 그 결과 참여 학생 중 이익 실현 27%, 손실 실현 73%의 결과가 나왔다. 주식 투자도 반드시 경제 공부를 하고 시작해야 한다는 교훈을 주었다. 돈 공부는 어떤 투자를 하든지 꼭 필요하다.

학교에서 3번의 경제 교실 방과후 수업을 하고 학생들에게 소감을 받았다. 경제 교실 방과후 수업의 경우 주식 투자하는 방법들이 수업의 주된 내용이었다. 수업 소감을 옮겨보자면 다음과 같다. "선생님이 알려준 방법대로 한다면 주식 투자가 위험하지 않음을 알게 되었다." "은행에 저축하는 것보다 선생님이 알려주신 방법대로 주식 투자를 해볼 의향이 생겼다." "투자자로 살아가겠다." "세상의 흐름을 알게 되었다." 10차시 혹은 20차시 정도로 수업을 진행하였는데, 배우길 잘했다는 의견이 많았다. 그리고 주식 투자 방과후 수업을 들은 학생들은 모의 주식 투자대회에서도 좋은 수익률을 거두며 상을 받았다. 학교에서 투자에 대해 학생들을 가르치며 나도 금융 교육 전문가로 성장하였다. 10대부터 투자 공부를 해야 한다고 생각했는데, 실제로 해보니 학생들은 내 생각보다 훨씬 돈 공부를 잘 따라오고, 투자에 관심과 소질이 있었다. 그동안 학교에서 안 가르쳐서 안 했을 뿐 해보니 투자자로서 성장 가능성이 많았다. 학교 성적과는 별개로 투자 공부를 하면 누구나 자신의 스타일대로 결과물을 낼 수가 있었다.

경제 교육을 하고 모의 주식 투자대회를 여는 일련의 과정들을 내 블로그에 올렸는데, 다른 학교 선생님들이 많은 문의를 해왔다. 세종시 중등 사회과 연구회에서도 선생님들께 모의 주식 투자대회의 진행 과정, 결과를 공유하였다. 이제는 학교에서 주식 투자를 가르쳐야 한다. 학생, 선생님 모두가 그 필요성을 느끼고 있다. 나에게 금융 교육을 들은 학생들은 이제 기업이 나를 위해 일하는 대주주로 살아가게 되었다. 모든 학생들이 10대 때부터 투자를 할 수 있도록 교육하는 학교 문화가 형성되기를 바란다.

07

용돈이 적을수록 주식 투자를 하라

"1센트는 또 다른 10억 달러의 시작이다."

세계 최고 부자 워런 버핏이 한 말이다. 푼돈이 모여 목돈이 된다. 우리나라 말 중에 '티끌 모아 태산'이라는 말이 있다. 그것을 비꼬며 개그맨 박명수가 우스갯소리로 '티끌 모아 티끌'이라고 말하기도 했다. 하지만 티끌 같은 적은 금액이라도 투자로 돈을 굴려보는 경험을 해서 돈을 불려본 성공 경험을 해보는 것이 중요하다. 2021년 12월 현재 6,000만 원 정도 하는 비트코인 가격이 2010년에는 0.39달러였다. 비트코인의 최초 가격은 우리나라 돈으로 1,000원도 하지 않았다. 10대라고 해도 1,000원은 있지 않은가. 각 증권사에서 가능한 소수점 매수 투자 방법을 이용하거나 4장에서 간단하게 소개할 '미니스탁' 어플 등을 이용하면 1,000원으로 주식을 살 수 있는 세상이 되었다. 그런데도 돈이 없어서 투자를 못한다는 것은 핑계일 뿐이다.

청소년들의 용돈은 얼마나 될까?

광주광역시청소년활동진흥센터는 청소년 1,204명을 대상으로 '청소년 소비 실태 및 욕구조사'를 실시한 바 있다. 조사 결과에 따르면 청소년이 생활하는 데 필요한 수입의 근원은 용돈이라고 응답한 비율이 87.4%로 가장 높았다. 한 달 기준 용돈의 경우, 중학생은 3~5만 원 미만 응답 비율이 가장 높았고, 고등학생은 5~10만 원 미만이었다. 요즘 고등학생의 한 달 평균 용돈이 6만 원인 것으로 나타났다. 중학생은 3만 원, 초등학생 고학년은 1만 3,000원 순이다.

교육콘텐츠 전문회사 (주)스쿨잼이 총 268명의 청소년을 대상으로 청소년들의 용돈 사용 실태를 알아보기 위해 실시한 온라인 설문조사 결과에 따르면, 한 달 기준 고등학생의 평균 용돈은 60,540원, 중학생은 30,640원, 초등학생 고학년은 13,890원, 초등학생 저학년은 10,000원인 것으로 나타났다. '청소년이 생각하는 적당한 용돈 금액은 얼마인가요?'라는 질문에 고등학생의 대답은 평균 80,900원으로, 현재 받고 있는 용돈보다 약 33% 인상된 금액이다. 중학생은 44,620원, 초등학생 고학년은 23,420원, 초등학생 저학년은 25,000원이라고 대답했다. 용돈 지출 중 가장 많은 부분을 차지하는 건 저축(30.6%)이라고 답했다. 2위는 식비(30.2%)로, 1위와 비슷한 비율을 차지했다. 3위는 취미생활비(18%), 4위는 학용품비(5.6%), 5위는 교통비(4.1%)였다. 조사 결과 중 인상 깊었던 것은 상대적으로 용돈을 많이 받는 고등학생보다 중학생의 평균 저축 금액이 높게 나타난 점이었다. 고등학생은 평균 10,400원, 중학생은 평균 12,160원, 초등학생 고학년은 평균 7,100원, 초등학생 저학년은 평균 6,250원을 저축한다고 응답했다. 평균 용돈 금액과 비교했을 때, 초등학생 저학년은 용돈의 62%를 저축함으로써 용돈 대비 저축 비율이 가장 높다. 용돈 대비 저축 비율이 가장 낮은 고등학생은 용돈의 17%를 저축한다. 초등학생 고학년은 용돈의 51%를, 중학생은 용돈의 40%를 저축하는 것으로 나타났다.

　용돈을 많이 받는 고등학생보다 용돈을 덜 받는 중학생이 저축을 더 많이 한다는 것이 시사하는 바가 무엇인지 생각해보았다. 용돈을 많이 받는다고 돈을 더 잘 모으는 것이 아니다. 용돈이 적어도 돈을 잘 모을 수 있다는 사실이 중요하다. 적은 용돈에 실망하지 말고 어렸을 때부터 돈을 모으는 훈련을 하는 것이 중요하다. 모은 돈들이 복리 효과로 시간이 지날수록 큰돈을 만들어줄 것이다.

　아직 돈을 저축 등으로 모아본 경험이 없는 청소년들에게 제안한다.

자신의 용돈에서 10%만 돈을 모아보는 경험을 해보라고 말이다. 만약 본인의 용돈이 5만 원이라면 그중 10%인 5,000원을 매달 모으는 것이다. 생각해보자. 용돈 5만 원 받는 학생이 4만 5,000원으로 생활하는 것이 어려울까? 나는 충분히 할 수 있다고 생각한다. 어렵다고 생각한다면 우선 실행해보라고 얘기하고 싶다. 주의할 점은 10%의 돈을 먼저 모은 후 90%를 소비해야 한다는 것이다. 선 소비 후 저축은 쉽지 않다. 소비를 하기 전에 미리 저축, 투자를 할 여유자금을 떼어놓아야 한다.

월급쟁이들도 마찬가지다. 월급이 많든 적든 월급의 일정 부분을 비축한 후에 소비를 해야 한다. 월급쟁이들이 많이 하는 말이 있다. '월급은 통장을 스쳐 지날 뿐', 이것은 신용카드로 할부를 긁었기 때문에 일어나는 일이다. 그래서 소비를 하기 전에 미리 저축해야 함을 강조하고 싶다. 소비는 끝이 없다. 월급 200만 원을 받는 사람이 200만 원을 쓰다가, 10%를 저축, 투자하고 180만 원으로 살아가는 것은 그다지 어렵지 않다. 기억하자. 10%의 돈을 저축한 후에 남은 돈으로 한 달을 살아가야 한다는 것을. 10%의 돈은 없는 돈이라 생각하고 무조건 저축하거나 투자하자.

그리고 나는 제안한다. 용돈의 일부를 저축하는 것보다는 적립식으로 매달 주식 투자를 하면 어떨까 말이다. 적립식 투자의 장점은 월급쟁이들뿐만 아니라 매달 용돈을 받는 청소년들이 하기에 최고의 방법이다. 첫 시작은 앞에서 말한 10% 법칙대로 월급, 용돈의 10%를 매달 투자해보도록 하자. 구체적인 적립식 투자 방법은 4장에서 안내하겠다.

　SBS 〈그것이 알고 싶다〉 프로그램에서 최근 "설계된 늪 – 어린 '꾼'들의 위험한 베팅" 편을 보게 되었다. 내용은 청소년 온라인 도박으로 인한 피해에 관한 내용이었다. 청소년들 사이에 유행하고 있는 불법도박 사이트의 실체와 위험성에 관한 내용이었다. 청소년 제보자들은 온라인 불법도박으로 적게는 수십만 원부터 많게는 수억 원에 이르는 금액을 잃었다고 털어놓았다. 코로나로 인해 집에 머무는 비대면 수업이 늘고, 온라인 접속 시간도 크게 늘면서 불법도박 사이트에 노출될 가능성도 증가하고 있다. 도박에 중독된 사람들의 공통된 생각이 있다. '나는 오늘 돈을 딸 것이다.'라는 생각이다. 전두엽이 아직 다 발달하지 않은 청소년기에는 도박 중독에 빠질 위험이 더 크다고 한다. 그리고 해당 프로그램에서 나온 실험을 통해 불법도박의 경우 참가자가 돈을 잃을 수밖에 없게 만드는 메커니즘이라는 것을 알게 되었다.

　이러한 불법도박을 하는 이유가 무엇일까? 청소년들 중 일확천금을 꿈꾸는 학생들이 많다. 하지만 현실에서 돈을 딴 사람들은 돈을 잃은 사람들을 위한 희망고문일 뿐 메커니즘적으로 참가자는 돈을 잃는 구조로 세팅되어 있다. 로또 당첨을 꿈꾸는 사람들도 많다. 하지만 로또 당첨 후 오히려 비참하게 변한 당첨자들의 사례를 많이 보았을 것이다. 돈을 쉽게 벌려고 하지 말자. 꾸준히 차곡차곡 모은 돈은 힘이 있다. 내 수중에서 쉽게 빠져나가지 않는다.

투자와 투기의 차이는 무엇일까? 먼저 공통점은 투자와 투기는 미래에 이익을 보려고 하는 행위라는 점이다. 돈만 들어가면 투기, 돈 말고도 값진 노력이 들어간다면 투자라고 볼 수 있다. 그런 면에서 도박은 당연히 투기이다. 돈을 따기를 기대하면서 돈을 걸었을 뿐 다른 노력을 한 것이 없기 때문이다. 학생이 미래를 위해 학교 공부를 하고, 돈 공부를 하는 것은 노력이 들어가기에 '~를 하기 위해 공부에 투자한다.'라는 말을 할 수 있다. 투자의 핵심은 돈이 아니라 노력이다. 그러므로 우리가 투자를 하기 위해서는 반드시 돈 공부가 필수적이다.

그렇다면 용돈이 적을수록 저축을 하라고 한 것이 아니고, 왜 나는 주식 '투자'를 하라고 한 것일까? 그 답을 얻기 위해서는 저축과 투자의 차이부터 알아야 할 것이다.

저축은 '가지고 있는 돈의 일부를 쓰지 않고 모으는 것'이고, 투자는 '미래 가능성을 믿고 돈을 맡기는 것'이다. 즉, '위험을 회피하고 안정적인 수익을 추구할 것인가? 아니면 위험을 감수하고서라도 높은 수익을 추구할 것인가?'에 대한 선택의 차이가 있다.

투자란 리스크를 감내하고 수익을 내는 행위를 말한다. 주식, 채권, 부동산, 금, 암호화폐 등 투자 대상이 무엇이든 자기 투자의 리스크를 이해하고 있어야 한다. 저축은 예금자 보호한도(원리금 합산 5,000만 원)안에서 내 돈을 잃을 위험이 없다. 저축은 내가 맡긴 원금과 약속한 이자가 보장된다. 그러나 주식은 돈을 잃을 위험도 있고, 내가 주주가 되어야 하기 때문에 더 많은 책임이 따른다. 그래도 투자를 해야 할까? 금리가 두 자리 수를 유지하던 2000년대 초까지만 하더라도 열심히 벌고 절약해서 저축만 하면 재산을 늘릴 수 있었다. 그러나 저금리 시대가 도래하면서 금리가 0%대(현재 기준금리 0.5%)로 진입하면서 수익성이 낮은 저축만으로 재산을 늘리기 어렵게 되었다. 또한 장기적으로 적립식으로 투자를 한다면 투자도 위험성이 낮아지기 때문에 투자에 너무 겁먹을 필요도 없다. 투자를 안 하는 것이 더 위험한 세상이다.

용돈은 한정되어 있고 많지 않다. 그래서 10대는 가진 돈 안에서 최고의 효율을 내기 위해 돈 공부를 하고 하루라도 빨리 투자를 시작해야 한다. 부자는 노력을 하지만 가난한 사람은 변명을 한다. 용돈의 10%를 투자하는 것은 결코 어렵지 않다. 부자라서 투자하는 것이 아니라 투자를 해야 부자가 된다. 돈이 없을수록 주식 투자를 빨리 시작하여 투자 경험을 쌓아야 한다.

주식은 용돈으로 시작해야 하는 것이다. 학원비로 한 달에 100만 원 쓴다고 서울대를 갈 수 있을까? 그리고 서울대에 간다고 모두가 성공하고 인생이 달라질까? 용돈의 일부인 1만 원이라도 투자해보는 습관이 중요하다. 무조건 저축을 하는 것이 답이 아니다. 주식은 기업에 투자하는 것이다. 한국의 높은 노인 빈곤율과 자살률 1위라는 불명예가 바로 가난 때문이란 걸 직시해야 한다. 빌 게이츠는 "가난하게 태어난 것은 당신의 잘못이 아니지만, 가난하게 죽는 것은 당신 책임이다."라고 말했다. 아무리 적은 돈이라도 하루라도 빨리 꾸준히 투자하는 것이 당신을 가난에서 벗어나게 해줄 것이다.

- 2장 -

10대에게 가장
필요한 교육은
금융 교육이다

STUDYING MONEY

10대에게 가장 필요한 교육은 금융 교육이다

2021년 11월 24일 교육부가 발표한 2022개정교육과정 총론에 따르면 '경제' 교과가 수능을 치르는 과목에서 제외된다. 수능을 치르는 과목에서 빠지면 학교 교육에서 중요도나 관심도가 낮아져 더욱 경제 교육을 등한시하게 될 수밖에 없을 것이라고 본다. 금리가 어떤 영향을 미치는지, 유가가 오르면 그게 왜 실생활에 영향을 미치는지 등을 알 수 있는 '경제'를 학교에서 중요도가 높게 가르쳐야 한다고 생각한다. 우리가 살아가는 데 실제 필요한 교육이 바로 금융 교육이다.

선진국인 미국의 금융 교육을 살펴보자. 미국 13개 주에서는 경제 과목을 필수로 지정했다. 2002년 금융 교육국을 새로 만들고 금융 문맹 퇴치를 위한 특별 예산 배정을 했다. 전체 주 가운데 80%에 해당하는 38개 주가 학교나 교사에게 금융 교육에 대한 가이드라인을 제시하고 있다. 16개 주는 학교에서 금융 교육이 포함된 경제학 과목을 강의해야 하고 학생들의 과목 이수를 의무화하고 있다고 한다. 미국 정부는 2009년 1월 대통령 직속으로 금융 문맹퇴치위원회를 신설하고 중학교에 금융 교과목을 추가하는 등 법령으로 조기 경제 교육을 의무화했다. 금융 교육이 학교 정규 교육 과정에 편입되지 않은 한국의 금융 교육 부재 현실과는 대조된다.

금융이란 무엇일까? 사전적 정의로는 금전을 융통하는 일. 특히 이자를 붙여서 자금을 대차하는 일과 그 수급 관계를 이른다. 즉, 타인에게 자금을 빌리거나 빌려주는 행위이다. 금융 교육에 포함되는 보편적인 내용들은 무엇일까? 돈 이해하기, 돈 벌기, 돈 쓰기(계획), 돈 잘 쓰기, 돈 늘리기 등이다. 내용만 보아도 우리가 살아가면서 꼭 필요한 것들이다. 금융감독원 금융 교육센터 홈페이지에 들어가 보면 학교 급별로 배워야 하는 금융 교육에 대해 알려주고 있다. 초등학생 과정에서는 돈 관리, 돈 쓰기, 모으기, 신용관리, 미래 위험 대비하기를 배워야 한다. 중고등학생 과정에서는 금융과 의사결정, 수입과 지출 관리, 저축과 투자, 신용과 부채 관리, 위험 관리와 보험에 대해 배워야 한다. 그러나 학교 교육에서는 그것들을 가르치지 않고 있다.

조기 금융 교육의 중요성을 강조하는 것은 돈의 가치와 돈에 대한 인식, 절약하고 계획성 있게 소비하고 저축하는 습관 형성을 할 수 있기 때문이다. 성공과 실패는 수많은 습관이 모여 만들어지는 결과물이다. 몸을 건강하게 유지하는 습관, 공부를 잘하는 습관이 있듯이, 돈을 잘 벌고 현명하게 소비하는 습관도 있다. 조기 교육을 통해 금융 교육이 이루어지고 그 이후 실제로 경험되고 실천되는 생활 학습을 통해 금융 역량이 향상될 수 있기에 10대부터 금융 교육이 반드시 이루어져야 한다.

이전의 나는 어떤 삶을 살고 싶냐는 질문을 받으면 '보통의 평범한 사람'으로 살아가고 싶다고 대답했다. 튀지 않고 평범하게 사는 것이 최고라고 생각했다. 부자가 되면 좋지만, 돈이 행복을 가져다주지 않는다고 믿었다. 현재의 월급으로도 충분히 누리며 살고 있다고 생각했다. 그래서 내 삶이 나쁘진 않다고 생각했다.

그렇게 현재에 안주하며 살다 보니 돈이 모이지 않았다. 지나고 보니 나는 솔직하지 못했다. 부자가 되고 싶지만 노력하기 싫었던 것 같다. 버는 방법도, 쓰는 방법도, 저축하는 방법도 몰랐다고 하는 것이 맞을 것이다. 쓰고 싶을 때 썼고, 꼭 부자가 되어야 한다는 생각을 하지 않았다. 지금으로도 충분하다고 생각했다.

그러나 만족스럽진 않았다. 직장에서 현대판 노예로 살면서, 1만 원도 안 되는 야근 수당을 받고 밀린 일을 하곤 했다. 다 그렇게 사는 줄 알았다. 다른 점은 그렇게 일하면서도 주위 사람들은 그 돈을 차곡차곡 모아 나갔고, 나는 그러지 않았다는 것이다.

6년 차 직장인일 때 운 좋게도 아파트를 분양받았다. 당첨된 아파트의 분양 계약금은 약 3,000만 원이었다. 딱 그 정도가 내가 6년간의 직장 생활을 통해 모은 돈이었다. 그때 '현타'라는 것이 왔다. '6년간 특별히 해외여행을 많이 간 것도, 특별히 물욕이 있어 사치를 부리지 않는데도 1년에 500만 원 정도, 한 달에 40만 원 정도씩밖에 못 모은 이유가 무엇일까? 월급은 매년 10만 원 정도 올랐는데 도대체 난 뭘 했던 거지? 엄마 주변 지인의 자식들은 매달 최소 100만 원씩은 모은다던데…. 내가 사는 집은 전세이고, 난 차도 그동안 없었는데, 내가 번 돈들은 다 어디로 간 거야?'라는 생각이 들었다.

충동 소비를 하며 지출한 후 남은 돈만 통장에 넣으니 이런 사달이 난 것이다. 그때 든 생각은 '앞으로 내 돈 관리를 어떻게 해야 할까? 누구한테 돈 모으는 법을 물어볼까?'였다. 친한 지인들과 차를 마시며 물어보니 "나도 돈이 없다. 월급은 통장을 스쳐 지나갈 뿐."이라는 대답이 돌아왔다. 다들 그렇게 사나 보다 생각하며 '빚 없으면 됐어. 그럼 된 거야.'라고 자기 합리화했다.

그러다가 2020년 코로나19가 터졌고, 주식 붐이 일었다. 내 주변 지인들도 주식으로 얼마를 벌었다는 소식을 전해왔다. 나도 거기에 편승하고 싶어서 주식을 시작하기로 했다. 주식 관련 책을 읽어야겠다 싶어 동네 도서관에서 '주식'을 키워드로 도서를 검색했다. 그렇게 해서 만난 책이 주이슬 작가님의 『주식 투자 이렇게 쉬웠어?』다.

책을 읽는 습관이 들지 않아서인지 6개월 정도 만에 읽었고, 주식 투자 유튜브도 보며 그렇게 주식 투자를 시작했다. 주식 투자를 하다가 모르는 부분이 있어 책에 적힌 작가님의 전화번호로 연락을 드렸고, 바로 그 주말에 만나기로 했다.

그렇게 차를 몰고 2시간을 달려 일대일 컨설팅을 받게 되었다. 그 과정에서 나의 경제 상황을 체크하게 되었다. 일대일 컨설팅이 끝나곤 바로 거금을 들여 3시간 주식 특강을 들었다. 그렇게 나는 2020년 11월 주식 투자를 시작했고, 지금은 투자자로 살아가고 있다.

투자자로 살아가다 보니 돈 공부가 얼마나 인생에 중요한지 알게 되었다. 저축도 잘하지 못했던 나였지만, 이제는 주식, 부동산 투자에 관심이 생겼고 실제 투자를 진행하고 있다. 돈 공부를 하다 보니 세상을 바라보는 눈이 달라졌다. 뉴스는 보지도 않았던 내가 이제는 뉴스를 통해 세상의 흐름을 살핀다. 잘해야 1년에 한 권의 책을 읽던 내가 투자 책을 보며 세계 경제 상황을 파악한다. 그리고 그것을 투자에 연결시켜 돈을 번다.

지금껏 돈을 못 벌었던 것은 열심히 살지 않았던 것이 아니라 돈에 대해 무지한 채 열심히만 살았기 때문이다.

그러다 '투자를 조금만 빨리 시작했더라면, 누군가가 나에게 금융 교육을 해줬다면 내 인생은 지금 어떻게 바뀌어 있을까?'라는 생각이 들었다. 금융 교육의 필요성을 절실히 느낀 순간이었다.

워런 버핏은 열한 살부터 주식 투자를 시작했다고 한다. 세계의 금융을 이끌어가고 있는 유대인들은 자녀가 어릴 때부터 자녀에게 경제 교육을 한다. 유대인들은 갓난아이일 때부터 금융 교육을 시작한다. 어른들은 여러 모임이나 화합의 장소에서 어린아이들에게 장사를 시킨다. 금융 교육과 관련된 조기 교육은 유대인들의 성인식인 '바르미쯔바'에도 잘 드러난다. 유대인들은 축하금으로 수천만 원의 목돈을 받고, 그들은 이 돈을 저축하거나 투자하여 경제적 독립을 위한 종잣돈을 마련한다.

우리는 누구나 어떤 직업을 가졌든 인생을 살아가면서 돈을 벌고, 돈을 쓴다. 어렸을 때부터 돈은 어떻게 써야 하는지, 돈 버는 법은 무엇인지, 돈을 불리는 방법은 무엇인지, 돈은 얼마나 좋은 것인지, 부자가 왜 되어야 하는지에 관한 금융 교육을 한다면 그 아이의 인생은 어떻게 달라질까? 그래서 결심했다. 중고등학교 교사로서 내가 교직에 있는 동안 청소년들에게 금융 교육을 실시하는 금융 교육 전문가로서 살아가기로 말이다. 자본소득이 노동소득을 넘어선 지는 꽤 되었다. 그런 만큼 돈이

나 대신 일하게 하고, 돈이 돈을 버는 복리의 힘을 청소년 때부터 깨닫게 해서 투자를 시작하게 하자고 말이다.

학교 교육은 입시 중심으로 이루어지고 있다. 12년의 정규 학교 교육만으로 "본인의 진로 희망은 무엇이다."라고 확실히 말할 수 있는 학생이 몇 명이나 될까? 꿈이 없어서 성적에 맞추어 대학에 지원하는 학생들을 많이 봐왔다. 그리고 예전이나 지금이나 공부를 잘하는 학생들의 꿈은 '의사, 판사, 교사'다.

그런 그들에게 넓은 세상을 이해하고 경험하게 해준다면 꿈이 꼭 그렇게 한정적이지는 않을 것이다. 그래서 세상의 흐름을 이해하게 해주는 금융 교육이 꼭 필요한 것이다. 교과서 중심의 학교 교육은 학생들을 우물 안 개구리로 살아가게 만든다. 학생들이 진짜 알아야 하는 것은 실제 세상이 어떻게 돌아가는지 그 흐름을 파악하고 부딪쳐보는 것이다.

경제 흐름을 파악하고 앞으로 내가 무슨 직업으로 돈을 벌어야 행복해질지 고민해보는 것. 그것이 진짜 필요한 교육이다. 꿈을 가지고 돈을 벌었을 때 어떻게 돈을 쓰고, 불릴지에 관한 금융 교육은 어떤 학생에게나 꼭 필요한 교육이다. 사람은 습관으로 행동하므로 습관이 굉장히 중요하다. 금융 교육을 통해 돈에 대한 올바른 사고와 행동에 관하여 어릴 때부터 좋은 습관을 들여놓아야 한다.

주식하는 10대들이 많아지고 있는 이유

〈조선일보〉 2021년 7월 14일자 기사를 읽었다. 기사 제목은 "고교 주식 동아리 경쟁률이 9:1··· 교복 입고 '큰손' 꿈꾸는 10대 개미들"이었다. 2020년 동학개미 열풍을 계기로 2030세대뿐 아니라 주식 투자에 나서는 10대 청소년들이 늘고 있다. 지난해 미성년자 신규 계좌 개설은 역대 최다였다. 부모 세대의 주식 관심 증가도 한몫했다. 주식 투자를 통해 수익 실현 재미를 느낄 수 있고, 경제학과를 꿈꾸는 학생은 투자 경험이 본인의 스펙이 될 수 있다.

미성년자 주식 투자 인구와 금액이 꾸준히 증가하고 있는 추세다. 금융감독원에 따르면 2020년 19세 이하 미성년자 주식계좌 신규 개설 건수는 47만 5,399개로 한 해 전보다 네 배 넘게 증가한 역대 최고치를 기록했다. 보유주식 금액은 2018년 1조 5,418억 원에서 2020년에는 3조 472억 원으로 두 배 가까이 늘었다. 2021년 상반기에도 10대들의 주식시장 유입은 계속됐다.

키움증권에 따르면 2021년 연초부터 6월 22일까지 만들어진 신규 계좌 209만 5,527만 개 중 10~30대(115만 3,870개)가 차지하는 비중은 30.5%였다. 이 중 10대 계좌는 18만 7,996만 개(8.97%)로, 지난해 상반기(3만 9,333개)보다 다섯 배 가까이 늘었다. 〈뉴스웨이〉 2021년 7월 28일자 기사의 제목은 'KB증권서 주식 투자하는 미성년자, 2년 만에 214% 급증'이었다. 해당 기사를 보니 삼성전자, 카카오, 현대차 등 대형 우량주 중심으로 투자하는 것은 성인/미성년 고객이 유사하게 나타났지만, 미성년 고객의 경우 애플, 테슬라, 월트디즈니, 마이크로소프트 등 널리 알려진 해외기업 주식에 대한 투자 비중이 성인 고객보다 높게 나타났다.

이렇게 주식 투자를 하는 10대들이 코로나19 이후로 지속적으로 늘고 있다. 30대 중반인 저자의 학창 시절엔 주변에서 주식 투자를 하는 친구들을 볼 수 없었는데, 지금은 학교 현장에서도 주식 투자를 하는 10대들을 꽤 볼 수 있다. 경제 교실 방과후 수업을 듣는 학생들은 더욱 경제에 관심이 많다 보니 실제 주식 투자를 하는 비율이 더 높았다. 주식 투자를 하고 있지 않지만 하고 싶어 하는 학생은 부모님께 말씀드려 주식계좌개설을 하면 된다고 알려주었다. 미성년자들의 경우 실제 소득은 없지만, 부모나 조부모의 동의가 있으면 주식계좌를 개설해 직접 투자가 가능하다. 가족관계증명서, 주민등록초본 등 기본적인 서류를 갖춰 증권사 지점이나 연계된 은행을 직접 방문하면 만들 수 있다.

이렇게 주식 투자를 하는 10대들이 많아지고 있는 상황에서 나는 궁금했다. 실제로 10대들이 주식 투자 등 금융 교육에 대해 필요성을 느끼는지 말이다. 나는 투자자로 살아가는 지금도 계속해서 경제 등을 알아가는 돈 공부가 필요하다고 생각하는데 10대들은 어떻게 생각하는지가 말이다. 그래서 〈부록〉에 실린 현재 주식 투자를 하고 있는 10대 제자 세 명에게도 물어보았다. "주식 등의 투자에 관한 교육이 학교에서 필요한가?"가 질문이었다.

A 학생은 그렇다고 답하며, "대한민국 교육 시스템은 공부 쪽으로만 치우쳐져 있습니다. 취업은 어렵고 공부만 잘해서 성공하는 시대는 우리 아빠 시대에서나 먹힌다고 생각이 듭니다. 확실하게 경제 관련 교육을 듣는다면 훨씬 더 나은 실용성 있는 교육이 될 것이라고 생각합니다."라는 대답을 했다. 부모의 경제 교육이 자녀에게 큰 영향을 미치는 것을 이 학생을 보고 느낄 수 있었다. 경제 교육은 가정에서부터 조기에 시작하

면 좋을 것 같다.

B 학생은 "아니다."라고 답하며, "주식 투자를 하는 것이 마냥 좋진 않기 때문."이라고 답했다. 몇 달 전 삼성전자를 50%의 수익률로 매도할 때까지만 해도 자신감을 보이던 아이였는데, 그 후 주식 투자에서 어려움을 겪었음을 예측할 수 있었다. 주식은 파동이라는 것을 몸소 체험하는 계기가 되지 않았을까 싶다. 하지만 이 학생은 앞으로도 주식 투자를 하겠다고 답변한 것으로 보아 주식 투자를 하다 어려움은 겪었지만 주식 투자의 필요성은 느끼는 것 같다.

C 학생은 그렇다고 답했다. "주식 투자 이전에 경제에 대한 교육이 중요하다고 생각합니다. 모든 학생이 학교를 졸업하고 이후엔 창업과 취업, 사회생활부터 자신이 하고 싶은 것을 하기 위해선 아니 최소한 살아가기 위해서 필요한 것이 돈입니다. 경제를 배운다는 것은 돈을 배운다는 것이라고 해도 될 정도로 우리에게 매우 중요한 학문입니다. 학교에서 학생들에게 경제를 가르쳐주지 않고, 돈이라는 것에 대해, 돈의 사용법 등을 가르쳐주지 않는다면 학교를 나가서는 누가 가르쳐줍니까. 더더욱 자본주의 사회에서 최소한의 경제 개념은 배워야 한다고 생각합니다. 적어도 물가가 오르는 이유, 금리 변동에 따른 시장의 변화는 기본적으로 배워야 하지 않을까요? 고령화 시대에 이 적은 수의 학생이 그 많은 노인들을 책임질 텐데 경제에 대해 잘 알지 못한다면 이 어려운 사회에서 자신조차도 살아남기 힘들 것이라고 생각합니다. 그 이후에 주식, 부

동산 등의 투자를 활용하여 조금 더 공부할 기회를 주는 방향으로 가는 것도 괜찮을 것 같다고 생각합니다."라고 대답했다. 나는 30대 중반에 돈에 대해 공부해야 하는 필요성을 느꼈는데, 열여덟 살 학생의 답변이 지금의 내 생각과 비슷해서 놀랐다. 앞날이 기대되는 멋진 학생이다.

실제로 만난 10대 주식 투자자들 외에도 어떤 10대들이 주식 투자를 하는지 궁금하여 인터넷 검색을 해보았다. 유튜브를 검색하니 중학생 주식 투자자 〈쭈니맨〉이 나왔다. 쭈니맨은 구독자 1.44만 명(2022.1.1.기준)으로서 '주식으로 1,500만 원 번 열세 살 초딩'이라는 브랜딩으로 유튜브 채널을 운영하고 있었다. 돈을 벌어 사회에 기부하는 것이 꿈이라고 한다. 중학교 졸업하기 전 목표가 고1이 되기 전에 1억 모으기라고 했다. 제주도에 사는 쭈니맨은 한라봉 등을 파는 스마트 스토어를 운영 중이었고 초등학생일 때는 음료수, 미니카를 팔아서 돈을 벌었다고 한다.

쭈니맨은 코로나19 대폭락장으로 두려움에 떨던 2020년 4월에 주식 투자를 시작했다. 그동안 용돈 등으로 모았던 2,000만 원과 물건을 팔아 모은 600만 원을 합친 2,600만 원으로 주식을 시작해서 47%의 수익률로 1,500만 원의 수익이 났다고 한다. 주식 종목 선정은 10년 후에도 망하지 않을 기업을 찾으며 시가총액 10위 안에서 6개 기업을 골라 현재 보유 중이라고 했다. 분산 투자를 하고 있었다.

10대 주식 투자자의 장점으로 학교 등교 시간이 주식 개장시간과 같아하루 종일 주식 차트를 보지 않는다는 점, 대출이 안 되어 여유자금으로 투자할 수 있다는 점을 들었다. 물론 코로나 19로 주가가 폭락했던 2020년 4월에 시작했기에 수익률이 높았을 수 있지만 중학생이라는 어린 나이에 주식투자를 시작했고, 돈을 벌어 기부라는 꿈을 꾸고 있는 학생이 기특하고 멋졌다. 초등학교 때 나는 무엇을 했나 생각하니 그 학생이 더 대단해 보였다. 말도 잘하고 경제 관념이 잘 잡혀 있는 학생인 것 같아 궁금하면 검색해서 영상을 보는 것도 추천한다.

이 채널 외에도 구독자 10만 명에 가까운 〈고등개미〉 등 미성년자 주식 투자와 관련하여 팁을 주고, 실제 주식 투자를 하는 중고등학생 등을 만나 볼 수 있는 채널 등도 있었다. 본인도 2022년에는 〈주식하는 10대들〉이라는 유튜브를 개설하여 주식 투자를 하는 학생들을 모집하려 한다. 본인만의 주식 투자법으로 투자한 전 과정을 공개하며 10대들에게 주식 투자 동기부여와 10대들에게 맞는 주식 투자법을 생생하게 전달하고 싶다. 10대를 위한 돈 공부를 학교뿐만 아니라 유튜브 채널을 통하여 10대들에게 전파하고 싶다.

내가 10대일 때 어른들만 하는 것이고, 위험하다고만 생각했던 주식을 건전하고 바른 사고로 시작하는 10대 주식투자자들을 보면 느끼는 바가 많다. 단타, 투기성으로 하기보다는 용돈, 아르바이트비를 모아 성장성 있는 좋은 기업에 투자하고 주주로서 함께 성장하겠다는 마인드는 본받을 점이 많다. 금리가 낮아지고 저축을 해도 은행 이자가 낮은 상황에서 10대 주식 투자자들이 주식을 하는 시대가 도래했다. 조기 경제 교육에 대해 우려하는 시선도 있지만 10대부터 경제 교육을 통해 돈 관리를 할 수 있게 돕고, 복리의 힘으로 돈을 불리는 경험을 하게 해주는 것이 꼭 필요하다고 생각한다. 소액으로 주식을 할 수 있는 세상에서 불필요한 소비 대신 저축하듯이 주식 투자를 꾸준히 해보는 경험은 매우 중요하다고 생각한다.

인터뷰를 통해 내 주변 10대 주식 투자자들에게 물었다. 어떻게 주식 투자를 시작하게 되었냐고 말이다. 부모님의 권유, 재미있어 보여서, 사회경제에 관심이 많은데 좋은 회사에 투자한다는 것이 좋은 것 같아서 등등의 대답들로, 이유가 다양했다. 시작은 그렇게 하였지만 꾸준히 투자를 하고 있다. 주식 투자를 하는 10대들이 많아지고 있는 이유는 무엇일까? 바로 10대들도 돈을 벌고 싶기 때문이다.

〈동아일보〉 2021년 7월 23일 "미성년 계좌 급증…주식 열풍 타고 '소년 개미' 몰려온다"라는 기사를 보았다. 동학개미에 이어 소년 개미라니 주식 관련 신조어들이 계속 등장한다. 그 기사 내용은 2021년 상반기 미성년 신규 계좌가 50만 개라는 내용이었다. 기사에서 주식 투자를 하고 있는 고등학생은 세계적인 부자들이 주식으로 큰돈을 번 걸 보고 투자를 시작했다고 말했다.

　나도 주변 사람들, 뉴스에서 주식 투자로 돈을 벌었다는 사람들을 보고 2020년에 주식 투자를 시작했다. 우리는 모두 돈을 많이 벌고 싶어한다. 하지만 주식 시장은 계속 좋지만은 않다. 2021년 초까지는 누구나 돈을 벌 수 있는 시장이라고 할 정도로 장이 좋았지만 현재는 그렇지 않다. 따라서 미성년자들이 투자 위험성을 인지할 수 있도록 금융 교육을 강화해야 한다고 생각한다. 10대 역시 주식을 하면 돈을 많이 벌 수 있다는 것을 아는 만큼, 투자는 필수인 시대라고 생각한다. 하지만 무작정 투자를 하는 것이 아닌, 돈 공부를 통해 현명한 투자를 해야 함을 한 번 더 강조하고 싶다.

03

첫 아르바이트비로 꼭 주식을 사라

고등학교 2학년 우리 반 학생들은 27명이다. 그중 학기 초에 아르바이트를 하고 있던 학생은 두 명이었다. 학기 말 다시 조사해보니 다섯 명으로 늘어나 있었다. 갈수록 아르바이트를 하는 학생들이 늘고 있다. 아르바이트로 한 달 어느 정도 버는지 물어보니 대부분 몇십만 원이었고, 100만 원 가까이 버는 학생도 있었다.

학기 초부터 학기 말까지 아르바이트를 쭉 하던 학생이 있다. 성실하게 아르바이트를 하고, 방과후 수업으로 경제 교실에 참여한 적이 있어서 관심을 가지고 지켜보았다. 대화를 나눌 기회가 있어 돈 관리는 어떻게 하고 있는지 물어보았다. 아르바이트비로 학원비를 내고, 사고 싶은 물건을 사고, 남은 돈은 저축한다고 하였다. 그래서 지금부터는 우량주인 삼성전자라도 아르바이트비가 나오면 1주씩 사 모으면 어떻겠냐고 권유했다. 삼성전자 1주가 7~8만 원 정도일 때였는데, 배당금도 받을 수 있고 우상향하는 국내 시가총액 1등 주식이니 꾸준히 모아가면 좋을 것 같다고 말해주었다.

그렇지 않아도 경제 교실 수업을 듣고 주식 투자를 하고 싶어서 엄마께 주식계좌를 만들어달라고 말씀드렸다고 하였다. 아르바이트비로 삼성전자 1주 정도씩 꾸준히 사 모을 수 있다며, 알겠다는 답변을 받았다. 한 달이 지난 후 주식계좌를 만들었는지 물어보았다. 아직이라는 답변을 들은 채 겨울 방학을 맞이하게 되었다.

시작만 하면 꾸준히 잘할 것 같은데 차일피일 주식계좌 만들기를 미루며 적극적으로 행동하지 않는 모습이 안타까웠다. 이 학생 외에도 아르바이트를 하며 번 돈으로 주식 투자를 하고 싶어 하는 학생이 있었는데, 부모님께서 이런저런 이유로 주식 계좌를 개설해주지 않아서 아직까지 주식 투자를 시작하지 못하는 학생도 있었다. 학생들이 주식 투자를 하고 싶어도 부모님께서 주식계좌를 만들어주어야 하기 때문에 주식 투자에 대한 접근이 쉽지 않은 것 같다.

아르바이트로 돈을 벌어보는 경험은 굉장히 중요하다. 아르바이트를 한 번이라도 해본 학생은 돈을 벌어본 경험을 했다는 것을 칭찬해주고 싶다. 그리고 그렇게 값진 경험으로 번 돈을 모으는 기쁨도 알아가면 좋겠다.

학생 중에 이런 고민 상담을 한 친구도 있었다. "선생님, 저 공부해도 성적도 안 오르는데 아르바이트라도 할까요? 부모님은 쓸데없는 생각하지 말고 공부하라고 하시던데…." 나는 다음과 같이 답했다. "아르바이트도 하나의 경험이 될 것이다. 하지만 공부의 도피처로 아르바이트를 하는 것은 안 된다고 생각한다. 우선 경험을 해보고 싶으면 주말 아르바이트 등에 도전해보렴." 물론 그 학생은 부모님과 다시 상의 후 아르바이트를 하지 않고 영어 학원에 등록했다.

아직까지 학생이 아르바이트하는 것에 있어서 우리 사회는 긍정적으로 받아들이지 않는 편이라고 생각한다. 아르바이트할 시간에 공부를 더 하라는 어른들이 많다. 돈을 버는 일을 하는 것은 사회 경험이며, 현실을 공부하는 것인데, 학교 공부를 더 중요시 여긴다. 입시는 절대 평가가 아니고 상대 평가이다. 내가 아무리 열심히 해도 나보다 더 열심히 하는 학생이 있다면 내가 원하는 성적을 얻기가 어렵다. 보통 교과는 1등급에서 9등급까지 성적을 매긴다. 1등급은 전체 학생의 4%에 해당하는 학생만 받을 수 있다. 즉, 100명이 있다면 4명만 1등급을 받을 수 있다.

또한 사람마다 잘하는 것이 있다고 생각한다. 다른 분야는 잘하는데 공부머리가 없는 학생도 많이 봐왔다. 그런 학생들에게 공부만을 강요하는 것은 그 학생의 재능을 죽이는 행위라고 생각한다. 나는 특히 학교 공부가 재미가 없는 학생들에게 공부하라고 강요하는 것은 이해가 되지 않는다. 재미가 없기에 그런 학생들은 공부하라고 자습 시간을 줘도 잠을 자거나 떠든다. 잠을 자거나 떠들기 때문에 문제 학생으로 낙인찍힌다. 이것은 악순환이며, 원하지 않는 공부를 강요받는 삶을 살아간다는 건 힘들고 따분할 것이다.

고등학교에서는 보통 1년에 네 번 이상 모의고사를 본다. 모의고사를 보는 날은 보통 8시 40분부터 16시 32분까지 시험을 치른다. 모의고사 보는 날에 좀비처럼 학교에 등교한 학생이 있었다. 왜 이렇게 피곤해 보이는지 묻자 그 학생은 이렇게 답했다. "모의고사 날에는 답을 찍고 나서도 시간이 너무 많이 남는다. 한숨 자고 일어나도 시험이 안 끝났다. 그래서 그냥 날을 새고 왔다. 그럼 시험이 끝날 때까지 잠을 쭉 잘 수 있으니 억지로 잠을 자지 않아도 되고 시간이 잘 간다."

이 답변을 듣고 어떤 생각이 드는가. 이렇게 공부하는 것, 시험 보는 것을 힘들어하는 학생에게 공부하는 것을 강요하는 것은 고통이라고 생각한다. 오기 싫었을 텐데 학교에 시험 보러 오는 것만도 감사하고 한편으로는 안쓰럽다. 학생마다 잘하는 것을 하게 해야 한다. 본인이 무엇을 잘하는지 모르는 학생도 많다. 그런 점에서 아르바이트를 통해 다양한 경험을 하는 것은 중요하다고 생각한다. 일례로 빵집에서 아르바이트를 하다가 제빵사를 꿈꾸게 된 학생도 만난 적이 있다. 제자가 일하는 가게에 간 적이 있는데 학교에서는 문제아지만 식당에서는 누구보다 상냥하고 에이스인 직원이었다.

아르바이트로 본인이 좋아하는 것을 찾을 수도 있지만, 돈을 벌어본 경험이 중요하다고 생각한다. 정당하게 노동을 통하여 번 것이라면 그것은 매우 가치 있는 돈이라고 생각한다. 자신의 노동으로 돈을 버는 것은 소중한 경험이다. 그리고 학생이 생각하기에 꽤 큰돈을 모을 수 있다. 그렇게 번 노동소득을 씨드 머니 삼아 10대가 모아가면 좋을 주식에 투자하라고 권하고 싶다.

2021년 최저시급은 8,720원이었고, 2022년 최저시급은 2021년 대비 5% 인상된 9,160원이다. 물가는 갈수록 오르기 때문에 돈의 가치가 낮아져 해가 갈수록 최저시급, 월급이 올라갈 수밖에 없다. 따라서 낮은 이자율의 저축으로 돈을 모은다면 물가를 따라가기 어렵다. 평균 물가 상승률을 2%로 본다면 현재 은행 이자율은 2%에 못 미치기 때문에 가진 돈으로 살 수 있는 물건들은 해가 갈수록 줄어들 수밖에 없다. 이제는 주식 등의 투자를 시작해야 한다. 주식 투자로 수익금과 배당금을 받아 물가를 뛰어넘는 이자율로 돈을 벌 수 있을 것이다.

내가 첫 아르바이트를 시작한 것은 스무 살 때였다. 편의점에서 주말 아르바이트를 했다. 그 당시 최저시급은 3,000원 정도였다. 야간 아르바이트여서 술 취한 손님들을 많이 상대했다. 어느 날은 술에 만취한 손님이 환불이 안 되는 물건을 가져와 환불을 해달라고 소란을 피우며 흉기로 위협을 해서 경찰을 불렀던 적도 있다. 그런 위험을 감수하며 받은 월급은 정말 소중했다.

하지만 돈을 관리하는 법을 잘 몰랐고, 누가 알려주지도 않았기에 신나게 소비했다. 지금처럼 금융 상식이 있었다면 절대 그 돈을 펑펑 써버리지 않았을 것이다. 어릴 때 경제 습관을 제대로 배우지 않으면 성인이 되어서도 낭비를 일삼게 된다고 생각한다. 지금 아르바이트를 하는 학생들을 보면 비싼 옷 등을 사서 입고 온 후 "선생님, 이거 얼만 줄 아세요? 100만 원이 넘어요. 아르바이트비로 샀어요." 이렇게 자랑하는 학생도 있다.

현재 자신의 행복을 가장 중시하고 소비를 많이 하는 '욜로족', 소소하지만 확실한 행복이라는 '소확행'이라는 단어가 있다. 이런 유행은 낭비하는 소비 습관을 낳고 투자와 멀어지게 한다. 투자가 즐겁고 좋은 것이라는 것을 알게 된다면 소비로 자신의 스트레스를 풀고, 남에게 보여주기 위해 비싼 것을 사며 플렉스하는 모습을 보이지는 않을 것이다. 절약하는 습관을 들이고, 그렇게 절약하여 모은 씨드 머니를 주식 등에 투자하여 돈을 벌어보자. 그렇게 번 돈으로 본인이 하고 싶었던 꿈을 실현시켜 나가는 모습이 더 멋지다는 것을 알게 해주고 싶다.

『유대인 엄마의 부자수업』 책에서는 바빌론 부자들의 '돈 관리 3단계'

에 대해 알려준다. "돈을 번다. 지킨다. 불린다." 이것이 바빌론 부자들의 '돈 관리 3단계'다. 고대 메소포타미아에서 가장 부유한 도시였던 바빌론의 부자들은 서민들에게 부의 지혜를 가르쳤다. 시간이 지날수록 부자는 점점 더 많아지고, 바빌론은 점점 더 부유해졌다. 고대부터 현대까지 부자 되기 1단계는 변함없다. '돈 벌기'다. 돈을 많이 벌수록 빨리 부자가 된다. 그리고 아르바이트를 시작한 10대는 다른 학생들보다 빨리 돈을 벌어본 것이다. 하지만 아르바이트로 벌 수 있는 돈은 한계가 있다. 그렇다면 10대가 아르바이트비로 번 돈을 어떻게 해야 할까? 바로 소비를 줄여 절약하며 번 돈을 지키고 이 돈으로 투자를 하여 돈을 불리면 된다.

"잠자는 동안에도 돈이 들어오는 방법을 찾아내지 못한다면 당신은 죽을 때까지 일을 해야만 할 것이다."

이것은 버크셔 해서웨이 회장인 워런 버핏의 발언이다. 아르바이트를 하며 별의별 진상 손님을 만나게 될 것이다. 그런 진상 손님에게 대처하며 소중한 아르바이트비를 벌었다. 돈은 생명을 가지고 있다고 생각한다. 돈은 소중하게 대해주면 계속해서 들어오고, 막 대하면 나에게서 멀어진다. 우리는 소중한 것일수록 아낀다. 아르바이트로 번 소중한 돈을 인스타그램 광고 등에 현혹되어 물건을 막 살 것인가? 소중한 돈을 아껴주자.

최소한 매달 수입의 10~20%를 투자하도록 하자. 목표는 투자 습관 기르기이다. 투자 금액이 늘어날수록 부의 속도는 더 빨라질 것이다. 죽을 때까지 일하고 싶은가? 아니면 잠자는 동안에도 돈이 돈을 벌게 하는 시스템을 구축해 하고 싶은 일만 하며 살고 싶은가? 답은 정해져 있다. 후자라면 첫 아르바이트비로 꼭 주식을 사라.

04

내 자본이 나 대신 일하게 하라

노동소득으로만 돈을 벌던 사람이 있었다. 그 사람이 나다. 월급통장에 월급이 들어오면 빼 쓰고 남은 돈을 통장에 그대로 두었다. 꼭 필요한 것만 쓴다고 쓰고(꼭 필요한 것이라 쓰고 과소비라 부른다.) 통장을 보면 희한하게 금액이 늘지 않고 그대로였다. 성과급 등을 받을 때만 조금 여윳돈이 생겼다. 돈이 쌓이는 것을 못 보는 사람처럼 통장 금액이 조금 늘어나 있으면 여행도 가고, 옷도 사고, 맛있는 것도 사 먹고, 보너스를 받은 것처럼 펑펑 써댔다.

그러다가 5년 이상 직장 생활을 했음에도 돈이 별로 안 모인 걸 보고,

창피함을 느꼈다. 30대가 되어서도 돈 관리를 못 하는 내가 창피했다. 직장에서, 친구들 사이에서 나름 '똑순이'로 불리는데 돈 관리에 있어서는 바보 멍청이였다. 누가 내 이런 재정 상태를 알까 봐 부끄러웠다.

2020년 코로나19가 닥쳤다. 위기가 기회라고 하던데 주식 시장이 딱 그러했다. 코로나19로 장사하는 분들이 어렵다는 뉴스를 많이 들어보았을 것이다. 사람들의 소비를 늘리고, 기업을 돕는다는 등의 이유로 우리나라 기준금리가 0.5%까지 내려간 적이 있었다. TV를 보고 있는데 긴급 속보로 기준금리가 내려갔다는 소식이 전해졌다. 긴급 속보로 알려줄 정도로 금리는 우리 일상에서 중요하다.

금리는 돈을 빌리거나 빌려주는 데 대한 요금과 같은 것이다. 은행에 예금하게 되면 '이자'가 붙는다. 은행에서 대출받게 되면 대출받은 원금에 대한 '이자'를 지급해야 한다. 원금에 대한 이러한 이자의 비율을 '금리'라고 한다. 보통은 여기까지 읽고 '금리'가 어렵다고 느낄 것이다. 하지만 금리라는 건 간단하게 말하자면 '돈의 가치'다. 금리가 낮아 돈의 가치가 떨어지면 돈 대신 금, 부동산, 주식 등 현물성 자산을 가지고 있는 것이 낫다.

좀 더 구체적으로 얘기해주겠다. 금리가 높을 때는 은행이자와 대출이자가 높아진다. 금리가 높아지면 이자가 높아져 은행에 저축하는 사람들이 늘어나고 대출하는 사람은 줄어든다. 반대로 금리가 낮아지면 은행이자와 대출이자 모두 낮아진다.

그러면 여기서 문제를 내겠다. 금리가 낮을 때는 주식 시장은 좋아질까? 나빠질까? 정답은 좋아진다. 금리가 낮을 때는 이자가 적기 때문에 은행에 저축하는 대신 다른 투자처를 찾는다. 그 결과 주식 시장으로 사람들이 몰린다. 또한, 대출이자도 낮아 일명 '빚투', 빚을 내서 투자하는 사람이 늘어난다. 기업도 마찬가지다. 이자가 적으므로 대출을 많이 받아 기업을 성장시키는 데 투자할 수 있다. 그래서 금리가 어떻게 변화하는지는 우리 사회 전반에 있어 굉장히 중요한 변수다.

코로나19 시대가 도래한 후 금리는 어떻게 변했을까? 소비심리가 위축되면 기업도, 나라도 위태로워질 수 있다. 코로나19로 가게 주인들이 많이 힘들어하는 것을 보았을 것이다. 그래서 국가는 국민이 돈을 쓰게 만들려고 한다. 가게 상인들이 낮은 이자로 대출받아 장사할 수 있게 금리를 낮추려고 한다. 그렇게 해서 금리가 낮아지면 국민도 대출을 받고, 저축 대신 투자를 하게 된다. 개인, 기업들이 모두 살아나는 것이다.

금리가 높으면 은행에 저축만 해도 돈이 불어난다. 그 때문에 사람들은 번 돈을 절약해 은행에 저축한다. 그러나 이자율이 1%대라면? 저축해도 살림살이가 크게 나아지지 않는다. 그러니 있는 돈을 쓰느라 소비가 늘어날 수 있다. 또한, 저축 대신 주식 투자를 한다. 그렇게 되면 기업도 함께 살아나게 된다.

코로나19가 터졌을 때 코스피가 거의 반토막 났다는 뉴스를 보고 주식 시장이 망하는 줄 알았다. 그러나 몇 달 후 주식 시장은 언제 그랬냐는 듯 다시 좋아졌다. 코스피가 3,300선을 넘었었다. 코로나19로 주식이 폭락했을 때 주식을 싼값에 산 사람들은 몇 달 후 주식 시장이 좋아졌을 때 큰돈을 벌었다. 주변에서 100만 원을 투자했는데 3,000만 원을 벌었다느니, 낮은 은행이자로 1억을 빌려 빚투 했는데 대박이 났다느니 하는 소식이 들려왔다. 나만 상승세인 주식 시장에 뛰어들지 않고 뒤처진 것 같다는 두려움이 느껴졌다.

그때 주식 투자를 시작하기로 했다. 도서관에서 주식 관련 책부터 읽어보기로 했다. 그 책이 현재 나의 주식 투자 멘토인 주이슬 작가님의 『주식 투자 이렇게 쉬웠어?』다. 책을 읽고 연락을 드려 만난 후 주식 투자 교육을 받았다. 그때 해주셨던 말씀이 기억에 남는다. 작가님은 "기업의 대주주가 되어 기업이 나를 위해 일하게 하라."라고 하셨다. 월급에 목매며 몸으로 일하는 것이 아니라, 주식 투자로 대주주가 되어 삼성전자 등의 기업이 나를 위해 일하게 하라고 하셨다. '노동'으로 번 돈을 '자본'으로 삼아 돈이 일하게 하라는 말씀은 노동으로만 돈을 모아왔던 내게는 신세계였다.

현재는 근로소득을 자본소득으로 바꾸자 다짐하고 주식 투자자로 살고 있다. 매달 혹은 분기별로 배당금이 들어온다. 배당금이란 주식을 사면 일정 주기별로 주식 소유자에게 주는 회사의 이익 분배금이다. 저축에 대한 이자의 개념으로 생각하면 쉬울 것 같다. 이 배당금을 모든 주식에서 주는 것은 아니다.

한국은 아직 기업에 이익이 생겼을 때 주주들과 이익금을 나눈다는 개념이 보편적으로 정착되어 있지는 않다. 일부 회사 주식에서만 받을 수 있다. 반면 미국 기업의 경우는 배당금을 통해 기업의 이익을 주주들에게 나눠주는 것이 보편화되어 있다. 나는 현재 배당금을 주는 미국 주식을 중심으로 배당주를 보유하고 있다.

내가 어떤 회사의 주식을 샀을 뿐인데 수익이 올라가고 배당금을 준다. 주식 투자를 하니 일하지 않고도 자본소득이 생긴다. 물론 그 기업의 주식을 사기까지 해당 기업에 관한 공부는 꼭 필요하다. 자본소득이 생기는 경험을 한 후 월급 외에도 돈이 들어오는 다양한 파이프라인을 구축해야겠다는 생각이 들었다. 그러면 내가 일하지 않아도 곳곳에서 돈이 들어오지 않겠는가. 그래서 주식, 부동산을 통한 투자소득을 나의 돈 버는 파이프라인 중 하나로 생각하고 있다.

내가 가진 지적 자본도 나 대신 일하게 해야 하지 않을까 하는 생각이 들었다. 내가 투자자로서, 학교 교사로서 겪은 경험들을 사람들에게 알려주고 도움을 주는 데다 돈까지 번다면 일석이조라고 생각했다. 그래서 내 지식, 노하우, 경험들을 사람들과 나누는 블로그를 시작했고, 책을 쓰기로 다짐했다.

주식 투자 멘토이신 주이슬 대표님의 추천으로 〈한국책쓰기1인창업코칭협회〉(이하 한책협)에 가입해 5주 책 쓰기 특강을 듣고 지금의 책을 쓰게 되었다. 〈한책협〉의 김태광 대표 코치님께 책 쓰기를 배웠고, 그분을 보며 메신저의 삶을 살고 싶어졌다. 메신저는 내가 알고 있는 지식, 나의 경험을 사람들에게 전달하고 도움을 주어 다른 사람의 성공을 돕는 역할을 한다.

사람들에게 성공하도록 조언하고 관련 정보를 제공해 대가를 받으며 의미 있는 삶과 물질적인 만족을 모두 누릴 수 있다. 25년간 250권의 책 쓰기를 통해 얻은 노하우를 알려주며 1,100명의 작가를 배출한 김태광 대표 코치님의 삶이 메신저로서의 삶이다. 책 쓰기는 내가 갖고 있는 지식과 경험, 원리와 노하우, 삶의 깨달음으로 다른 사람들의 삶을 변화시킨다. 그러면서 나 자신 또한 성장할 수 있게 해준다.

지금은 자신을 브랜딩하는 것이 중요한 세상이다. 책은 나를 브랜딩할 수 있는 가장 좋은 수단이라고 생각한다. 이 책은 '10대를 위한 금융 교육 전문가'로 나를 브랜딩할 수 있게 해줄 것이다. 이제는 소비자가 아닌 생산자가 되어야 한다. 책을 읽는 것이 아닌, 책을 써야 성공한다.

책을 읽는 인풋도 중요하지만, 책을 쓰는 아웃풋이 나를 더 세상에 드러나게 해줄 것이다. 내 책은 나의 분신이 되어 사람들에게 정보를 주고, 나를 알려줄 것이다.

내가 쓴 책이라는 지적 자본은 인세뿐만 아니라 상담, 컨설팅, 코칭, 자체 교육, 외부 강연, 칼럼 기고라는 부의 파이프라인을 만들어줄 것이다. 책 한 권을 썼을 뿐인데 그 책이 나비효과처럼 다양한 결과를 낳고 돈까지 벌 수 있게 해주는 것이다.

초보가 왕초보를 가장 잘 가르칠 수 있다. 주식 투자를 몇십 년 한 분들에게는 내 책의 내용이 너무 쉽다고 느껴질 수도 있겠다. 하지만 이제 투자를 시작하려는 10대들에게는 한 단계 한 단계 스텝을 밟아 나아가는 데 큰 도움이 될 것이다.

사람마다 겪은 경험은 다 다르다. 그 경험을 통해 배운 것, 노하우들을 필요로 하는 사람들이 분명히 있다. 그들을 위해 책을 쓰고 책이라는 지적 자본이 나 대신 일하게 하는 삶을 살아가야 한다. "성공해서 책을 쓰는 것이 아니라 책을 써야 성공한다."라는 〈한책협〉의 모토처럼 최대한 빠르게 책 쓰기를 시작해보라고 얘기하고 싶다.

경제 잡지 〈포브스 코리아〉는 2020년 11월 23일 인터뷰 기사에서 존 리 메리츠자산운용 대표에게 다음과 같은 질문을 던졌다.

"돈이 일하게 한다는 건 구체적으로 무얼 말하나?"

존 리 대표의 답변은 아래와 같았다.

"한국에서 유니콘 기업이 나오기 어려운 이유가 뭘까? 왜 한국에는 테슬라가 없나? 남들이 하는 것을 똑같이 따라가면 어느 정도는 한다는 안이함 때문이다. 특히 장기 투자라는 건 정해진 기한이 없다. 특별히 팔이유가 없으면 안 팔아야 한다. 매출과 경영진의 능력, 기업의 성장성과 펀더멘털이 기준이 되어야 한다. 그게 나와 맞지 않을 때 파는 것이다. 수익률이 아니라. 때로 6개월 만에 팔 때도 있고, 20년을 쥐고 있는 경우도 있다. 그러다 은퇴 후 내 노동력이 사라졌을 때 그 돈이 엄청나게 불어난 것을 보는 것, 그게 주식 투자다. 주식을 산다는 건 내가 그 회사와 동업자가 되는 것과 같다. 수익률 몇 푼 더 얻으려는 투자가 아니라 함께 기업을 키워간다는 개념이다. 내가 투자한 돈으로 기업이 더 큰 일을 하는 것, 그게 바로 자본주의다."

이제는 특정 기업의 주식을 사고 주주가 되어 동업자로서 함께 커간다고 생각하자. 그것이 진짜 투자다. 노동으로 번 돈은 소중하다. 노동의 가치를 절대 무시하지 않는다. 하지만 노동으로만 돈을 벌려고 하면 내 몸이 고생하고, 부자가 되기가 정말 어렵다. 내가 관심 있는 기업을 공부하고 그 기업의 대주주가 되어 기업이 나를 위해 일하게 해야 한다. 이제는 내 근로소득을 자본소득으로 바꾸자. 잠자는 동안에도 돈이 들어오는 삶을 살아보자. 주식이라는 내 분신이 나 대신 일해서 월급을 가져다줄 것이다.

05

10대, 1만 원으로 주식 투자 시작하기

내가 처음 주식 투자를 한 것이 언제였을까? 주식 투자 멘토인 주이슬 대표님께 배우기 전에 〈박곰희TV〉라는 유튜브를 보고 1만 원으로 주식 투자를 시작했다. 유튜브 알고리즘에 이끌려 보게 된 영상이었는데 제목은 '1만 원으로 투자 시작하는 5가지 방법(for. 완전 초보)'이었다. 썸네일도 '만 원, 이걸로도 투자가 돼?'라는 글과 함께 만 원을 든 유튜버의 사진이 있었고, 너무 많아서 오히려 골라야 한다는 내용이 적혀 있었다. 1만 원으로 진짜 주식을 할 수 있다고? 그렇다면 1만 원은 잃어도 타격이 크지 않을 것 같으니 경험이라 생각하고 시작해보기로 했다.

요즘은 비대면으로 해당 증권사 어플을 깔면 가입하고 바로 주식 투자를 할 수 있다. 막상 증권사 어플을 깔려고 하니 생각보다 너무 많아 결정하기 어려웠다. 유튜브 알고리즘이 내 마음을 읽었는지 '10만 원으로 구글, 애플, 마소 모두 사보겠습니다(ft. 신한금융투자 계좌 개설과 해외 주식 소수점 투자)'라는 제목과 함께 해외 주식 0.1주씩 매수하기라는 썸네일의 유튜브 영상으로 나를 안내했다. 현재 마이크로소프트 1주 가격은 우리나라 돈으로 38만 원이 넘어간다. 그런 주식을 소수점으로 매수할 수 있는 세상이 온 것이다. 해외 주식을 소수점 매수할 수 있는 증권사는 많았다. 그 당시 나는 유튜브 알고리즘이 소개한 신한금융투자 증권 어플을 다운 받았고 10만 원으로 세계적인 기업인 구글, 애플, 마이크로소프트의 주주가 되었다. 처음 사보고 든 생각은 그동안 주식 투자는 장벽이 높다고 생각했는데 사고 보니 정말 쉽다는 것이었다.

이렇게 증권사 어플까지 깔고 소수점 매수를 해보니 주식 투자에 대한 괜한 자신감이 생겼다. 앞에서 말한 '1만 원으로 투자 시작하는 5가지 방법'이라는 유튜브 동영상을 보고 1만 원으로 할 수 있는 투자를 유튜버가 알려주는 대로 따라 해보았다. 5가지 방법을 알려주어 1만 원으로 각각의 투자 방법을 익히게 되었다. 첫 번째는 펀드, 두 번째는 국내 ETF, 세 번째는 채권, 네 번째는 주식, 다섯 번째는 해외 ETF 매수하기였다. 용어도 잘 몰랐지만 따라만 했더니 각 1만 원씩 5가지를 사니 약 5만 원으로 경제 뉴스에서 들어본 적 있는 펀드, ETF, 채권, 개별 주식, 해외 ETF

를 살 수 있었다. 사고 보니 돈이 없어서 투자를 못 한다는 건 핑계라는 것을 알게 되었다. 1만 원 아니 커피값, 혹은 동전만 있어도 주식을 살 수 있는 세상이 되었다. 실행만 하면 된다.

내가 학생이었을 때 〈만 원의 행복〉이라는 프로그램이 있었다. 그 프로그램은 연예인이 나와 일주일간 만 원으로 생활해보는 프로그램이었다. 그 프로그램이 지금으로부터 약 15년 전 프로그램이다. 그리고 약 5년 전 MBC 〈무한도전〉이라는 프로그램에서 하루에 1만 원으로 생활하는 특집을 한 적이 있다. 지금은 어떠한가? 1만 원이면 식당에서 먹는 한 끼 밥값 정도이다.

그 1만 원을 값지게, 미래를 위해 투자하는 가장 쉬운 방법이 바로 주식 투자라고 생각한다. 위에서 설명했듯이 1만 원이면 다양한 주식을 살 수 있는 시대이다. 1만 원 주식 투자로 부자가 된다는 말이 아니다. 만 원이라도 실제 주식계좌에 내 돈이 들어가 있어야 공부가 되고, 작은 돈으로 공부해봐야 나중에 큰돈을 넣을 수 있다. 또한 투자 습관을 기를 수 있다.

어떤 사람은 1천만 원, 5천만 원, 1억의 씨드 머니를 모은 후 주식 투자를 하라고 하는 사람도 있지만, "굳이 왜?"라고 묻고 싶다. 물론 투자금이 클수록 수익이 났을 때 버는 돈이 크다. 예를 들어 1억을 투자해 10%의 수익이 났다면 1,000만 원을 벌 수 있다. 100만 원을 투자해 10%의 수익이 났다면 10만 원을 벌 수 있다. 1억을 투자했다면 0.1%의 수익만 났어도 10만 원은 벌 수 있다. 그래서 적은 금액으로 하면 뭔가 아쉽게 느껴질 수도 있다.

하지만 작은 성공의 경험이 큰 성공 경험을 만든다. 1만 원으로 시작해서 수익을 얻는 경험을 하면 재미가 붙어 더 공부를 열심히 하게 되고 투자자로서 살아가는 힘을 얻을 수 있을 것이다. 데일 카네기는 다음과 같이 말했다.

"작은 일을 성취할 때마다 인간은 성장한다. 작은 일을 하나씩 정확하게 처리하면 큰일은 저절로 따라오는 법이다."

1만 원의 투자로 소액의 돈이라도 벌어보는 경험이 당신을 앞으로 큰 부자로 만들어줄 것이다. 이렇게 말하는 학생도 있을 것이다. 주식 투자는 위험하니 이자는 적지만 은행 통장에 저축하겠다고. 소비하는 것보다는 낫다고 생각한다. 워런 버핏도 "다 쓰고 남은 돈을 저축할 것이 아니라 저축하고 남은 것이 있으면 써라."라고 말했다. 이것은 절약과 저축의 중요성을 말한 것이다.

저축과 주식 투자 중 선택해야 한다면 주식 투자를 해야 한다. 우리가 저축하는 이유도 이자를 더 받아서 돈을 불리기 위해서이다. 그렇다면 돈을 더 많이 불릴 수 있는 주식 투자가 저축보다 훨씬 낫지 않은가. 예금 같은 저축만으로는 경제적 자유에 이르는 것은 힘들다. 더 높은 투자 수익을 발생시킬 방법이 바로 주식이다.

주식은 위험하다고 들었다면 주식을 투기로 했던 사람들의 경험을 들어와서일 것이다. 좋은 주식 종목에 대하여 공부하고 꾸준히 모아나간다면 높은 수익을 얻을 수 있을 것이다. 남이 좋다고 해서 산 종목은 나 스스로도 확신이 없어 언제 팔아야 하는지도 모른다. 본인이 스스로 하는 돈 공부는 꼭 필요하다. 주식 투자는 안 하는 것이 하는 것보다 더 위험하다고 생각한다. 자본주의 사회에서 조금의 리스크도 없이 안정적인 저축만 추구하는 것은 미련하다고 본다.

만 원이 있다면 소비 대신 그 돈을 투자로 바꾸어보는 것은 어떨까? 돈을 많이 번다고 부자가 될까? 많이 벌어도 돈을 붙잡아두어야 부자가 된다. 1만 원을 투자해보는 것은 생각보다 훨씬 쉽다. 요즘 조카들 용돈 줄 때 중고등학생들은 최소 5만 원은 주게 되는데 1만 원은 오늘날 무언가를 투자하기에 크게 부담되는 금액은 아니라고 생각한다. 부자가 되려면 적은 돈이라도 투자를 시작해야 한다.

오늘날 세계 경제를 이끌어가고 세계 부자들을 배출한 유대인 경제 교육에서는 '푼돈의 가치'를 가르친다고 한다. 유대인들은 다음과 같이 말한다.

"푼돈의 가치를 모르는 사람이 큰돈의 가치를 알 리가 없다. 또한, 그런 사람일수록 큰돈을 갖기 위해서는 비합리적이거나 불법적인 수단까지도 마다하지 않는다.

푼돈의 가치를 알지 못하고, 푼돈을 어떻게 관리하는지 알지 못하면서 큰돈 버는 것만 생각하는 것은 일확천금의 환상을 갖게 할 뿐이다. 따라서 큰돈만을 바라는 사람은 진정한 경제 사회의 일원이 될 수 없을 뿐만 아니라 다른 사람들에게 피해를 입히기가 쉽다."

푼돈을 관리해야 큰돈도 벌 수 있다. 푼돈을 중요시하는 유대인들의 경제 교육은 비즈니스 세계에서 박리다매의 사업으로 이어진다. 유대인들은 우수한 상품을 비싼 가격에 팔아 부를 축적하지는 않는다. 오히려 어떻게 해야 많은 사람들을 고객으로 끌어들일까를 먼저 고민한다. 고객이 모여야 적은 이익을 붙이더라도 상품이 많이 팔려 현금의 흐름이 좋아진다는 것을 유대인들은 잘 알고 있었기 때문이다. 푼돈 만 원을 아껴 투자해볼 것을 한 번 더 강조하겠다.

나의 첫 주식 투자금은 만 원이었다. 못 믿겠다면 내가 위에서 알려준 유튜브 채널에서 소개한 그대로 따라서 사보도록 하자. 내가 샀던 주식들은 이제 1만 원으로 살 수 없다. 1년 만에 주가가 상승했기 때문이다. 똑같이 따라 하고 싶다면 아직까지는 1만 원대이니 따라 해보아도 좋다.

딱 1만 원으로만 투자하고 싶거나 1만 원만 있다 해도 실망하진 말자. 여전히 1만 원으로 살 수 있는 주식들은 무궁무진하다. 소수점 매매로 300만 원이 넘는 아마존 주식도 만 원어치 살 수 있다. 마트에서 장 보듯이 주식을 담으면 된다. 그 정도로 간단하고 간편하다.

주식으로 부자는 천천히 되는 것이다. 욕심을 낼수록 판단력이 흐려져 쪽박을 찰 수 있다. 적은 돈으로 시작해도 결국은 복리의 마법으로 수십 년 후에는 경제적 자유를 누릴 수 있다. 빨리 부자가 되려고 큰돈으로 시작할 것이 아니라 경험을 쌓는다 생각하고 적은 돈으로 시작하길 바란다. 주식 시장은 좋을 때도 있고 안 좋을 때도 있다. 내가 주식을 시작한 시기가 시장이 좋지 않을 때라면 내가 매수한 금액보다 주식 가격이 떨어질 수도 있다. 그러나 좋은 종목이라면 반드시 오른다. 1만 원으로 투자하였다면 오를 때까지 기간을 견딜 수 있기에 주식 시장이 나쁠 때의 경험도 배움의 기회라고 생각할 수 있다. 1만 원으로 즐기며 투자하라! 만 원의 투자금으로 당신은 부자의 씨앗을 심게 되었다. 당신은 반드시 부자가 될 것이다.

06

나는 주식 투자로 매달 용돈을 한 번 더 받는다

2022년 새해가 밝았다. 나는 별 보는 것을 좋아한다. 새해도 됐으니 소원도 빌 겸 별 보러 가야겠다는 생각이 들었다. 마침 내가 사는 세종시에서 가까운 곳 중 별 보기 좋은 곳이 있었다. 바로 '증평 좌구산 천문대'였다. 세종시에서 한 시간 정도 되는 곳이었는데, 정말 많은 별들을 볼 수가 있었다. 쏟아질 것 같은 별들을 보며 소원을 빌었다. '마흔 살에는 경제적 자유를 누리게 해주세요.'

그렇게 집으로 돌아와 주식 투자를 시작하면서 1년 전 만들었던 비전 보드를 다시 보았다. 인간의 뇌간은 파충류와 매우 흡사하여 시각화한 것만 이룰 수 있다고 한다. 그래서 내가 이루고 싶은 버킷리스트 관련된 사진을 출력해 'MJ의 꿈지도 비전보드'라고 쓰고 벽에 붙여두었다. 비전 보드에는 워런 버핏의 얼굴 사진과 함께 그의 투자 원칙이 적힌 이미지가 붙어 있었고, 작가를 꿈꾸며 내가 의미 있게 읽은 책 이미지를 붙여두었다. 내가 만든 비전 보드를 카카오톡 프로필 사진으로 저장하고, 내 블로그 대문 이미지로 사용하며 매일 보았다. 1년이 지난 후 나는 모두 이루었다.

주식 투자 공부를 처음 시작할 때 주이슬 대표님이 운영하시던 〈한국 주식 투자협회(이하 한투협)〉 카페에 들어갔다. 그리고 매일같이 다음의 글을 10번씩 썼다.

'나는 주식 투자로 월급 한 번 더 받는다!'
'나는 ETF로 월급 한 번 더 받는다!'

그리고 그것은 역시나 1년 안에 어느 정도 이루어졌다. 말하는 대로 이루어졌다. 가요 중에 처진 달팽이(유재석&이적)의 〈말하는 대로〉라는 노래가 있다. 그 노래에는 다음의 가사가 있다.

"말하는 대로~ 말하는 대로~ 될 수 있단 걸 눈으로 본 순간 믿어보기로 했지. 마음먹은 대로 생각한 대로 할 수 있단 걸 알게 된 순간 고갤 끄덕였지."

노래 가사와 멜로디가 좋다고만 생각했는데, 내가 원하는 것을 말로 뱉으면 실제로 이루어진다는 것을 경험했다. 나는 종교가 없고, 타인을 잘 믿지 않는 성격이다. 그런데 내가 뱉은 말이 그대로 현실에 나타나니 놀라웠다. 말하는 대로 현실화되는 것을 보고 이제는 긍정적인 생각을 하고 긍정적인 말을 쓰려고 노력한다.

일본 아마존 베스트셀러인 『2억 빛을 진 내게 우주님이 가르쳐준 운이 풀리는 말버릇』을 읽고 긍정의 말버릇을 쓰려고 노력하게 되었다. 기적을 부르는 말인 '감사합니다'를 5만 번 말하면 인생이 바뀐다는 내용을 읽었다. '감사합니다'라는 말에는 몸과 마음에 쌓여 있던 부정적인 에너지를 긍정적인 에너지로 바꾸어주는 힘이 있다. 그래서 담임으로서 반 학생들과 아침 조회와 오후 종례 시간에 인사를 '감사합니다'로 하기로 했다. 나뿐만 아니라 학생들이 뜻하는 바를 이루었으면 하는 기적의 주문으로써 '감사합니다'를 매일 의무적으로라도 말하게 한 것인데, 1년간 잘 따라와 준 학생들에게 감사를 전한다. 어려운 책이 아니니 독자분들도 꼭 위의 책을 한 번쯤 읽어보시기를 추천해드린다.

책에 나온 것처럼 지금부터 1년 동안 불평불만이나 다른 사람에 대한 나쁜 말을 일절 사용하지 말아보자. 1년 후의 인생은 틀림없이 180도 달라져 있을 것이다. 1년이 길면 우선 일주일 동안만 실행해보자. 잠깐이지만 효과를 느끼고 깜짝 놀랄 것이다. 내 지인들 중 긍정적인 사람들은 특히 일이 잘 풀렸는데 그 이유가 궁금했는데, 그 답을 이 책에서 얻을 수 있었다.

긍정적 주문, 부정적 주문 모두 내뱉는 순간 우주에 발신되고 그대로 수신되어 현실에 나타난다고 한다. 그러니 앞으로는 긍정적인 주문만 입 밖으로 꺼내보자.

말의 습관을 바꾸면 현실이 바뀐다. '나는 주식 투자로 매달 용돈을 한 번 더 받는다'는 것이 이미 이루어졌다고 생생히 상상하고 말을 하면 진짜 이루어진다. 나는 주식 투자로 월급을 한 번 더 받는다고 매일 외치니 실제로 그것이 이루어졌다. 놀라운 경험이었다. 근로소득으로만 월급을 벌 수 있는 것이 아니다. 학생도 마찬가지다. 아르바이트비, 용돈으로만 돈을 버는 것이 아닌, 주식 투자로 용돈을 한 번 더 받을 수 있다.

4,000억대 자산가인 스노우 폭스 김승호 회장이 쓴 『돈의 속성』에서 "나의 독립 기념일은 언제인가?"라는 질문을 한다. 자본 이익이 노동에서 버는 돈보다 많아지는 날이 바로 당신이 부자가 된 날이고 경제적 독립기념일이라고 하였다. 나에겐 2021년 11월 23일이 개인 독립기념일이

다. 그날은 내 자본소득이 근로소득을 넘긴 날이었기 때문이다. 더 이상 일을 하지 않아도 되는 경제적 자유의 시작이 될 뜻깊은 개인 독립기념일이어서 인스타그램 스토리에도 남겨두었다.

경제 용어 중 '72의 법칙'이 있다. 복리를 전제로 자산이 두 배로 늘어가는 데 걸리는 시간을 계산하는 방식이다. 72를 해당 수익률로 나눌 경우 대략적으로 원금의 두 배가 되는 기간이 산출된다. 예를 들어 복리가 5%일 경우 투자자산이 두 배가 되는 데 걸리는 시간은 5분의 72로 계산하게 되는데 14.4년이 걸리는 셈이다.

그렇다면 은행에 100만 원을 2% 복리상품으로 저축했다고 가정해보자. 본인이 저축한 돈이 저축금액의 두 배인 200만 원이 되려면 얼마의 기간이 걸릴까? 72의 법칙에 따르면 2분의 72로 계산하면 36년이나 걸린다. 내가 매달 용돈을 한 번 더 받는다는 것은 용돈의 두 배를 투자로 벌어야 한다는 것인데 현재 저축으로는 36년이 걸린다고 계산할 수 있다. 하지만 주식 투자를 한다면? 나의 사례처럼 1년이 채 못 되어 매달 용돈을 한 번 더 받을 수 있다. 이래도 주식 투자를 미루고 저축만 계속할 셈인가.

학생으로서 현재 아르바이트를 하지 않는다면 유일한 소득은 용돈이다. 본인이 집안일 등을 해서 받거나 조건 없이 매달 용돈을 받고 있을 것이다. 성인이 되면 부모님께 용돈을 받기는 어렵다. 받아서도 안 된다. 그때는 경제적 자립을 해야 한다. 따라서 용돈을 아껴서 이 소득이 자산을 만들게 하는 것이 경제적 독립의 시작이다. 용돈을 아무 계획 없이 소비에 사용한다면 경제적 독립에서 멀어진다. 용돈의 10~20%라도 투자한다면 경제적 독립기념일을 앞당길 수 있다.

바빌론 부자 아카드는 "나는 내 수입의 10분의 9만으로 살았지만 생활은 예전과 달라지지 않았습니다. 오히려 예전보다 궁핍하지 않았습니다. 그때부터 돈을 훨씬 쉽게 벌 수 있었습니다. 그 이유는 모르겠습니다."라고 말했다.

용돈의 10%를 투자하는 것은 어렵지 않다. 용돈의 10분의 1로 투자 습관을 만드는 것이 중요하다. 최소의 노력으로 즐겁게 투자하면 된다. 투자 습관이 잡히면 성인이 되어 금액을 조금씩 늘리면 된다. 돈을 쓰는 즐거움보다 돈을 모으는 즐거움을 투자를 통해 갖기를 바란다.

초등학생이었을 때 엄마, 아빠에게 용돈을 받아 생활하였다. 우리 집은 나 포함 세 자매가 있다. 공용 용돈 통에 세 명이 한 달 정도 쓸 수 있는 돈을 넣어두고 용돈 기입장에 용돈을 어디에 썼는지, 얼마를 썼는지를 적게 하셨다. 그리고 한 달이 지나 가장 적게 쓴 사람에게 공용 용돈 통에 남은 돈을 주셨다. 부모님께서 절약의 중요성을 가르치려고 하신 것 같다. 그렇게 나는 절약을 해 용돈에 상응하는 돈을 한 번 더 받곤 했다. 웃픈 이야기를 들려주자면, 둘째 언니는 본인의 소비 습관으로는 세 명 중 절약왕이 될 수 없다는 것을 깨닫고, 한 달 용돈을 세 명 중 제일 많이 써버리곤 했다. 그래서 나는 절약을 했음에도 공용 용돈 통에 남은 돈이 없어 이득을 못 볼 때도 있었다. 하지만 그때 부모님의 경제 교육으로 절약하는 습관을 기를 수 있었다. 그렇게 상금으로 모은 용돈으로 저축을 했고, 그 당시 10% 이상 되었던 은행 이자로 돈을 불릴 수 있었다.

이제는 주식 투자로 매달 용돈을 한 번 더 받자. 용돈 10만 원 중 1만 원은 없는 셈 치고 9만 원으로 충분히 한 달을 버틸 수 있다. 용돈의 10%인 1만 원, 혹은 몇천 원이라는 소액이 투자의 씨앗이 된다. 용돈의 일정 부분으로 반드시 주식 투자를 시작하자. 심지어 주식 시장에서는 1만 원만 있으면 건물주도 될 수 있다. 그 방법은 바로 '리츠(Reits: 부동산투자신탁)' 투자다. 리츠란 다수의 투자자로부터 모은 자금으로 부동산을 사서 발생한 임대수익을 투자자에게 배당하는 것이다. 즉, 주식으로 부동산을 공동구매하는 셈이다. 리츠 중 1만 원도 안 하는 리츠도 많다. 주식 투자로 건물주도 될 수 있는 세상인데 용돈으로 주식 투자를 시작해보자.

07

10대에 부자가 될 준비를 해야 한다

한창 서핑에 빠져 있던 때가 있었다. 양양, 강릉, 부산, 태안 등등 서핑을 하러 많은 바다에 갔다. 일주일간 서핑 여행을 갔을 정도로 서핑에 진심이었다. 물을 좋아하기도 했지만, 서핑이 굉장히 매력적이었다. 처음 서핑을 배우러 갔을 때는 서프보드 위에서 균형을 잡고 일어나는 법과 보드에 엎드려 수영의 자유형처럼 팔을 서로 교차하며 젓는 패들링을 배웠다.

동해 바다에서 서핑을 시작했기에 내가 서핑 실력이 좋지 않아도 큰 파도가 서프보드를 뒤에서 밀어줘서 생각보다 쉽게 파도를 탈 수 있었다. 그러다가 서해 태안 바다에 가게 되었다. 파도 하나 없는 잔잔한 바다를 '장판'이라고 하는데 그날 태안 바다가 딱 그러했다. 파도가 없기에 서프보드에서 팔을 교차하여 힘차게 젓는 패들링을 통해 작은 파도라도 잡으려고 애썼다. 파도는 잔잔했지만 열심히 패들링을 하였기에 가끔씩이라도 파도를 잡을 수 있었다. 처음에는 짠 바닷물도 많이 먹고 다치기도 했다. 하지만 파도에 내 몸을 싣고 서핑을 하는 것은 즐거운 일이었다. 실패가 두려워서 바다로 나가기를 주저했다면 아무 일도 일어나지 않을 것이다. 아무것도 하지 않으니 안전하지만 서핑에 성공하는 즐거움은 맛보지 못했을 것이다. 파도에 깨지면서도 포기하지 않고 계속해서 도전했더니 어느 순간 서핑을 하고 있는 나를 발견했다.

주식 투자가 서핑과 비슷하다고 생각되었다. 주식 시장이라는 넓은 바다가 있다. 서프보드 타는 법을 배우는 것이 주식 공부이다. 주식 공부를 하지 않고 주식 투자를 하는 것은 서프보드도 탈 줄 모르면서 넓은 바다에 나가는 위험성과 똑같다. 서핑을 위해 바다로 나가면 다양한 파도가 온다. 잔잔한 파도, 부서지는 파도, 큰 파도 등등…. 서핑은 출렁이는 파도를 맞서지 않고 그 파도를 잡아타면 된다. 언젠가는 파도가 우리를 밀어주는 순간이 찾아온다. 출렁이는 바다에서 균형을 잘 잡고 파도 보는 눈을 키우면 언젠가는 큰 파도를 잡아 탈수 있게 되는 것이다.

그 파도가 나는 주식 종목들이라고 생각한다. 서프보드 타는 법을 배운 후 파도를 타는 것처럼, 투자 공부를 하고 좋은 종목을 매수하면 되는 것이다. 파도는 계속 온다. 즉, 주식 시장에는 다양한 종목이 있다. 좋은 파도를 잡지 않으면 서핑에 실패할 확률이 높아진다. 하지만 바다에 나가 서핑 타는 법을 익히다 보면 어느 순간 어떤 파도가 좋은 파도인지 판단할 수 있게 된다. 진짜 큰 파도, 즉 좋은 종목이라고 판단되는 순간이 오면 해당 주식을 사면 되는 것이다. 파도가 안 치는 '장판'일 때는 파도가 오길 기다리면 된다. 기다림도 주식 투자자는 배워야 한다.

서프보드에는 '리시'라는 안전장치가 있다. 서프보드와 서퍼를 연결하는 중요한 장비이다. 서퍼의 한쪽 다리에 서프보드에 연결된 리시를 묶으면 바다에 빠져도 다시 서프보트를 잡을 수 있다. 리시는 바다에 빠졌을 때 나를 지켜주는 유일한 도구이다. 넓은 바다와 같은 주식 투자 시장에서 안전장치가 될 수 있는 10대가 해야 할 주식 투자 방법을 4장에서 알려줄 것이다. 좋은 파도를 기다리며 서프보드 위에서 준비하는 것처럼 10대도 부자가 될 준비를 해야 한다. 짠맛을 볼 때도 있겠지만 결국엔 좋은 파도를 잡아 바다 위를 시원하게 가로지르며 서핑에 성공하는 짜릿함을 맛볼 수 있을 것이다. 서핑에 성공한 서퍼, 즉 성공한 투자자의 길로 갈 수 있을 것이다.

주식하는 10대 학생들 세 명을 인터뷰하며 다음과 같은 질문을 했다.

"부자가 되고 싶은가? 부자가 되고 싶다면 어떻게 돈을 벌고 관리할 것인가? 부자가 되기 위해 롤 모델로 삼고 있는 사람이 있다면 누구이고 그 이유는 무엇인가?"

답변은 다음과 같다.

A 학생: 부자가 되고 싶습니다. 돈이 돈을 낳는다고 생각합니다. 사람은 몸이 한 개인지라 노동으로 돈을 번다면 버는 액수는 한계가 있습니다. 노동으로 돈을 번다는 그동안의 당연한 상식을 깨고 내가 없어도 돌아가는 사업체를 만든다거나, 투자를 해서 많은 수익을 내는 식으로 돈을 벌고 관리할 것입니다. 특히 저는 부동산 쪽에 투자하여 리모델링, 시세 차익으로 이득을 보면서 돈 관리를 하고 싶습니다.

부자가 되기 위해 롤 모델로 삼고 있는 사람은 아빠입니다. 아마 아빠가 없었다면 이러한 경제 지식을 알지 못했을 것이고, 아빠가 투자를 해 수익을 내는 모습을 보며 저도 꼭 투자로 성공을 해야겠다고 느꼈습니다.

B 학생: 부자가 되면 좋겠지만 꼭 안 되어도 된다고 생각합니다. 부자가 되지 않아도 행복하고 싶습니다.

C 학생: 네, 부자가 되고 싶습니다. 돈 관리에 대한 저의 생각은 다음

과 같습니다. 요즘 투자 시장은 부동산부터 주식까지 워낙 정신없이 오르고, 떨어집니다. 이로 인해 어떤 사람들은 일해도 소용없다며 대출을 받아 집, 땅, 주식을 삽니다. 소위 말하는 영끌(영혼까지 끌어모으다) 대출을 하고 있습니다. 개인적으로는 부동산이 앞으로 더 많은 공급과 좋은 정치가, 사업가 등의 노력으로 안정화되길 바라고 있습니다. 당연히 자산 배분을 적절히 해야겠지만 무엇보다 제가 맡은 일에 최선을 다할 수 있는 사람이 되고 싶습니다. 저의 꿈은 전 세계에 병원을 세우는 것입니다. 한 사람이 아프고, 다치고, 우리 곁을 떠난다는 건 단순히 그 한 사람만의 고통이 아닌 주변 사람들 또한 많이 괴로워지는 일입니다. 많은 사람들을 행복하게 해주고 싶습니다. 사랑하는 사람들과 옆에서 오랫동안 함께할 수 있도록 하고 싶습니다. 저는 돈을 모아서 많은 사람들이 행복할 수 있도록 돈을 사용하고 싶습니다.

제가 부자가 되기 위해 롤 모델로 삼고 있는 사람은 2020년까지는 '일론 머스크'였습니다. 자신의 목표를 위해서 끊임없이 도전하고 몰두하며 많은 사람들을 위해서 주변의 시선에 대해 신경 쓰지 않고 묵묵히 나아가는 모습이 너무 닮고 싶은 모습이었고 지금 저에게 가장 필요한 것이 아닐까 생각했습니다. 요즘은 누구 한명을 롤 모델로 삼기보다는 자신이 해야 할 일, 맡은 일에 최선을 다하고 끊임없이 도전하고 쉽게 포기하지 않는 모든 분의 모습을 보며 계속해서 열심히 살아야겠다고 생각합니다. 저 또한 계속해서 도전해나가고 포기하지 않으며, 꾸준히 목표를 향해 나아가서 많은 사람들이 저를 보며 꿈과 도전을 만들고 시작할 수 있도록 돕고 싶습니다.

세 학생들의 대답을 들으며 여러 가지 생각이 들었다. A 학생의 답변을 들으며 가정에서의 조기 경제 교육이 얼마나 중요한지를 깨달았다. 부모님 중에는 학생이 주식 투자를 하는 것에 부정적인 분들이 많은데 오히려 투자하라고 격려하고 투자 멘토가 부모님인 것이 보기 좋았다. 부모의 투자하는 모습을 보고 배우며 앞으로 투자자로서 성장할 A 학생의 멋진 모습이 그려진다.

B 학생의 답변은 안타까운 마음이 들게 했다. 보통 TV에서 나오는 재벌들의 모습은 행복해보이지 않았나 보다. 행복해보이지 않은 부자를 봐온 것 같은 B 학생에게 말해주었다. 행복한 부자가 되면 되는 거라고. 나의 최종 목표도 사람들과 함께 좋은 것을 나누는 행복한 부자이다.

C 학생은 최종 꿈이 부자가 되어 남을 돕는 의미 있는 삶이었다. C 학생의 투자철학을 보며 배운 것이 많았다. 돈을 버는 것도 중요하지만 돈을 어떻게 써야 하는지의 중요성을 잘 알고 있는 학생이었다. C 학생은 투자를 하며 본인의 꿈을 이루어나가고 있었다. 현재 C 학생은 의사를 목표로 자퇴를 한 상태이다. 조금은 다수의 친구와 다른 길을 선택했을 때 의아하기도 했지만, 이 인터뷰를 통해 C 학생의 결정을 이해하게 되었고 더 응원하게 되었다. 돈을 버는 최종 목표가 '나눔'이며 투자를 통해

많은 것을 배우며 꿈에 도전하는 모습이 정말 멋지다고 생각한다.

위 학생들처럼 부자가 되는 법을 10대부터 고민해본 학생과 아닌 학생의 부의 격차는 갈수록 커질 것이라고 생각한다. 그들은 부자가 될 준비를 하면서 앞으로 어떻게 살아가야 할지 미래를 그린다. 돈 공부를 하며 본인의 비전이 생긴다. 목표가 생기기에 희망찬 앞날을 기다리며 부자가 될 그날을 준비하는 사람이 된다.

10대에 부자가 될 준비를 하면 또 어떤 점이 좋을까? '무언가를 예측하는 능력'을 키울 수 있다. 부자가 되기 위해 어떻게 해야 하는지, 그 과정에서 어떤 일이 생길지 충분히 예측하는 시간을 갖다 보면 더 철저하게 준비할 수가 있다. '어떤 일이 생길 수 있을까?'를 자주 생각하다 보면 상황에 잘 대처할 수 있는 능력이 생긴다. 부자가 되기 위해 '미리 준비하는 자세'는 정말 중요하다. 어려운 일이 닥치기 전에 미리 준비한다면 투자를 하다가 최악의 상황을 만난다 하더라도 극복할 수 있을 것이다. 돈 공부를 하며 나만의 시나리오를 작성하여 부자가 될 준비를 해보자.

3장

10대,
돈 공부를 통해
배울 수 있는 것들

STUDYING MONEY

투자 기회는 생활 속에 있다

현존하는 최고 주식 투자자인 워런 버핏은 "자신이 잘 아는 기업에만 장기 투자한다."라는 투자 원칙을 가지고 있다. 그래서 본인이 사용하고 본인이 잘 아는 기업에만 투자한다. 그는 매일 350ml 용량의 코카콜라 캔 음료를 다섯 개 이상 마시는 코카콜라 마니아로 유명하다. 〈포춘 (Fortune)〉지와의 인터뷰에서 "내 몸의 4분의 1은 코카콜라로 되어 있다"는 농담을 했을 정도다. 그리고 약 30년이 넘는 기간 동안 버핏의 투자 포트폴리오에는 코카콜라가 있다.

워런 버핏은 1987년 주식 시장 폭락 후 코카콜라에 투자하기 시작했다. 30년이 넘는 기간 동안 워런 버핏의 투자 포트폴리오에는 코카콜라가 있다. 코카콜라 기업은 1920년부터 3개월마다 꾸준히 배당금을 지급하고 있다. 또한 배당 기업 중에서도 50년간 배당금을 늘려간 기업들만이 받을 수 있는 '배당킹' 칭호도 받고 있는 기업이다.

워런 버핏은 코카콜라를 매수한 이유를 누구나 좋아하고 버는 돈의 대부분을 배당금을 통해 주주에게 주는 훌륭한 회사이기 때문이라고 밝혔다. 버핏은 코카콜라에 투자하면서 "난 이 주식을 평생 팔지 않겠다."라고 공언하기도 했다. 평생 함께하며 모아갈 주식을 사는 것, 그것이 진정한 가치 투자라는 생각이 든다. 하지만 나는 코카콜라를 좋아하는 편이아니고, 콜라는 건강에 나쁘다는 인식을 가지고 있다. 그래서 내가 좋아하지 않고 건강에 해로운 코카콜라 기업의 주식은 사지 않기로 했다. 심플하게 생각하기로 하였다. 때론 심플한 게 정답일 때가 많다.

워런 버핏의 이야기를 듣고 나도 내가 좋아하고 실제 사용해본 적이있는 기업부터 알아봐야겠다고 생각했다. 그 시작은 '샤오미'라는 기업이었다. 샤오미라는 기업은 스마트폰, 전자기기 등 다양한 제품을 만드는중국 회사다. 앞으로 전기차 시장에도 진출할 것이라고 한다. 성능이 뛰어난 다양한 제품을 초저가에 판매하면서 '대륙의 실수'라는 별명이 붙었는데, 덕분에 설립 10여 년 만에 엄청난 고성장을 이뤘다.

나는 샤오미 제품 중 무선 보풀 제거기와 스마트워치 제품인 '미밴드'

를 사용했다. 써보니까 합리적인 가격에 뛰어난 품질로 가성비를 중시하는 나에게는 만족감을 주었다. 하지만 매수를 해볼까 하던 2021년 1월에 미국이 블랙리스트로 샤오미 기업을 올렸다는 뉴스가 나왔고, 3일 만에 주가가 11% 폭락한 것을 보았다. 그때 생각해보았다. 앞으로도 종종 이런 폭락 소식을 들을 때마다 내가 견디고 믿을 수 있는 기업인가. 그 정도까지는 아니라는 생각이 들었다. 그리고 1년 가까이 지난 현재는 샤오미의 무선 보풀 제거기와 미밴드를 거의 사용하지 않는다. 순간의 만족감으로 기업 주식을 살 것이 아니라 정말 꾸준히 사용해보고 마니아라고 할 정도의 기업이 생긴다면 그때 해당 기업에 대해 공부해보고 사야겠다 생각했다. 워런 버핏처럼 내가 알지 못하는 주식은 사지 않겠다고 다짐했다.

2021년 코로나19 1차 백신 접종을 하게 되었다. 백신 접종 후유증을 듣고 걱정도 되었다. 백신 접종 전 의사 선생님께서 열이 나면 타이레놀을 먹으면 좋다고 하였다. 전 국민 대상으로 코로나19 백신 접종이 시작되면서 전국에서 타이레놀 품귀 현상도 일어났다. 나도 1차 백신 접종으로 컨디션이 좋지 않고 열이 났는데 타이레놀을 먹고 좋아졌다. 주변 사람들에게 물어보니 본인들도 타이레놀 덕을 보았다고 했다.

그래서 갑자기 타이레놀에 대해 관심이 생겼다. 평소에도 두통이 있으면 타이레놀을 챙겨 먹곤 했다. 코로나19로 백신 접종률이 높아지는 상황에서 사람들에게 도움을 주는 타이레놀이란 약이 어디 회사 것인지 궁금해졌다. 찾아보고 의외의 회사여서 깜짝 놀랐다. 그래서 나만 몰랐나 싶어 주변 사람들에게 "타이레놀을 어느 회사에서 만들었는지 알고 있느냐?"라고 질문을 했다. 내가 물어본 사람이 열 명 정도 되었는데 알고 있는 사람이 단 한 명도 없었다. 그리고 그 회사를 알려주면 사람들이 놀라워했다. 그 회사가 어디일까? 한 번 생각해본 후 계속 읽어보기 바란다.

정답은 바로 '존슨앤존슨'이라는 회사였다. 사람들이 놀란 이유는 나와 비슷했다. 이 기업에 대해 대부분의 사람은 어렸을 때부터 써왔던 존슨즈 베이비로션을 생산하는 회사 정도로만 생각했다. 타이레놀을 만든 기업이 존슨앤존슨이란 것을 알고 난 후 그 회사에 대해 찾아보았다. 헬스케어 대표 배당주로서 50년 이상 배당금을 늘린 주주 친화적인 기업이었다. 존슨앤존슨은 건강관리 기업으로 의약품 외에도 소비자 건강 제품, 의약 기기 등도 함께 판매했다.

대표적 회사 제품을 보니 더욱 뜨악했다. 뉴트로지나, 아큐브 콘택트 렌즈, 존슨즈 베이비 로션, 리스테린, 타이레놀 등…. 우리 일상에서 많이 접하고 스며들어 있는 제품들이었다. 수술용 로봇에도 관심을 가지고 사업을 키워가고 있다고 한다. 또한 얀센사를 인수하여 자회사로 두고 있는데 '얀센 백신'에 대해서도 뉴스에서 한 번쯤 들어본 적이 있을 것이다. 심지어 반창고도 존슨앤존슨 회사의 발명품이라고 하니 얼마나 근본 있는 제약 회사인가. 우리 일상에 꼭 필요하고 건강에 좋은 제품들을 좋아하는데 그것을 만드는 회사라 신뢰가 갔다.

배당금도 거의 매년 5% 이상 증액해왔다. 지금 당장 1,000만 원으로 해당 주식을 매수한다면 배당금이 1년 기준 세후 20만 원이 넘는다. 3월, 6월, 9월, 12월 1년에 4번 배당금이 들어온다. 코카콜라처럼 50년간 배당금을 늘려간 '배당킹' 기업이다. 배당금만으로도 모아갈 이유가 충분하다. 기업의 주가가 떨어지면 싼 값에 주식을 매수할 수 있어서 그만큼 배당금을 많이 받을 수 있게 되고, 주가가 오르면 오르는 대로 수익률이 높아지니 좋다.

많은 현대인이 타이레놀을 달고 사는데, 우리 일상에 꼭 필요한 것을 만드는 회사 주식을 사지 않을 이유가 없었다. 어렸을 때부터 사용한 존슨즈 베이비로션, 성인이 되고 나서 아플 때 도움을 준 타이레놀 등 내 일상에 언제나 함께였던 제품을 만든 회사였다. 그래서 기업 분석 후 매달 꾸준히 모아가고 있다.

주식 투자를 하는 10대들 인터뷰 중 C 학생의 답변이 생각났다. 투자 기회는 생활 속에 있음을 한 번 더 깨달을 수 있게 해준 답변이었기 때문이다. C 학생에게 크래프톤, 네이버, 페이팔 홀딩스 등의 주식을 매수한 이유를 물었다. 그 학생의 대답은 아래와 같았다.

"크래프톤은 게임 주식으로 사람들의 여가 생활의 일부분인 게임을 만들고 현재 세계적으로 인기인 배틀그라운드 게임의 제작사입니다. 앞으로도 사람들은 게임과 관련된 재밌는 것들을 찾을 것이고 크래프톤은 여가 생활에 도움을 줄 수 있는 회사라고 생각합니다. 네이버는 일상에서 네이버를 접하지 않기는 너무 어려울 정도로 우리 생활에 한 몸이 된 것처럼 붙어 있습니다. 페이팔 홀딩스는 온라인 전자상 결제 서비스로 쿠팡, 아마존 등의 온라인 쇼핑을 즐겨 하고 외출이 힘든 요즘 세상에서 온라인 결제를 간편하게 도와줄 수 있기 때문에 괜찮다고 생각합니다. 해외에서는 많은 사람들이 사용하고 있고 오프라인에서도 사용할 수 있기 때문에 단점들을 잘 보완해나가는 회사입니다. 최근까지 아마존과 협약을 맺었고 현재는 비트코인 결제 서비스를 도입하여 한계점을 더 늘려나가고 있습니다."

코로나19로 재택근무, 원격수업이 늘고 집에 있는 시간이 늘어나게 되었다. 그에 따라 게임 산업은 성장하게 되었고, 온라인 쇼핑은 더욱 활발해졌다. 세상이 바뀌어가고 있다. 그 흐름 속에서 많은 사람들이 무엇을 이용하고 있는지, 본인이 어떤 것을 이용하고 있는지 생각해보면 투자의 답이 나온다. C학생처럼 생활 속에서 많이 사용하고 있는 것과 관련된 주식을 사자.

모의 주식 투자 대회를 열었을 때에도 투자 기회는 생활 속에 있음을 알 수 있었다. 넷플릭스를 자주 보던 학생이 넷플릭스 주식을 샀는데 9월

이후 〈오징어 게임〉이 전 세계의 관심을 받으며 넷플릭스의 주가가 상승했다. 방탄소년단을 좋아하던 학생이 있었는데, 그 학생은 방탄소년단이 소속된 하이브라는 기업을 샀다. 방탄소년단의 활발한 활동으로 하이브의 주가도 상승했다. 그 학생들은 본인이 애용하고 좋아하는 기업의 주식을 샀을 뿐인데 모의 주식 투자대회에서 좋은 수익률을 거두어 수상까지 할 수 있었다.

소비자의 지갑을 열게 하는 기업, 나와 내 주변 사람들의 지갑을 열게 하는 기업에 투자하자. 나와 많은 사람들에게 도움을 주는 타이레놀을 만든 존슨앤존슨 같은 기업에 투자하면 된다. '내가 현재 쓰고 있고, 앞으로도 쓸까?'라고 생각했을 때 그렇다는 답변이 나오는 기업을 유심히 살핀 후 확신이 든다면 투자하면 된다. 내가 좋아하는 기업의 주식을 산다면 나도 계속 그 기업의 제품을 사용할 수 있고, 그 회사가 성장하는 것에 도움을 주는 것이다.

워런 버핏은 본인이 좋아하는 코카콜라를 1988년부터 주식으로 매입해 현재까지 수익률 약 1,500% 이상을 거두었다. 배당금을 제외하고 주가 상승으로 인한 수익률로만 말이다. 배당금까지 하면 더 어마어마한 수익을 거두었다. 자신이 디즈니를 좋아한다면 단순히 디즈니 영화를 보는 것에 그치지 말고 디즈니 주식을 사보자. 내가 좋아하고 남들도 좋아하는 것! 그런 회사에 소액으로라도 주식 투자를 시작해보자.

꾸준함, 성실함이 삶의 무기가 되는 것을 배운다

2021년 베스트셀러 중 하나였던 책의 제목은 『나의 하루는 4시 30분에 시작된다』이다. 이 책의 저자를 알게 된 것은 유튜브를 통해서였다. 작가는 책을 쓰기 전부터 〈김유진 미국변호사YOOJIN〉 채널을 운영했다. 유튜브 내용은 심플했고 비슷한 영상이 올라왔다. 김유진 변호사는 매일 새벽 4시 30분에 일어난다. 4시 30분에 일어나 운동을 하기도 하고, 명상을 하기도 하고, 차 한잔을 마시며 쉬기도 하고, 배우고 싶었던 것에 대해 공부를 하기도 했다. 그렇게 출근 두 시간 전인 새벽 4시 30분에 매일 일어나 본인의 일상을 찍고 업로드하였다. 현재 그녀의 구독자수는

20만 명이 넘어간다.

　그 영상을 보고 자극을 받아 나도 '미라클 모닝'이라는 온라인 모임에 가입했다. 매일 새벽 4시 30분에 일어나 내가 하고 싶었던 일들을 하고 싶어서였다. 새벽 시간은 변수가 거의 없기에 기상만 한다면 내가 주도하는 시간을 보낼 수 있을 것이라 생각했다. TMI를 곁들이자면 내 생일이 4월 30일이기 때문에 기상을 4시 30분에 하여 하루를 시작하는 것은 내 운명이 아닐까 하는 의미를 부여하면서 시작하게 되었다. 매일 하겠다는 다짐과 다르게 일주일에 1번, 나중에는 한 달에 1번 참여하였다. 그러다가 현재는 포기했다.

　경험해보고 나서 깨달았다. 다들 조금만 더 자고 싶어 할 때 그것을 이겨내고 매일 4시 30분에 일어나서 본인을 위한 시간을 보내는 것이 얼마나 대단한 것인지를 말이다. 김유진 변호사의 유튜브 채널이 사람들에게 인기 있었던 이유는 매일 4시 30분에 일어나는 '꾸준함, 성실함'이었다는 것을 알았다. 매일 새벽 4시 반 기상이라는 꾸준함, 성실함으로 그녀는 tvN 〈유 퀴즈 온 더 블록〉이라는 프로그램에도 나오며 더욱 유명해졌다. 지금도 그녀는 매일 4시 30분에 일어나는 생활을 한다. 세계적인 동기부여 전문가 앤드류 매튜스는 말한다.

　"새벽에 일어나서 운동도 하고 공부를 하고 사람들을 사귀면서 최대한으로 노력하고 있는데도 인생에서 좋은 일은 전혀 일어나지 않는다고 말하는 사람을 나는 여태껏 본 적이 없다."

부자들 중에 새벽에 일찍 일어나서 하루를 시작하는 사람들이 많았다. 나는 그래서 새벽 기상이 부자를 만든다고 생각했고 그래서 새벽 기상을 시도했다. 하지만 새벽에 기상하지 않는 부자들도 많았다. 결국 새벽 기상이 중요한 것이 아니라 무언가를 성실히, 꾸준히 하는 것이 인생에서 중요함을 알게 되었다. 좋은 습관을 가지는 것이 중요하다고 생각한다.

투자도 마찬가지다. 매일 투자 공부를 하는 습관을 기르고, 꾸준히 투자하는 경험을 해야 한다. 부자가 되고 싶어 하는 사람은 많지만 실제 부자가 되는 사람이 많지 않은 이유는 무엇일까? 실패해도 그것으로 멈추지 않고 그 실패를 자양분 삼아 또 다른 시도를 해야 하는데, 몇 번의 실패로 좌절하고 멈추는 사람이 많기 때문이다.

김승호 회장의 책 『알면서도 알지 못하는 것들』을 읽고 공감되는 내용이 많았다.

"능력의 다른 말은 끈기다. 절대 느린 것을 염려하지 마라. 멈추는 것을 염려하라."

"좋은 일이든 나쁜 일이든 어떤 행위를 오래 지속하면 서서히 힘이 쌓여 어느 순간 변화가 일어난다."

　투자에 있어서도 꾸준함, 성실함은 중요하다. 투자를 통해 빨리 부자가 되려고 하기보다는 일찍 시작하고, 꾸준히 하라고 얘기해주고 싶다. 워런 버핏도 지금의 재산 90%는 65세 이후에 만들어졌다고 한다. 11세에 시작했던 워런 버핏을 투자의 귀재로 만들어준 것도 50세 이후다.

　11세부터 90세까지 80년을 투자해서 세계적인 부자가 된 워런 버핏이 운영하는 버크셔 해서웨이의 수익률은 연평균 21%가 조금 넘는다고 한다. 워런 버핏은 11세 때 투자를 시작한 것을 후회한다고 말한다. 더 일찍 투자했다면 지금의 자산보다 더 많이 보유했을 것이기 때문이다. 워런 버핏이 5세에 투자했다면, 21%씩 5년이면 100%가 넘기에 지금 자산 110조보다 100%를 더 벌 수 있었다. 투자를 통해 빨리 벌려고 하지 말고 빨리 시작하라는 이유가 있다.

　워런 버핏의 수익률을 보고 특히 작년 같은 상승장에서 시작한 사람들은 '21%면 나보다 수익률이 낮은데?'라고 생각할 수도 있다. 워런 버핏의 수익률은 최고가 아니다. 하지만 워런 버핏은 90세가 넘은 나이에도 계속 투자하고 있다. 꾸준하게, 그리고 기업에 대해 공부하며 성실하게 투자를 지속하고 있다.

　르네상스테크놀로지 창업자 제임스 사이먼스는 1988년 이래 연평균

66%에 달하는 수익률로서 워런 버핏보다 수익률로는 세 배가 높다. 하지만 그의 순자산은 27조 원으로 워런 버핏의 3분의 1이 채 되지 않는다. 워런 버핏은 11세 때부터 투자를 시작했지만, 제임스 사이먼스는 44세에 시작했기 때문이다. 워런 버핏은 90세가 넘는 나이 동안 주식 보유 기간을 최대한 늘려서 복리의 힘을 발휘하고 있는 것이다. 이처럼 투자는 멀리 봐야 한다. 당장의 수익률보다는 보유 기간이 중요하다. 워런 버핏은 주주 서한 중에 "10년 이상 보유하지 않으려면, 단 10분도 보유하지 마라."라는 말을 했다고 한다. 장기 투자의 중요성을 알려준 것이다.

장기 투자를 하려면 꾸준히 그 기업에 대해 공부해야 한다. 해당 기업에 대한 뉴스를 계속 보고, 재무제표를 살피면서 그 기업을 계속 주시해야 한다. 나도 주식 공부를 시작하고, 몇 달간 매일 증권사 어플에 들어가 '리포트'를 읽으며 왜 주식 시장이 오늘 좋았는지, 나빴는지, 해당 종목이 각광받은 이유가 무엇인지, 기업들의 호재와 악재 등을 찾아보았다.

꾸준히 공부했고, 그것을 통해 주식 시장을 보는 눈을 키웠다. 주식 차트를 보며 단타로 주식 투자를 하는 것은 돈 공부를 하는 것이 아니다. 매일 경제 뉴스를 보고, 경제 관련 책을 읽고, 네이버 금융이나 DART 사이트에 들어가 기업 재무제표를 분석하는 등 꾸준한 공부가 투자자로서 해당 기업에 대한 확신을 들게 하고, 꾸준히 투자할 수 있게 하는 힘을 만들어준다.

나는 내가 생각해도 무언가를 시도하고 실행하는 것이 굉장히 빠른 사람이다. 하지만 그것을 지속시키는 힘이 약하다. 새롭게 시작하는 것은 재미있지만, 하다 보면 금방 싫증을 낸다. 단적인 예로 다양한 다이어트를 매년 시도하고 여러 번 실패하는 경험을 반복 중이다. 운동 유목민으로서 다양한 운동을 시도했지만 꾸준히 하고 있는 운동도 없다.

그런 나도 주식 투자를 1년 이상 해오며 꾸준히 공부하고 있다. 평일 밤 10시에 온라인 독서 모임을 6개월 가까이 해오고 있다. 그러면서 투자 마인드, 투자 상식을 쌓고 있다. 무언가를 꾸준히 하는 것만큼 힘이 센 것이 없다고 한다. 투자는 자본주의 사회에서 꼭 필요한 것이라고 생각했기에 그것을 할 수 있는 방법을 찾고 있다. 그것이 나에게는 부자가 되는 것과 관련된 독서였다. 부자들 중에 책을 멀리하는 부자는 보지 못했다. 무언가를 오래 지속하는 것을 어려워하는 나였지만, 필요성을 느꼈기에 지금까지 하고 있는 것이다. 투자 공부를 통해 인내심과 성실함을 기르고 있다.

마라톤 대회에서 10km 완주를 한 적이 있다. 처음에는 30초만 뛰어도 헥헥거렸다. 포기할까도 생각했지만, 같이 출전하기로 한 지인들과 계획을 세웠다. 마라톤 대회 3개월 전부터 주말에 모여서 달리기로 말이다. 우리는 마라톤 대회의 해당 코스 그대로 만나서 뛰었다. 처음에는 1km도 어려웠지만 어느새 5km를 뛰었고, 대회날이 가까워졌을 때는 10km를 몇 번이나 완주했다. 꾸준한 연습 덕분에 실전 마라톤 대회에서는

10km를 1시간 9분 만에 완주했다. 나에게는 신기록이었다. 꾸준하게 연습하지 않았다면 절대 대회에서 완주하지 못했을 것이다.

투자도 마찬가지다. 처음에는 경제 용어도 어렵고, 주식 시장에서 알아야 할 것도 많고 혼란스러울 것이다. 하지만 꾸준히 공부하고, 매달 적립식으로 투자해보자. 그렇게 하다 보면 어느새 조금씩 성장하고 발전하는 투자자가 되어 있을 것이다.

『운이 복리처럼 쌓이는 사람들의 습관』에는 다음의 문구가 나온다.

"합리적인 선택과 성실한 노력을 지속해나가면 운은 복리처럼 쌓인다. 결국 그것을 얼마나 지속해나갈 수 있는지가 운의 총량을 결정하는 것이다."

잘하려 애쓰지 말고 꾸준히 해보자. 어느새 잘하는 사람이 되어 있을 것이다. 유대 격언 중 "100번 반복하는 것과 101번 반복하는 것은 많이 다르다."라는 말이 있다. 발전은 계단식이어서 노력해도 잘 안된다고 생각할 때 한 번 더 시도한다면 한 계단을 또 오를 수 있다. 주식 시장이 안 좋을 때도 버티고 투자 공부와 함께 꾸준히, 성실히 하다 보면 분명히 수익을 안겨줄 것이다. 투자를 포기하지만 말자. 그냥 계속 해보는 것이다. '토끼와 거북이'에서 승자는 결국 거북이었다. 느리더라도 꾸준히, 성실히가 답이다.

돈에 대해 스스로 책임지는 사람이 된다

사회 초년생이었을 때 가입했던 연금보험이 있다. 가입 후 10년 넘게 보유하고 있으면 세금이 없는 비과세 상품이며 복리 효과를 누릴 수 있는 상품이라고 보험사 직원이 설명해주었다. 10년은 채우리라 다짐하며 해지하지 않아 매달 20여 만 원 정도가 내 통장에서 자동이체로 빠져나갔다.

가입 후 5년이 지난 어느 날 재무 설계를 다시 하기 위해 해당 연금보험 상품을 네이버 검색창에서 검색해보았다. 그런데 해당 보험 상품을 해지했다는 내용의 글들이 수두룩했다. 알고 보니 10년이 지나도 사업비 등이 많아 원금도 건지기 어려운 상품이었다. 5년 전에 상품 설명을 들었을 때는 10년이 넘으면 이자가 많이 쌓일 것이라고 하였는데, 10년이 지나도 원금도 받지 못하는 상황이었다.

당장 해당 보험 상품을 해지하게 되면 내가 그동안 냈던 돈의 일부만 해지환급금으로 돌려받을 수 있었다. 나는 피해자인데, 지금 해지하면 나만 손해 보는 상황이었다. 상황을 냉정하게 바라보았다. 잘 알아보지도 않고 해당 상품에 가입한 것은 금융에 대한 나의 무지함 때문이었다. 그리고 가입 후 5년이 지나도록 매달 20만 원이 나가는 상품에 관심도 두지 않다가 이제야 그 상품에 대해 자세히 알게 된 것도 나의 실수였다.

이대로 내 소중한 돈을 손해 보면서까지 해지하진 않을 것이고, 그렇다고 계속해서 가지고 갈 상품도 아니었다. 그때 나는 내가 했던 선택에 대해 책임을 지기로 했다. 일은 이미 벌어졌으니 수습을 제대로 해보자고 말이다. 그래서 상품 과장 광고를 하였고 계약 전 알릴 의무사항을 알리지 않은 보험사를 상대로 민원해지를 요청했다. 민원해지가 통과될 경우 그동안 내가 낸 원금은 100% 돌려받을 수 있었다. 하지만 보험사는 갖가지 핑계로 민원해지를 거부하였다. 보험사의 뻔뻔한 태도에 끝까지 해보자 결심하고 금융감독원에 민원을 넣었다. 민원을 넣는 과정에서 해당보험사의 영업지점에 가서 계약서 사본을 다시 받아보니 내가 전달받지 않았던 서류에 다른 사람의 대필 서명이 있었음을 확인했다. 다른 사람이 내가 작성한 것처럼 나 대신 대필로 계약서를 작성하였기에 보험사의 잘못이 인정되었고 최종 민원해지를 할 수 있었다. 내가 냈던 원금은 그대로 돌려받게 되었다.

한 달이 넘는 기간 동안 해당 보험사와 싸우고 금융감독원에 민원까지 넣고 나서야 사건은 해결되었다. 검색을 해보니 나와 같은 피해를 입은 사람들이 많았다. 그래서 내가 해당 보험 상품의 민원해지에 성공한 과정을 상세히 담은 블로그를 포스팅해서 올렸다. 다른 사람들이 포기하지 않고, 나처럼 해서 원금이라도 돌려받기를 바라는 마음에서였다. 피해자들이 많았는지 그 보험 상품에 대해 검색하면 내 블로그 포스팅이 가장 상단에 검색되었다. 그리고 피해자들이 덕분에 보상받았다, 민원해지에 성공했다는 댓글들을 달아주었다. 댓글만 100개가 넘어간다.

내가 만약 손해를 감수하며 그냥 해지했다면 어떻게 되었을까? 소중한 나의 돈을 지키지 못했을 것이고, 다른 피해자들도 구제해줄 수 없었을 것이다. 해당 보험 상품에 가입한 것은 이미 일어난 일이지만 벌어진 일에는 책임을 지기로 하였다. 그 덕에 나뿐만 아니라 다른 사람들도 도움을 받는 선한 영향력을 발휘할 수 있었다. 감사하다는 댓글들을 볼 때마다 내가 선택했던 것에 대해 끝까지 책임감 있게 마무리하길 잘했구나 하는 생각이 들었다. 그리고 그렇게 돌려받은 내 원금을 주식 투자금으로 넣고 있다. 해피엔딩이다. 그 보험 상품에 돈을 넣었다면 10년이 지나도 원금이 되지 않았을 텐데 원금이라도 받아 주식 투자로 돈을 벌고 있는 것이다. 이런 일도 있구나 하는 것을 경험했고, 그 경험을 자양분 삼아 내가 모르는 금융 상품은 남의 말에 휩쓸려 사지 말아야겠다고 다짐하게 되었다.

현재 나의 재정 상태는 나의 선택 결과이다. 내가 한 선택에 대해서는 책임을 져야 한다. 선택은 자유지만 그 선택에 대한 책임은 필수라고 생각한다. 책임은 영어로 'responsibility'이다. '반응(sesponse)'과 '능력(ability)'의 조합어로 '반응하는 능력'이라는 뜻이다. 살아가면서 무슨 일이 일어날지는 알 수 없다. 그러나 어떤 일이 일어났을 때 그 상황에 어떻게 반응하냐에 따라 결과가 달라진다. 사람은 실수할 수 있다. 그러나 실수의 결과를 대하는 자신의 대응에 대한 책임을 져야 한다. 그 대응이 앞으로의 삶에 영향을 미친다. '어떻게'라는 질문을 던지며 해결책을 찾아야 한다.

주식 투자 관련 종목 추천을 해주는 글이나 영상을 보면 빠짐없이 보이는 문구가 있다.

"투자 종목의 선택은 투자자 자신의 판단에 근거해야 하며, 투자의 책임은 어디까지나 투자자 자신에게 있음을 유념해주시기 바랍니다."

결국 선택도 투자자가 해야 하고, 그 선택을 했을 때의 결과를 감수하는 것도 투자자의 몫이다. 나 또한 지인을 통해 추천받은 종목을 매수했다가 지금까지 마이너스 수익률인 주식도 있다. 하지만 그 지인을 원망하지 않는다. 내가 돈을 벌었으면 하는 마음으로 본인이 아는 좋은 종목을 추천해준 것인데, 결과가 좋지 않았을 뿐이다. 욕심에 눈이 멀어, 해당 기업에 대해 제대로 분석하며 알아보지도 않고, 덜컥 사버린 나의 잘못이다. 이 사건을 계기로 남이 추천해준 종목이라도 내가 공부해보고 좋은 주식이라는 생각이 들지 않으면 사지 않겠다는 투자 원칙이 하나 더 추가되었다.

남들이 좋다고 추천해줘서 산 종목들은 팔아야 하는 시기도 그들이 정해줘야 한다. 따라서 의존적인 투자는 결국 내 것이 하나도 없는 것이다. 내가 공부한 후 내 관점으로 세상을 바라보고 투자할 기업을 골라내야 한다. 좋은 투자자란 남들이 하라는 대로, 남들의 해석으로 살아서는 안 된다. 나의 기준으로 고른 기업을 투자 시기까지 열심히 공부하여 수익을 올리면 나만의 '성공 경험'이 축적된다. 나 자신만의 투자 방법이 구축되고 나면 다른 전문가들의 견해는 참고만 할 뿐 나의 판단으로 투자를 하게 된다. 언제나 최종 결정은 내가 하는 것이다. 확신이 들 때까지는 전문가들의 견해도 들어보고 충분히 공부한 후, 투자를 할 것인지 말 것인지 판단해야 한다. 최악의 경우까지도 생각해보며 다양한 변수를 생각한 후 투자를 해야 한다. 그리고 그 판단의 결과에 대해서는 온전히 내가 책임지는 것이 돈의 주인으로 살아가는 것이다.

당신이 얼마나 많은 돈을 갖게 될지는 바로 당신 자신의 책임이다. 10 대는 버는 돈이 용돈, 아르바이트 등으로 한정되어 있기에 번 돈을 지키는 것이 중요한 시기이다. 광고의 유혹, 1+1 행사 등 곳곳에서 소비를 조장한다. '가난한 사람은 돈을 쓰면서 스트레스를 풀지만, 부자는 돈을 모으면서 스트레스를 푼다'는 말이 있다. 광고의 유혹 등에 넘어가 필요 소비가 아닌 스트레스를 풀기 위한 감정 소비하는 것을 멈추자. 소비하면 할수록 투자에 쓰일 돈은 줄어든다. 하루라도 빨리 부자가 되는 것과는 멀어지는 행동이다.

내 돈 내가 쓰는데 무슨 상관이냐고 말할 수도 있다. 하지만 돈도 책임 감 있게 써야 한다. 우리가 번 돈은 보통 남을 위해 일해서 벌 때가 많다. 즉, 사람들과의 관계 속에서 서로 도움을 주고받을 때 돈을 번다. 그러므로 내가 번 돈이라도 다른 사람에게 감사하는 마음을 가지고 쓰기를 바란다. 남에게 보여주기 위한 과소비는 공허함만 낳을 뿐이다.

어렸을 때부터 주식 투자를 해보는 것이 좋다고 생각한다. 설령 실패를 맛본다 해도 용돈으로 시작했으니 소액의 수업료를 지불한 셈 치면 된다. 실패는 성공의 어머니라고 하지 않는가. 그렇지만 모든 일이 나로 인해 발생했다는 책임 의식을 가져야 한다. 내 탓이라고 생각하고 실패의 원인을 직시해야만 비로소 그것을 극복하고 성공할 수 있다.

투자의 책임은 누구에게 있을까? 당연히 투자자 본인에게 있다. 모든 것이 자신의 선택이다. 자신이 선택해놓고서 누구에게 속았느니 당했느니 하며, 남 탓을 하면서 원망해서는 안 된다. 나는 위에서 언급한 사례들처럼 잘못된 선택으로 인해 피해를 볼 때 책임은 전적으로 나 자신에게 있다고 생각했다. 모든 책임을 떠안으려는 자세를 가지고 나서야 후속 작업을 제대로 완수해 낼 수 있었다. 내가 벌인 일을 책임졌기 때문에 결국엔 좋은 결과를 얻을 수 있었다. 일은 이미 벌어졌다. 그것을 책임지고 '어떻게' 대처하느냐가 중요하다.

04

돈과 부, 행복에 대해 생각해볼 수 있다

　돈으로 행복을 살 수 있을까? 부자가 되면 행복해질까? 정답은 지금까지 일련의 연구 결과들로는 '그렇기도 하고 아니기도 하다.'라고 한다. 돈이 있어야 행복할 가능성은 더 크다. 행복은 마음먹기 달렸다. 행복은 주관적인 것이라서, 다른 사람이 부러워하는 인생이어도 본인이 불행하다고 생각할 수도 있다. 재벌가에서도 자살하는 사람들을 종종 볼 수 있다.

　넷플릭스 〈오징어 게임〉 마지막회에서 이정재는 깐부 할아버지에게 왜 이런 잔인한 게임을 기획했느냐고 물었다. 깐부 할아버지는 "극빈자와 엄청난 부자 사이의 공통점은 사는 게 재미없다는 것이다. 그래서 사는 재미를 위해 이 죽음의 게임을 기획하고 VIP를 모집하여 그들의 말초적 만족을 충족시킨다."라고 답했다. 이걸 보면서 남부러울 것 없어 보이는 부자들이 점점 더 강렬한 자극을 찾아 마약, 도박 등에 빠지는 것이 조금은 이해되었다. 하지만 결국 그들은 자신이 가진 돈으로 어떤 삶을 살아갈지, 어떻게 사는 것이 행복한 것인지 해답을 찾지 못하고 살다가 그 지경이 되었다고 생각한다. 부자라서 불행한 것이 아니다. 그 부를 이용해 자신이 행복해지는 것을 해야 하는 것이다. 그러기 위해서는 자기 자신에 대해 먼저 알아야 한다고 생각한다.

나는 행복한 부자가 되는 것이 꿈이다. 부자가 되어 내가 하고 싶은 일들을, 내가 하고 싶은 공간에서, 내가 좋아하는 사람들과 함께 하며 행복한 시간을 보내는 것이 꿈이다. 경제적 자유를 누리며 시간 부자의 삶을 사는 것이다. 주식 투자를 시작하고 나서 '100억 부자'가 될 것이라고 다짐했다. 100억을 벌어 무엇을 할지 버킷리스트를 작성해보았다. 그리고 100억 부자가 되기 위해서 어떻게 살아갈지도 그려보았다. 그 과정에서 고등학교 교사로서 학교 교육에 가장 필요하다고 생각한 금융 교육을 가르치고 싶었다. 내가 아는 것을 남과 나누는 것을 좋아하고 직관적, 가성비를 중시하는 사람이기 때문에 교직에 근무하는 동안 내가 좋아하면서 중요하다고 생각하는 것을 가르치기로 말이다. 그래서 '금융 교육 전문가로서 성장할 것이고, 이 책도 10대들에게 도움 되는 돈 공부를 알려주고 싶어서 쓰고 있다.

내가 처음 『10대를 위한 돈 공부』라는 책을 쓴다고 했을 때 엄마는 "왜 그렇게 사서 고생을 해. 그냥 편하게 살아. 100억 부자 되어도 별거 없어."라고 말씀하셨다. 그래서 농담하듯 호호호 하고 웃으며 엄마에게 말했다. "엄마는 100억이 없는데 그걸 어떻게 알아요?" 엄마는 순간 말문이 막히셔서는 "그건 그렇네."라고 말씀하셨다. 딸 몸 상할까 걱정에 하신 말씀이셨지만, 난 진짜 궁금했다. 100억 부자가 되면 엄청 행복할까? 어떤 삶을 살게 되는 걸까? 결론은 100억 부자가 진짜 되어 보고 나서 말씀드리겠다. 지금은 나도 모른다. 하지만 나는 행복한 부자가 될 것이다.

그럼 내가 진짜 행복한 때가 언제일까? 100억 부자가 되기 위한 시나리오를 만들기 전에 '행복리스트'를 작성해보았다.

1. 시골 부모님 댁에 가서 쉬기
2. 가족(남편)과 여행 가기
3. 수영, 욕조에서 반신욕하기 등 물속에 있기
4. 내 취향의 카페에서 책을 읽거나 내 할 일 하기
5. 깨끗한 침구가 있는 호텔에서 편히 쉬고 맛있는 조식 먹고 마사지

받기

6. 사람들에게 도움이 되는 일을 하고 감사 인사 받기(내가 아는 정보, 노하우, 좋은 제품 공유 등)

7. 궁금했던 것 배우며 도전하기

8. 좋아하는 사람과 함께 맛집 투어하기

9. 좋아하는 사람들과 수다 떨기

10. 아침마다 원두커피 내려서 마시기

행복 리스트를 작성할 때, 버킷리스트를 작성할 때보다 훨씬 더 마음 깊이 행복감을 느꼈다. 내가 행복해하는 일로 일상을 채우며 살아갈 생각을 하니 벅차고 기뻤다. 행복리스트를 쓰며 내가 어떤 사람인지 깊게 알 수 있었다. 내가 어떨 때 더 행복한지 알게 되었다는 것이 이상하게도 정말 행복했다. 그래서 직장 생활을 하며 타인을 위한 시간이 아닌, 내가 하고 싶은 경험들로 채우며 온전히 시간을 보내고 싶었다. 그러면서 경제적 자유와 조기 은퇴를 목표로 하는 '파이어족'을 꿈꾸게 되었다.

행복한 부자가 되기로 마음먹은 후 파이어족이라는 꿈이 생긴 것이다. 직장에서 내가 싫어하는 사람들을 안 봐도 되고, 일어나고 싶을 때 일어날 수 있고, 내가 좋아하는 사람들을 만나고 싶을 때 내가 시간이 되니 가서 보면 되는 것이다. 회사 일정에 여행 날짜를 맞추는 것이 아니라 내가 여행을 가고 싶을 때 훌쩍 떠나도 되는 삶을 사는 것이다. 모든 사람에게 공평한 것이 하나 있다. 바로 '시간'이다. 빨리 부자가 되어 경제적 자유를 누린 후 내가 하고 싶은 일을 하며 시간을 유의미하게 보내는 삶은 상상만 해도 황홀하다.

행복은 미루는 것이 아니다. 경제적 자유를 얻으면 내가 좋아하는 것을 하면서 인생을 천국처럼 살 수 있게 되는 것이다. 인생을 주도적으로 살고 진정한 나를 찾아가는 삶을 살아갈 것이다. 부모님과도 더 많은 시간을 함께하고, 사랑하는 남편과도 여행을 더 많이 다니며 행복을 누리고 싶다. '나의 직장'에 집중하지 않고 '내가 하고 싶은 일', '내가 하고 싶은 경험'에 집중하며 나에게 더 의미 있는 시간들을 보내는 것에 집중할 것이다.

나의 행복리스트에 있는 것들은 돈이 필요하다. 많을수록 좋다. 더 좋은 곳에 여행을 더 많이 갈 수 있고, 더 많이 기부하며 남을 도울 수 있기 때문이다. 그래서 나는 행복한 100억 부자가 될 것이다. 돈은 나를 행복하게 해줄 것이고, 나에게 들어온 돈을 주변 사람들에게 베풀며 살 것이다. 내가 좋아하는 사람들에게 도움을 주고 그들과 함께 보내는 시간들이 많을수록 나는 행복하다. 그 시간을 돈으로 살 수 있다. 경제적 자유를 누릴 정도로 돈을 많이 벌면 언제든지 그들과 만날 장소, 시간 등을 만들 수 있기 때문이다.

행복은 긍정적인 정서 경험이 중요하다고 한다. 내가 존경하는 교수님께 서평, 영화평을 잘 썼다고 칭찬받은 경험이 나를 행복하게 했고, 그런 경험들이 지금처럼 책을 쓸 수 있도록 만들어주었다고 생각한다. 긍정적인 정서 경험은 나를 더욱 발전시킨다. 긍정적인 정서 경험을 할 수 있도록, 앞으로 다양한 사람들을 만나 나를 성장시키고 행복한 나날들로 앞으로의 인생을 채워나가고 싶다.

톨스토이의 『사람은 무엇으로 사는가』는 어렸을 때 읽은 책인데 아직까지 기억에 남아 있다. 결국 '사랑으로 산다'라는 것이 이 책의 답이었다. 나와 사랑을 주고받는 사람들을 행복하게 해줄 때, 나도 행복하다. 내가 행복하기 위해서는 내 주변도 행복해야 한다. 그리고 나는 나를 가장 사랑한다. 나 자신의 행복이 1순위다. 돈은 나에게 행복을 준다. 돈이 많으면 무조건 행복해지는 것이 아니라 돈이 많으면 행복할 가능성이 더 크다고 잠정적으로 결론 내렸다. 돈이 많으면 하고 싶은 것을 어디서나 할 수 있는 자유와 선택의 기회도 커지기 때문이다.

『행복의 품격』이란 책에 나온 미국의 억만장자들을 대상으로 한 행복 연구 결과가 인상 깊었다. 연구에 참여했던 억만장자들은 자신들에게 진정한 행복감을 느끼게 하는 것은 수영장이 딸린 대저택이나 명품 의류와 같은 돈으로 이룰 수 있는 가치가 아니라고 말했다. 화목한 가정, 일에서의 성취, 사회적인 헌신 등이 행복의 비결이라 답했다.

돈이 삶의 만족도를 높여줄 수는 있을지라도, 돈을 번다고 해서 행복한 삶이 자동적으로 보장되는 것은 아니라는 점이다. 행복한 삶을 목표로 한다면, 돈을 버는 것만으로는 충분하지 않으며 사랑, 자존감, 자아실현 등을 위한 노력이 동반되어야 한다.

부자가 되기 전에 행복리스트를 먼저 작성해보자. 자신이 어떨 때 행복한지를 떠올려보고, 있는 대로 모두 작성하는 시간을 가져보자. 아직 모르겠다면 다양한 경험을 해보아야 한다. 본인이 부자가 되어 행복한 것들을 하면서 살아가야 하는데, 본인에 대해 모른다면 부자가 되어도 행복함을 못 느낄 확률이 높다. 다양한 경험을 하는 데 돈이 필요하다. 돈은 어떻게든 나의 행복과 연관되어 있다. 또 하나 기억해야 할 것은 세상에 돈을 선사하는 사람에게 세상은 돈을 돌려준다는 것이다. 그래서 세계의 부자들은 많은 기부를 하는데도 계속 돈이 쌓이는 것이다. 이 글을 읽고 있는 당신도 부자가 되면 본인뿐만 아니라 남에게 베풀며 더 큰 행복을 누리는 삶을 살아보길 바란다.

05

자본주의 시스템을 이해하게 된다

우리는 자본주의 사회에 살고 있다. 자본주의란 무엇일까? 교과서를 통해 배웠던 자본주의란 공산주의의 반대말이란 것 정도였다. 자본주의란 단어는 일상생활과 관련하여 확 와닿는 용어는 아니었다. 그러다가 주이슬 멘토에게 주식 투자를 배운 첫날 과제를 받았다. EBS 〈자본주의 1부〉 영상을 보고 감상문을 작성하라는 과제였다. 영상에서는 그동안 내가 궁금했던, 알아야 했던 내용들이 핵심으로 들어가 있었다. 투자를 왜 해야 하는지 궁금하거나 이제 막 투자를 시작하는 사람들은 꼭 영상을 보기를 추천한다.

도입부에 월급은 잘 오르지 않는데 물가는 왜 계속 오르는 것인가에 대한 내용이 나왔다. 짜장면만 해도 50년 전에는 15원이었는데 지금은 6천 원 정도이다. 우리가 좋아하는 치킨의 가격도 내려간 적 없이, 현재 2만 원 시대가 되었다. 그런데 이상한 것이 있었다. 교과서에 배웠던 수요와 공급의 법칙에 따르면 수요가 많고 공급이 적으면 가격은 비싸지고 수요가 적고 공급이 많으면 가격은 싸진다. 그런데 현실에서는 수요가 적고 공급이 많아도 물가는 계속 오르고 있었다. 물가가 교과서에서 배웠던 수요, 공급의 법칙으로는 설명이 되지 않았다.

물가가 계속해서 오르는 비밀은 '돈의 양'이 많아졌기 때문이었다. 돈의 양이 많아지면 돈의 가치가 하락한다. 돈의 가치가 하락하니까 결과적으로 물건값이 오르는 것이다. '허니버터칩'이라는 과자가 한때 1만 원에 중고거래되었던 적이 있다. 찾는 이는 많지만 공급이 적었기 때문이다. 과자의 인기가 많아지자 공장을 증설해 허니버터칩의 양이 많아지면서 허니버터칩의 가치는 하락했다. 이처럼 돈도 양이 많아지면 돈의 가치는 하락한다. 따라서 예전에는 1만 원이면 사 먹었던 치킨을 이제는 2만 원을 주고 사 먹어야 한다. 물가가 오른다는 것의 진짜 의미는 물건값의 상승이 아닌 '돈의 가치의 하락'이다.

물가를 잡기 위해서는 돈의 양을 줄이면 된다. 하지만 자본주의 사회에서는 돈의 양이 끊임없이 많아져야 한다. 그 이유를 은행과 관련지어 영상에서는 설명한다. 내가 100원을 은행에 예금한다고 하자. 은행은 100원이 들어오면 그 중 10원만 남기고 나머지 90원은 A라는 사람에게 대출해준다. 그러면 A도 90원을 쓸 수 있게 되니, 나와 A가 동시에 쓸 수 있는 돈이 갑자기 190원이 된다. 100원의 예금이 대출 과정을 거치면서 90원이라는 새로운 돈이 만들어진 것이다. 이것이 가능한 이유는 은행은 10%의 돈을 '부분지급준비율'로 은행에 준비하고 나머지는 대출해도 된다고 정부가 허락했기 때문이다. 예금한 고객이 다시 돈을 찾아갈 것을 대비해 은행이 쌓아둬야 하는 돈의 비율을 '지급준비율'이라고 한다. 현재 우리나라는 예금의 종류에 따라서 현재 지급준비율이 0~7%로 차등화되어 있다. 보통예금의 경우 지급준비율이 7%인데 어떤 사람이 1억을 예금한다면 은행은 700만 원 보관, 나머지 9,300만 원은 대출을 해줄 수가 있는 것이다.

영상을 보기 전까지 은행은 예금한 돈을 보관하고 그것을 그대로 대출해서 어느 정도의 수익을 챙기는 일을 하는 것으로 알고 있었다. 그러나 은행은 '없던 돈을 만들어내는 일'로 돈을 벌고 있었다. 은행은 예금자의 돈으로 대출을 해주며 돈을 창조하고, 이자를 받는다. 은행이 대출을 많이 할수록 새 돈이 창조된다. 이처럼 은행이 있기에 돈의 양은 늘어나고, 물가는 오를 수밖에 없다. 물가가 오르는 근본적인 원인은 은행 때문이며, 은행을 중심으로 움직이는 자본주의 시스템 때문이었다. 자본주의 시스템은 단순히 돈을 굴리는 것이 아닌 '돈을 창조하는 사회'였던 것이다.

중앙은행은 돈을 발행하는 곳으로, 시중의 돈의 양 즉, 통화량을 조절한다. 경제 활성화를 위해 시중에 돈이 필요하면 돈을 공급하고, 인플레이션(물가 상승) 상황에서 통화량을 줄이려면 중앙은행은 돈을 가져간다. 은행도 돈이 부족할 때는 한국은행에서 돈을 빌린다. 우리나라 중앙은행인 한국은행의 이자율이 낮으면 은행은 중앙은행에 돈을 더 많이 빌리고, 사람들에게 자연스럽게 대출하는 돈도 많아진다. 즉 이자율이 낮으면 시중에 돈의 양이 늘어난다.

우리나라 중앙은행인 한국은행이 통화량을 늘리는 방법은 2가지이다. 첫째는 이자율(기준금리)을 통제하는 것이다. 이자율을 높이거나 내려 시중에 있는 돈의 양을 조절한다. 이자율을 높이면 통화량은 줄어들고, 이자율을 낮추면 시중의 통화량이 증가한다. 기준금리가 낮아지면 돈의 양은 늘어나고, 기준금리가 높아지면 돈의 양은 줄어든다. 둘째는 직접 화폐를 찍어내는 일이다. 이것이 뉴스에서 종종 나오는 '양적 완화'이다. 중앙은행이 돈을 찍어 시장의 자산을 매입하는 방법이다. 이렇게 하면 보다 직접적인 방법으로 시중에 돈을 공급할 수 있다.

하지만, 중앙은행이 계속 돈을 찍어낼 수밖에 없는 이유는 따로 있다. 바로 '이자' 때문이다.

영상에서 나온 예시다. 한 섬이 있고, 그 섬에는 중앙은행 A가 있고 시민 B, 시민 C가 살고 있다. 중앙은행 A는 딱 1만 원을 발행했다. 이 돈 1만 원을 시민 B가 연이율 5%로 빌렸다. 시민 B는 1년 후에 원금 1만 원과 이자 500원을 더해 1만 500원을 갚아야 한다. 시민 B는 시민 C에게 배를 구입한 뒤 그 배로 열심히 물고기를 잡아서 돈을 벌었다고 해보자. 과연 시민 B는 1년 뒤 1만 500원을 중앙은행에 갚을 수 있을까? 정답은 '갚을 수 없다'이다. 왜냐하면 섬에 있는 돈은 딱 1만 원일 뿐이라 아무리 열심히 벌어도 1만 원밖에 벌 수 없다. 이자로 내야 하는 돈 500원은 그 어느 곳에도 없다. 이자를 갚는 방법은 딱 하나밖에 없다. 바로 중앙은행이 또다시 500원을 찍어내고 그 돈을 다시 다른 시민 D가 대출하는 것이다. 그럼 시민 B는 열심히 일해서 섬에 있는 돈을 모조리 벌면 빌린 돈과 이자를 다 갚을 수 있게 된다. 그런데 D가 원금과 이자를 갚으려면 또 중앙은행은 돈을 찍어내고 누군가는 대출을 해야 한다.

즉 중앙은행은 이 이자를 만들기 위해서 끊임없이 돈을 찍어낼 수밖에 없다. 중앙은행도 자본주의 시스템 안에서 지속적으로 돈의 양을 늘리면서 인플레이션에 기여하고 있는 셈이다. 통화량이 급격히 늘어나 물가가 오르는 인플레이션 뒤에는 모든 것이 급격하게 축소되는 '디플레이션'이

온다. 왜냐하면 그동안 누리던 호황이 빚(대출)으로 쌓아올린 돈이기 때문이다. 돈이 계속 늘지만 그것은 일해서 번 돈이 아닌, 돈이 돈을 낳는 자본주의 경제에서는 인플레이션 현상이 일어나고, 그 현상이 최고점에 이르렀을 때 다시 디플레이션 현상이 생기는 것이다. 디플레이션이 되면 경기 침체로 돈이 없으니 기업 활동이 위축되어 일자리 부족으로 돈을 벌기가 힘들어진다. 자본주의에 대해 알기 전까지는 물가가 오르는 것이 나쁜 것이라고만 생각했다. 하지만 소비자 물가가 하락한다면 또 다른 부작용이 생긴다. 소비가 둔화되니 기업은 더 많은 제품을 생산할 필요가 없고 근로자들은 일자리를 잃게 될 수가 있다.

영상 중 가장 인상 깊었던 장면은 '빚이 없으면 돈도 없다'는 내용이 담긴 장면이었다. 은행이 돈을 만들어내기 위해서는 위에서 설명했듯이 대출이라는 과정을 거쳐야 한다. 돈은 빚이다. 은행이 돈을 만들어내기 위해서는 '대출'이라는 과정을 거쳐야 한다.

인플레이션의 시대가 지나고 중앙은행에서 돈을 찍어내지 않아 돈이 부족해지면 결국 누군가는 파산할 수밖에 없다. 앞의 사례에서 중앙은행에서 500원을 빌린 시민 D는 중앙은행이 돈을 찍어내지 않는 한 돈을 갚을 수 없게 되어 결국에는 파산하게 되는 것이다. 대조적으로 B는 D가 빌린 500원을 벌어들여 대출을 갚을 수 있었던 것을 통해 '내가 이자를 갚으면 누군가의 대출금을 가져와야 한다'는 것을 알 수 있다. 하지만 시중에 돈이 적게 돌기 시작하면 누군가는 이자를 갚을 수 없는 상황이 온다. 따라서 자본주의 사회에서는 '이자'가 존재하는 한, 다른 이의 돈을 뺏기 위해 끊임없이 경쟁할 수밖에 없다.

자본주의에서는 빚 때문에 더 많은 돈을 벌고, 돈 없는 사람들은 빚으로 더 빨리 망한다. 2008년 미국에서 '서브프라임 모기지 사태'가 터졌다. 서브프라임 모기지론이란 저신용자에 대한 주택 담보 대출을 뜻한다. 은행은 대출을 통해 돈을 벌기 때문에 미국의 부동산 시장이 호황이던 시절 돈 갚을 능력이 없는 사람들에게도 돈을 빌려줬다. 돈이 별로 없는 저신용자들이 주택을 구매해서 가격이 오르면 되팔아 큰돈을 벌 수 있었다. 하지만 부동산 가격이 어느 순간 내려갔다. 부동산 가격이 내려가자 원금, 이자를 갚을 능력이 없어졌고 빚을 갚지 못하는 사람들이 속출했고 서브프라임 모기지론 사태가 발생했다. 이로 인한 금융위기는 전 세계로 퍼져갔다.

영상을 통해 자본주의 시스템에서 돈은 빚이라는 것을 알 수 있었다. 빚은 무조건 나쁘고, 성실하게 돈을 벌어야만 한다는 것은 자본주의 시스템에서는 틀린 말이다. 자본주의 사회에서 필연적으로 생길 수밖에 없는 빚을 어떻게 이용하느냐에 따라 부자가 될 수 있다.

세종시 30평대 아파트의 경우 7~8년 전만 해도 3억 원대에 살 수 있었다. 은행의 대출 시스템을 이용하지 않고 3억을 모은다고 가정해보자. 300만 원의 월급을 받는 사람이 월급을 한 푼도 안 썼을 때도 100개월, 즉 8년 이상 걸린다. 그렇게 8년을 모으고 나서 아파트를 사려고 하면 어떻게 되어 있을까? 물가 상승과 더불어 아파트값도 상승해 있다. 현재 세종시 30평대 아파트는 10억이 넘어간다. 8년이 넘는 기간 동안 3억을 모았어도 이제는 살 수 없다.

　자본주의 시스템을 아는 사람이라면 노동소득이 아닌 은행의 대출을 이용해 3억짜리 아파트를 살 것이다. 인플레이션 상황에서 돈은 가치가 하락하는데, 그 돈을 우상향하는 주식이나 부동산에 투자한다면 부자가 될 수 있다. 평균 물가 상승률을 2%라고 가정한다면 투자가 무서워 2%의 이자도 못 받는 저축만 한다면 그것은 돈을 버는 것이 아니고 돈을 까먹는 것이다.

　자본주의 시스템에서는 빚을 이해하고 현명하게 사용하며, 자본을 최대한 활용할 줄 알아야 한다. 자본주의 3대 요소는 토지, 노동, 자본이다. 노동으로 씨드 머니를 만들어 토지, 자본을 함께 굴려서 부자가 되어야 한다. 쉬지 않고 일하는데 나는 왜 이렇게 살기 힘들까를 생각한다면 월급으로만 부자가 될 수 없다는 것을 알아야 한다. 자본주의는 돈을 창조하는 사회이다. 돈이 돈을 버는 시스템을 이해해야 한다.

부의 추월차선을 빨리 탈 수 있다

　투자를 시작하고 경제 공부를 하면서 관련 유튜브를 많이 보았다. 오늘 주식 시장이 이렇게 된 이유가 무엇인지, 요즘 핫한 경제 이슈는 무엇인지, 투자로 돈 번 사람들은 어떻게 벌었는지 등등 매일 볼거리가 넘쳐났다. 요즘 세상은 정보가 너무 많아서 문제인 사회다. 정보가 넘쳐나니 어떤 정보를 선택해서 봐야 할지 머리가 아플 때도 있다. 다양한 영상을 보다 보니 투자로 성공하여 유튜브를 운영하는 사람들의 공통점이 있었다. 바로 자신이 관심 있는 분야와 관련된 책을 많이 읽는다는 것이었다. 어떤 책을 볼까 고민하는데 해당 유튜버들이 공통으로 강력하게 추천한

책이 있었다. 바로 엠제이 드마코의 『부의 추월차선』이라는 책이었다. 다 읽고 나서 내 최애 책 세 권 안에 들 정도로 내용이 좋았고 서행차선으로 인생을 살아온 나에게 많은 충격을 주었다. 책의 내용을 소개하고, 돈 공부를 통해 부의 추월차선을 빨리 타는 법을 알려주려 한다.

해당 책은 미국 아마존 금융, 사업 분야 1위를 수상한 베스트셀러였다. 1위를 하는 것은 이유가 있을 것이기에 더욱 관심이 갔다. 책의 표지에는 30대 억만장자가 알려주는 가장 빠른 부자의 길이라고 적혀 있었고, 젊은 나이에 일과 돈에서 해방되어 인생을 즐기라고 적혀 있었다.

부와 관련하여 인생을 살아가는 길은 3가지가 있다. 가난을 만드는 지도인 인도(人道), 평범한 삶을 만드는 지도인 서행차선, 부자를 만드는 지도인 추월차선이 있다. 책에서는 추월차선을 타서 빨리 부자가 되는 법을 알려준다.

나는 그동안 평범한 사람으로 사는 것이 최고라고 생각했다. 그러나 책에서는 평범하다는 것은 현대판 노예라고 나온다. 그리고 지금 가진 것에 만족하면 하던 일을 계속하라고 한다. 즉, 지금 부자가 아니라면, 현재 하고 있는 일을 그만두라는 말이다. 평범한 월급쟁이로서 뼈 때리는 문장들에 흠칫 놀랄 때가 많았다. 서행차선 여행자들은 '진정 하고 싶은 것'과 '진정 하기 싫은 것'을 맞바꾼다고 한다. 5일 동안의 끔찍한 일과 2일 동안의 행복을 맞바꾼다. 주말만 기다리는 직장인으로서 공감되는 바였다. 보통의 직장인으로는 사실 부자가 될 수 없다고 얘기한다. 물론 부자가 될 수는 있지만 인도, 서행차선으로 돈을 벌기 때문에 나이가 들어서야 부자가 된다. 노후에 여행 갈 돈은 있는데, 휠체어를 타고 여행 가고 싶은가? 기왕 부자가 될 것이라면 빨리 부자가 되어 더 큰 행복을 누리라고 이 책은 얘기한다.

서행차선을 벗어나는 방법을 알려주는 데 첫 번째 방법은 '명성'이었다. 나의 가치를 끌어올리는 것이다. 나는 투자자로서 나의 경험, 생각, 노하우를 책으로 출간해 사람들에게 도움을 주며 나의 가치를 올리기로 했다. 그리고 책이 나오면 '금융 교육 전문가'로서 강연을 다니며 더욱 명성을 쌓을 것이다.

두 번째 방법은 '회사의 경영진'이 되는 것이었다. 즉, 창업을 하는 것이다. 사장님이 되어야 부자가 될 수 있다. 직장인들은 일하는 데 시간을 쓰지만 추월차선 부자는 시간이 자기를 위해 일하게 만든다. 즉, 보통의 직장인은 서행차선 부자로 월급이라는 돈에 인색하지만 추월차선 부자는 시간에 인색하다. 그래서 서행차선의 사람들이 MBA를 딸 때, 추월차선 부자는 MBA를 딴 사람을 고용한다. 사람들의 시간을 사는 것이다.

내가 잘하는 것에만 집중하고, 잘하지 못하거나 나보다 잘하는 사람이 있을 경우 월급으로 그들을 고용하는 것이다. 고용된 사람들이 그것을 알기 위해 노력했던 시간들을 돈으로 사는 것이다. 나는 석사 학위를 따기 위해 대학원에 입학했었다. 석사학위를 따놓으면 나중에 도움이 될 것이라는 막연한 생각이었다. 하지만 막상 들어가고 나서는 공부에 뜻이 없어 1학기만 수강하고 휴학을 2년간 하며 계속 다닐지 고민하다가 결국 자퇴했다. 이 책을 읽고 나니 내가 즐겁지 않고, 하기 싫은 것은 부자가 되면 그것을 잘하는 사람을 고용하면 된다는 생각이 들었다. 내 주변에는 석사 학위를 딴 사람들이 많지만, 내 주변에 책 쓴 사람은 없었다. 그래서 내 가치를 높이는 데 시간을 더 투여해서 나의 희소성을 높이겠다고 다짐하고 책을 쓰기로 했다.

추월차선 여행자의 사고방식은 남달랐다. 부채에 대한 인식은 빚으로 나만의 시스템을 설계하고 키울 수 있다면 유용하다고 보았다. 자본주의 사회에서 빚을 어떻게 잘 사용하느냐에 따라 부자가 될 수도 있는 시스템을 잘 활용해야 한다고 말한다. 시간에 대한 인식은 시간이 돈보다 훨씬 더 중요한 자산이라고 보았다. 부의 추월차선을 타서 경제적 자유를 누리고 시간 부자로 살아가야겠다는 생각이 다시 한번 더 들었다. 교육에 대한 인식은 배움을 멈추는 즉시 성장도 멈춘다고 보았다. 즉 부자가 되기 위해서는 끊임없이 지식과 의식을 확장하라고 하는 뜻이었는데, 돈 공부를 그래서 해야 한다. 특히 그들이 가진 돈에 대한 인식이 멋졌다. 돈은 어디에나 있고, 충분히 있다. 나로 인해 감명받은 사람의 수가 곧 내가 벌어들이는 돈이다. 돈은 내가 만들어낸 가치를 반영한다. 나는 첫 책 출간을 시작으로 사람들을 책으로 감명받게 하고 그것으로 돈을 벌어들이는 원윈 전략으로 부의 추월차선을 타기로 했다.

책에서는 돈이 열리는 나무의 씨앗 5가지를 알려준다. 임대 시스템, 컴퓨터 · 소프트웨어 시스템, 콘텐츠 시스템, 유통 시스템, 그리고 인적 자원 시스템이다. 책에서 안내한 시스템 중 10대가 시작할 수 있는 콘텐츠 시스템을 시작해보라고 말하고 싶다. 콘텐츠 시스템의 종류로는 책, 블로그 등이 있다. N잡러, 디지털 노마드라는 말을 들어본 적이 있을 것이다.

우리나라는 특히 WI-FI가 구축이 잘되어 있어 어느 곳에서나 인터넷에 접속하기가 쉽다. 노트북 하나로 내가 관심 있는 분야에 대해 글을 쓰고 수익을 창출할 수 있다. 책, 블로그뿐만 아니라 유튜브 컨텐츠를 시작해도 좋다. 복잡하게 생각할 것이 없다. 자신이 고양이를 좋아한다면 고양이 채널을, 게임을 좋아하면 게임 관련 채널을 유튜브, 블로그로 만들고 그것을 사람들과 공유하면 된다. 관심 있는 분야에서 당신의 채널을 보는 사람들이 더욱 알고 싶어 하는 욕구, 즉 니즈를 파악하는 것이 중요하다. 사업의 기본 목적은 사람들의 니즈를 충족시키는 것이기에 니즈를 해결해주면 수익은 자연스럽게 찾아온다. 사람들의 니즈를 파악하기 위해서라도 반드시 본인이 좋아하고 잘 아는 분야로 개설할 것을 추천한다.

본인도 10대들을 위한 금융 교육 블로그를 운영 중이다. 사람들에게 도움을 주고 나를 브랜딩할 수 있고 돈도 벌 수 있으니, 얼마나 좋은가. 교사인 본인은 수업을 할 때 '거꾸로 수업'을 했는데 유튜브를 이용하였다. 수업 내용 요약 영상을 5~10분 정도 내가 만든 유튜브 채널에 올리고 학생들이 그 내용을 보고 와서 모둠 학습으로 학습자 중심 수업을 했다. 그렇게 유튜브를 이용하여 내 수업도 변화를 주었다. 코로나 19로 원격수업이 진행될 때, 교육청에서 연락이 왔다. 내가 만든 유튜브 영상을 다른 지리 교과 선생님들의 온라인 수업을 돕는 자료로 이용할 수 있게 해달라는 요청이었고, 나는 이것으로 수익도 얻을 수 있었다. 블로그, 유튜브의 장점은 장소에 구애받지 않고 글, 영상을 제작할 수 있고, 조회수에 비례하여 돈을 벌 수 있다는 것이다. 노동소득이 아니라, 하나의 포스팅, 하나의 영상을 만들었을 뿐인데 계속 돈이 들어올 수 있는 구조인 것이다. 그리고 콘텐츠가 좋아야 많은 조회수를 얻을 수 있기 때문에, 좋은 퀄리티로 만들려면 해당 분야를 공부해야 하고 그 과정에서 본인도 성장할 수 있다. 이타적인 일이 결국 나를 부자로 만들어준다는 것을 알게 된다. 남에게 도움 되는 글과 영상을 꼭 제공하길 바란다. 블로그, 유튜브 개설은 금방 한다. 개설을 실행하느냐 안 하느냐에 따라 당신의 앞날이 달라진다. 우선 개설하고 어떻게 운영할지는 생각하자. 변명거리를 찾지 말자.

부자가 되려면 창업으로 사장님이 되었어야 했는데 나는 고등학교 교사이다. 실망하려는 찰나 이 책에서는 고등학교 교사도 추월차선을 탈 수 있다고 말해주었다.

"지금 몸담고 있는 직장에서 어떤 문제점을 발견한 게 있으신가요? 전국 모든 학교에서 교과 과정에 필요한 제품을 발명해보시는 건 어떨까요? 아니면 교사들을 대상으로 책을 쓰는 건 어떠세요?

현재의 직업에 관련해 대중화할 만한 니즈를 못 찾으시겠다면, 다른 업종에서 찾아볼 만한 것은 없을까요? 학생들로부터 힌트를 얻을 수도 있을 겁니다. 학생들의 불평에 귀 기울이시나요? 학생들 사이의 문제나 골칫거리, 고민에 대해서 들어보셨습니까? 니즈는 현재 걷는 길 외에 어느 곳에나 존재합니다.

방학 기간 내내 쉴 수 있다는 사실을 얼마나 많은 사람들이 부러워하는지 아십니까? 이 자유 시간을 활용해 새로운 길을 찾고 추월차선 여행을 시작하십시오."

나는 방학을 이용해 1년 전 주식 투자 공부를 시작했고, 학생들의 관심 분야는 돈 버는 것이라는 니즈를 파악했다. 그 니즈를 학교 수업에 녹여냈고, 이 책까지 쓰게 되었다. 이 책을 읽는 10대에게는 사업이라는 시스템으로 추월차선을 타기를 추천한다. 하지만 사업가가 되지 않더라도 내 주변의 니즈를 파악해서 그것을 만드는 기업의 주식을 사고 새로운 소득을 창출하는 삶을 살아가길 바란다. 투자는 새로운 소득을 창출할 수 있기에 돈 공부를 계속해서 하길 바란다.

돈이 돈을 버는 시스템을 빨리 만들수록, 즉 부의 추월차선을 타서 부자가 빨리 될수록 내가 좋아하는 일을 하며 살아갈 수 있다. 평생직장이라는 월급쟁이의 삶만을 생각하다가 이 책을 읽고 새로운 소득을 창출하기로 다짐했다. 부의 추월차선을 타서 경제적 자유를 10년 안에 누리고 싶다면 꼭 읽어볼 책이었다.

저자 이름이 엠제이 드마코인데 나도 MJ이다. 나도 저자처럼 젊을 때 경제적 자유를 누리는 행복한 부자가 될 것이다. 성공자들은 준비한 어제가 있었기에 오늘이 있는 것이다. 결국 추월차선을 달리려면 해당 분야에 대한 교육, 지식은 필수이기 때문에 돈을 벌고 싶다면 돈 공부는 필수이다. 내 직업은 감사하게도 방학이 주어지니 그 시간으로 내 미래를 위한 돈 공부를 하고 공부한 것을 실천하고 있다. 성실히 일하지 말고 성실히 돈 공부를 해라. 회사에 인생을 바치지 말자. 책에서는 추월차선 여행자라면 부동산 투자, 글쓰기가 길이 된다고 한다. 블로그 운영부터 바로 실행해보자. 한 문장 한 문장의 글이 모여 부의 추월차선으로 당신을 안내할 것이다.

투자를 통해 경제적 자유를 누릴 수 있다

"10억을 준다면 감옥에서 1년간 살 수 있는가?"

수업 시간에 학생들에게 질문을 던져본다. 예상외로 많은 학생들이 10억을 받고 감옥에 갈 수 있다고 손을 든다. 이 글을 읽는 당신은 어떠한가?

〈흥사단 투명사회운동본부 윤리연구센터〉에서 2015년 전국 초·중·고등학생 1만 1,000명을 대상으로 조사해 발표한 '2015년 청소년 정직지

수 조사 결과'에 따르면, 우리나라 고교생의 56%는 '10억이 생긴다면 죄를 짓고 1년 정도 감옥에 가도 괜찮다.'라고 응답했다. 초등학생은 17%, 중학생은 39%의 응답률이었고, 학년이 올라갈수록 증가하는 것을 알 수 있었다.

같은 내용으로 2012년 조사를 실시했을 때의 결과는 초등학생 12%, 중학생 28%, 고교생 44%를 기록했다고 한다. 2013년에는 초등학생 16%, 중학생 33%, 고교생 47%였다고 하니 해가 갈수록 10억을 받고 감옥에 가겠다는 비중이 상승세를 보이고 있음을 알 수 있다.

자유는 소중하다. 자유는 주인의 권리이다. 돈의 주인이 될 것인가, 돈의 노예가 될 것인가? 앞의 설문 답변을 듣고 무엇 때문에 돈을 버는지 주객이 전도된 것처럼 느껴져 씁쓸했다. 내가 부자가 되고 싶은 이유는 자유를 찾기 위해서이기 때문이다. 부자가 되면 선택할 수 있는 자유를 가지게 된다. 겨울방학이라 오늘 아침 8시에 동네 수영장에 갔다. 자유 수영을 하고 씻고 나오니 9시 30분 정도가 되었다. 다른 사람들은 이미 출근했을 시간에 내가 좋아하는 수영을 원하는 시간에 할 수 있는 자유가 행복했다. 방학 동안 알람 없이 침대에서 일어나는 자유가 행복했다.

내가 평생 쓸 수 있는 만큼 벌거나, 매달 월급처럼 돈이 들어오는 투자를 하여 경제적 자유를 누리게 된다면 나는 내가 하고 싶은 것을 하고, 하기 싫은 것은 하지 않을 자유가 생기는 것이다. 유대인의 부자교육의 목표도 '자유'라고 한다. 진정한 행복은 자유가 전제되어야 가능하다. 노예에게 자유란 없다. 월급쟁이로서 회사에 충성하며 회사의 노예로 살지 않겠다고 글을 쓰며 한 번 더 다짐해본다.

일요일 오후가 되면 기분이 우울해진다. 직장인이라면 한 번쯤은 경험해 봤을 것이다. 월요일이 되면 회사에 출근해야 하기 때문이다. 회사에 가는 것이 싫어 '1분만 더' 하다가 늦잠을 자 지각한 적이 많다. 어렸을 적에는 소풍날이면 새벽 일찍 눈이 뜨였다. 그런데 직장인 8년 차임에도 회사 가는 날이면 이불 속을 벗어나기 힘들다.

"로또 맞으면 회사 그만둘 거야!"라고 외치며 일주일에 한 번씩 로또를 사는 지인, "진상 김 부장 좀 안 보고 살면 소원이 없겠다."라는 말을 입에 달고 사는 직장 동료, 정년퇴직을 2년 앞두고 명예퇴직하신 은사님….

돈을 버는 이유는 행복해지기 위해서다. 그런데 그런 돈을 벌면서 굳이 스트레스를 받아야 할까?

회사에 의해 나의 행복이 결정되는 것이 싫어졌다. 한 번뿐인 인생 좀 더 자유롭게, 행복하게 살고 싶어졌다. 나를 행복하게 만들어주는 일만 하며 살아가고 싶어졌다.

학창 시절 공부를 좀 하는 모범생이었기 때문에 자연스럽게 '선생님'이라는 진로를 선택했다. 부모님은 안정적인 직장이 최고라고 말씀하셨다. 여자로서 선생님이면 최고의 직업이라고…. 그렇게 교사라는 직업을 가지기 위해 대학 졸업 후 '임용고시 5수'를 했다. 20대의 5년을 임고 5수생으로서 우울하게 보냈다. 그때의 5년이란 세월이 너무 아깝다는 생각이 든다.

그렇다면 그렇게 되고 싶었던 교사라는 직업에 종사하고 있는 지금 난 만족하고 있을까?

아침 8시 반에 출근해 야근하지 않는 날엔 16시 30분에 퇴근한다. 그리고 정년이 보장된 안정적인 직장이다. 나는 나의 일을 싫어하지 않는다. 학생들에게 수업을 잘하는 교사로 인정받고 있다. 학생들에게 인기도 있고 편지도 받곤 해 교사로서 뿌듯함을 느낀다. 하지만 원치 않은 일을 하며 야근을 하고, 주말을 기다리는 삶을 살고 있다. 퇴근 시간, 주말만 기다리며 살았지만, 그 시간은 '순삭'이었다.

학생들을 가르치는 것을 좋아하는데도 갈수록 내 직업에 대한 만족도가 낮아지는 이유가 무엇일까? 곰곰이 생각해보았다. 내가 좋아하는 일이라도 결국 타인에 의해 큰 틀이 결정되기 때문이라는 결론을 내렸다. 타인이 정한 시간에 일하고, 정해준 공간에서 일한다. 몸이 좋지 않아도, 참아야 할 때가 많다. 교사는 감정노동자다. 학생, 학부모, 동료 교사들에게 시달리는, 정신적인 스트레스가 어마어마한 직업이다. 매년 새로운 학생, 학부모, 동료 교사를 만나니 새 학기가 시작되면 또다시 신입 교사가 된 기분이다.

내 연가 일수는 20일이 넘는데, 절반을 쓴 적이 거의 없었다. 연가를 하루라도 쓰려면 다른 선생님께 내 수업에 들어가달라고 부탁해야 한다. 연가를 쓴 다음 날에는 6~7시간 수업을 보충하느라 목이 다 쉬어버린다. 그뿐만이 아니다. 연가를 쓸 때는 사유를 관리자에게 구두로 보고해야 한다. 연가 수당이 없음에도 눈치를 보며 연가를 써야 한다. 아파서 병가를 쓸 때도 눈치를 보며 써야 했다. 내가 병가를 쓰면 다른 선생님이 나 대신 수업에 들어가야 하니 아파도 마음 편히 못 쉬었다. 병가 쓰고 아픈 몸을 추슬러 학교에 돌아오면 밀린 일이 산더미였다.

'정년까지 잘 버틸 수 있을까?'라는 생각이 들었고 답을 내리지 못했다. 정년까지 안정적으로 나오는 '월급'의 유혹이 너무나도 강했다. 그러다가 2020년 11월에 주식 투자를 시작했다. 자본소득이 노동소득을 능가하는 것을 경험하면서 평생 일하면서 살지 않아도 되겠다는 생각이 들었다. 투자를 통해 월급처럼 지속적으로 현금 흐름을 만들면 파이어족으로 살아갈 수 있다는 것을 깨우쳤다.

내 주변에도 파이어족이 있다. 바로 명예퇴직하신 우리 아빠다. 아빠는 회사에 다니실 때 주말이면 낮 12시까지는 기본으로 주무셨다. 그래서 난 아빠가 잠이 많은 사람인 줄 알았다.

아빠는 60세가 되셨을 즈음 명예퇴직하셨다. 명예퇴직 후 아빠는 좋아하는 집 앞 텃밭 가꾸기, 정원 꾸미기를 하며 시간을 보내셨다. 은퇴하면 시간이 잘 안 가고 하루하루가 무료하리라 생각했다. 그런데 아빠는 회사에 다닐 때와는 다르게 새벽 일찍 일어나셔서 할 일을 하셨다. 그래서 아빠한테 여쭤보았다. "아빠, 일찍 일어나시는 거 피곤하지 않으세요?" 돌아온 아빠의 대답에 난 딸로서 행복해졌고, 아빠의 삶이 부러웠다. "아니, 하루하루가 너무 행복해서 일찍 눈이 뜨여."

아빠의 대답을 듣고 하루가 기대되어서 평소보다 눈이 빨리 뜨였던 날이 언제였나 생각해보았다. 쉽사리 떠오르지 않았다. 나는 내가 매일매일 꾸역꾸역 살아가고 있다는 것을 깨달았다. 내가 아닌 남을 위해 살고 있었다. 나는 투자로 경제적 자유를 최대한 빨리 이루려고 한다. 그렇게 해서 온 힘을 다해 내 행복을 추구하며 살아갈 것이다.

나는 예전에 이른 나이에 은퇴하는 운동선수의 삶이 안타깝다고 생각했다. 일찍 은퇴하면 일을 안 하니 삶이 재미없을 것이라 내 맘대로 판단했다. 하지만 서장훈, 김연아를 떠올려보자. 은퇴하고 나서 더 잘 나간다. 경제적 자유인이 되어 본업이었던 운동 대신 또 다른 삶을 살아가고 있다. 투자의 귀재 워런 버핏도 "내가 돈을 버는 이유는 완전한 자유인이 되기 위해서다."라고 말할 정도다. 우리는 결국 자유를 위해 부자가 되어야 한다. 시간은 누구에게나 24시간으로 공정하게 주어진다. 그 시간을 타인을 위해서가 아닌 나의 행복을 위해 쓰고 싶다면 투자 공부를 통해 하루라도 빨리 경제적 자유에 다다르자. 추월차선의 목표는 자유를 얻어 행복을 얻는 것이다. 투자를 통해 월급 외 소득의 파이프라인을 창출하여 경제적 자유인이 되자. 주식 투자란 수십 년의 노하우가 쌓인 믿음직한 기업과 동업을 하는 것이라 생각한다. 본인의 사업으로 대박 나서 부자가 되는 것을 주저한다면, 주식 투자를 통해 기업이라는 거인의 어깨에 올라타보자. 좋은 기업을 찾아 꾸준히 함께 가다 보면 어느새 당신은 경제적 자유인이 되어 있을 것이다. 당신을 축복한다! 경제적 자유를 누리고 본인이 행복한 삶을 살면서 삶의 의미를 발견하길 바란다. 오늘도 나는 일하지 않고 주식 배당금으로 평생 월급 받는 삶을 꿈꾼다.

4장

학교 공부보다
쉬운 8가지
투자 실천법

STUDYING MONEY

부모님과 은행에 가서 반드시 만들어야 할 2가지

갈수록 물가는 상승하고 있다. 매년 평균 2%씩 물가가 상승한다. 그래서 최저시급도 그에 맞추어 해마다 올라갈 수밖에 없다. 내가 번 돈을 모아두기만 한다면 물가 상승 때문에 해마다 −2%씩 내 돈의 가치가 떨어지는 것이다. 내 돈이 녹아내리는 것을 가만히 두고 봐서는 안 된다. 현금가치가 떨어질수록 다른 자산에 투자해야 한다. 주식 투자, 부동산 투자를 추천한다. 10대에 주식과 부동산 투자를 위해 만들어야 할 것이 2가지가 있다. 2가지의 공통점은 은행에서 만들 수 있고, 부모님이 신청해서 만들어주어야 한다는 것이다.

첫 번째 만들 것은 주택청약종합저축 통장이다. 내 집을 마련하는 방법은 크게 매매, 청약, 경매의 3가지 정도가 있다. 돈이 많다면 매매를 하면 된다. 그렇지 않다면 주변 시세보다 저렴하게 내 집을 마련할 수 있는 청약통장을 꼭 만들어야 한다. 청약이란 간단하게 말하면 아파트를 분양받을 수 있는 자격이 생기는 것이다. 분양은 건설사가 아파트를 파는 행위이고, 이걸 소비자가 청약을 해서 사는 것이다. 아파트를 청약 받으려면 반드시 청약통장을 만들어야 한다. 청약에 당첨되고 아파트 금액을 납부하면 내 집이 생긴다. 청약통장이 있어야 새로 지은 아파트를 분양받을 수 있는 권한이 생기는 것이니 무조건 만들고 당첨될 때까지 매달 돈을 입금해야 한다.

청약통장을 가지고 분양받을 수 있는 주택은 국민주택과 민영주택 두가지가 있다. 국민주택은 국가에서, 민영주택은 민간 기업에서 건설하는 주택이다. LH에서 만든 아파트가 국민주택이고 자이, 롯데캐슬, 래미안, 힐스테이트 같은 브랜드 아파트가 민영주택이라고 생각하면 된다. 새로 아파트를 짓게 되면 국민주택은 공공분양, 민영주택은 민간분양의 형태로 청약통장을 가진 경우 분양받을 수 있다. 새 아파트를 가장 저렴하게 살 수 있는 청약에 당첨되기 위해 청약통장은 필수다.

우리, 국민, 농협, 신한, 하나, 기업은행 등을 포함해 현재 아홉 개 은행 중 아무 곳에나 방문해서 청약통장을 만들면 된다. 1인 1계좌 만들 수가 있고, 나이 제한이 없으며 무주택자의 경우 가입할 수 있다. 매월 2만 원에서 50만 원 사이에서 자유롭게 납입할 수 있다. 이렇게 매달 돈을 넣어서 오랜 시간 많은 횟수를 넣는 것이 아파트 분양 당첨 확률을 높여준다. 따라서 성인이 되기 전부터 청약통장을 만들어 매달 꾸준히 넣는 것이 좋다. 그럼 태어나자마자 가입하는 것이 좋을까? 만 17세가 되는 생일 직전에 가입하는 게 가장 좋다고 생각된다. 그 이유를 밝히겠다.

민간분양과 공공분양은 당첨 방식이 다르다. 먼저 민간분양은 청약 가점 순으로 당첨자를 정한다. 가점 84점이 만점이다. 즉 가점이 높을수록 당첨 확률이 높아진다. △청약통장 가입 기간(17점) △무주택 기간(32점) △부양가족 수(35점) 등으로 구성되어 있다. 이 중 청약통장 가입 기간이 6개월 미만이면 기본 점수 1점이고, 6개월에서 1년 미만이면 2점이다. 그 이후로 매년 1점씩 추가돼 가입 기간 만 15년을 채우면 최대 17점을 받는 구조다.

만 19세가 되기 전 미성년일 때의 청약 통장 가입 기간은 최대 2년, 납입급액 240만 원까지만 인정된다. 태어나자마자 가입하든, 만 17세에 가입하든 미성년자일 때 인정되는 가입 기간은 2년이라는 뜻이다. 그렇다면 만 17세가 되는 생일 직전에 가입하는 게 가장 경제적일 수 있다. 240만 원까지, 24개월이 인정되는 것이니 매달 10만 원씩 만 17세 되는 생일 직전에 가입하면 좋을 것이다. 계산이 어렵다면 고등학교 2학년 때부터 들면 안정적일 듯하다. 청약통장을 만 17세 이전에 만들었다면 성인이 된 뒤 가입한 사람들에 비해 청약 점수 2점을 추가로 얻고 시작하는 것이라 청약 당첨에 있어 앞서나갈 수 있다. 더 어렸을 때 넣을 수도 있지만 그전에는 매달 10만 원이 있다면 주식계좌에 넣어 주식을 모아가는 것이 수익률에 있어서 더 낫다.

공공분양의 경우는 통장 납입 횟수와 납입 금액이 많은 순이라 오랜 시간 많은 횟수를 넣는 것이 중요하다. 그렇지만 부담도 되고 굳이 최대 금액인 50만 원을 넣을 필요가 없다. 왜냐하면 달마다 최대 납입 인정 금액이 10만 원이다. 그러므로 공공분양까지 생각한다면 반드시 10만 원씩 매달 넣도록 하자. 청약통장에 매달 넣는 돈은 부모님에게 받는 용돈이나 아르바이트비가 될 것인데 10만 원이 부담스럽다면 최소금액인 2만 원씩 매달 넣어도 된다. 민간분양은 가입 기간만 가점이기 때문에 공공분양의 장점을 덜 가져간다고 생각하고 그렇게 해도 된다. 우선 시작하는 게 중요하다.

부모님이 은행에 가서 자녀의 청약통장을 개설할 때 필요한 서류는 다음과 같다. 부모님 신분증, 가족관계증명서(상세), 자녀명의로 된 기본증명서(상세), 도장을 가지고 은행에 가면 개설할 수 있다. 신분증, 도장을 제외한 서류는 직접 동사무소에 가서 떼거나 '정부24'라는 사이트에서 온라인으로도 발급 가능하다. 부모님이 아직 만들어주지 않으셨다면 빨리 만들어달라고 하자.

두 번째 만들 것은 주식계좌 개설이다. 주식 투자를 시작하기로 마음 먹었는가? 그렇다면 가장 먼저 주식 투자를 할 통장인 주식계좌를 개설해야 한다. 미성년자의 주식계좌 개설은 비대면으로 불가능하다. 2가지 방법이 있다. 부모님이 증권사 지점 또는 은행에 직접 방문해 개설해야 한다.

그러나 보통 집 근처에 삼성증권, 미래에셋 증권 등 증권사의 지점을 찾기는 쉽지 않다. 하지만 국민은행, 우체국, 하나은행, 농협 등의 은행은 쉽게 찾을 수 있다. 은행을 통해 주식계좌를 개설할 수 있기에 집에서 가까운 은행에 방문하여 연계증권계좌를 개설하는 것을 추천한다. 은행마다 증권사별 준비사항이 조금씩 다를 수 있으므로 방문할 은행 콜센터에 연락해 필요 서류를 물어보고 방문하면 끝이다. 보통은 청약통장을 만들 때 필요한 서류였던 부모님 신분증, 가족관계증명서, 자녀기준 기본증명서, 도장이 필요하다.

여기서 주의해야 할 부분이 있다. 부모님이 주식계좌를 만들어주시고 나서 주식 투자를 하라고 목돈을 주실 수 있다. 즉, 부모님이 재산을 물려주시는 것인데, 이것을 '증여'라고 한다. 증여한 경우에는 세금을 내야 한다. 부모님이 증여신고를 해야 한다.

하지만 다행히도 증여신고는 하되 증여세를 내지 않아도 되는 한도금액이 있다. 비과세로 증여를 원할 경우 미성년자의 자녀에게 최대 증여할 수 있는 금액은 어떻게 될까? 10년마다 2,000만 원 한도로 비과세이다. 자녀가 1세 때 2,000만 원 증여, 10년 뒤인 11세 때 2,000만 원 증여를 비과세로 해줄 수가 있다. 세금 없이 자녀에게 돈을 물려줄 수 있는 것이다.

증여세 세율은 1억 이하의 경우 세율이 10%이다. 그럼 부모가 미성년자 자녀에게 3,000만 원을 증여했다면, 2,000만 원까지는 비과세이니, 3,000만 원에서 2,000만 원을 뺀 1천만 원에 대한 증여세를 국가에 내야 한다. 1,000만 원에 대한 세율 10%를 곱하면 100만 원이라는 증여세를 납부해야 하는 것이다. 그러므로 비과세 한도 내에서 미성년자 자녀에게 2,000만 원까지 증여를 해주는 것이 좋다.

미성년자의 증권계좌를 만들었다면 부모님은 현금을 자녀 주식계좌에 이체하고 증여신고를 해야 한다. 계좌 개설 이후 공인인증서를 다운받은 후 홈택스 사이트 등을 통해 간편하게 증여세 신고를 하면 된다. 2,000만 원 한도 이내까지만 증여했더라도 신고를 해야 한다. 증여 후 3개월 내 신고해야 한다.(계좌이체 했을 경우, 계좌이체일 기준)

만약 부모에게 2,000만 원을 증여받았는데, 증여신고 이후 산 주식의 주가가 상승해서 평가액이 오르면 어떻게 될까? 2,000만 원어치 산 주식이 3,000만 원이 됐다고 가정해보자. 그럼 주식 투자로 번 1천만 원에 대한 증여세를 내야 할까? 아니다. 자녀에게 증여된 주식의 가치 상승으로 인한 재산 증식은 오롯이 자녀의 것으로 본다. 따라서 주식이 오를 경우 추가 증여세는 없다. 다만 증여신고를 하지 않고 주식으로 큰돈을 벌었을 경우는 나중에 세금을 낼 수가 있으므로, 주식 거래 전에 증여신고를 반드시 해야 한다.

여기까지 읽었다면, 부모님께 자신의 명의로 된 주택청약종합저축 통장과 주식계좌가 있는지 물어보자. 부모님이라고 경제 지식에 밝은 건 아니다. 내가 고등학생이었을 때 법과 사회라는 과목을 가르치는 선생님께서 전세로 살고 있는 경우 계약서에 '확정일자'라는 것을 동사무소에 가서 받아야 한다는 것을 알려주셨다. 그래야 혹시 해당 집이 경매로 넘어가더라도 전세금의 일부 혹은 전부를 돌려받을 수 있다고 알려주셨다. 나는 당연히 부모님은 알고 계실 거라고 생각했고, 부모님께 배운 내용을 말씀드리지 않았다. 그런데, 어느 날 집 주인이 파산해서 내가 세들어 살던 집이 경매에 넘어갔고, '확정일자'를 받지 않아 몇천만 원에 달하는 전세금을 한 푼도 돌려 받을 수 없었다. 그때 부모님께 내가 알고 있는 경제 지식을 말씀드리지 않은 것을 뼈저리게 후회하며 부모님께 죄송

해 피눈물을 흘렸다. 이 글을 학생이 읽고 있다면 부모님께 본인이 먼저 여쭤보자.

20년 만에 자장면 평균 가격은 두 배로 올랐다. 하지만, 자장면이 귀한 음식으로 바뀌어서 가격이 두 배 오른 것이 아니라 화폐 가치가 2분의 1 토막 난 것이라 이해하면 된다. 인플레이션으로 화폐 가치는 계속 떨어지므로 돈을 쥐고 있기보단 돈이 되는 자산을 모아가야 한다. 10대부터 준비할 수 있는 자산이 부동산과 주식이다.

민간분양과 공공분양 당첨에 있어 모두 유리하기 위해서는 청약통장은 만 17세가 되는 생일 전에 가입해서 매달 10만 원씩 저축하는 게 가장 좋다. 저자도 청약에 당첨되어 분양 아파트에서 살고 있다. 시세보다 저렴하게 집을 사려면 어렸을 때부터 청약통장을 만들자. 그리고 주식계좌는 최대한 빨리 만들자. 태어나고 바로 만들었으면 더 좋았겠지만 지금도 늦지 않았다. 지금이라도 알았으니 부모님께 바로 만들어달라고 하자. 2가지를 만들어 부린이(부동산+어린이), 주린이(주식+어린이)로 성장하길 바란다.

통장 쪼개기를 하라

　새해를 맞이하여 남편의 돼지 저금통을 갈랐다. 500원짜리 동전을 모은 돼지 저금통과 100원짜리를 모은 돼지 저금통 2개가 있었다. 남편은 약 10년 전부터 동전이 생길 때마다 모아왔다고 했다. 꽉 차면 미래 와이프에게 금반지를 선물하려고 모아왔다고 했다. 그 주인공은 내가 되었고, 내가 돼지 저금통의 배를 갈랐다. 금액은 약 18만 원 정도였다. 남편에게 말했다. 이 돈이면 지금 금 1돈도 못 산다고…. 남편은 생각보다 적은 액수에 실망했지만, 미래 부인이 될 사람을 위해 모은다는 생각으로 동전을 10년 동안 모을수 있었다고 했다. 여기서 한 가지 깨달은 바가 있다. 바로 돈을 모으는 데는 목표가 있어야 한다는 것이다.

    나는 저축보다는 주식 투자를 통해 돈을 모아가라고 계속 얘기했다. 하지만 아직 저축을 통해서도 돈을 모아본 적이 없는 학생이라면 저축을 해보는 경험은 좋다고 생각한다. 이 경험으로 깨달아야 하는 것은 선저축 후지출의 중요성이다. 나는 '욜로족'을 지향하는 직장인이었다. 즉 현재를 즐기자는 타입이었다. 그래서 월급통장에 200만 원이 찍히면 쓰고 남는 돈을 저축하자고 생각했다. 하지만, 소비는 끝이 없었다. 통장에 돈이 있으니 SNS 광고를 보고 괜찮다 싶은 물건을 충동적으로 구매했고, 먹고 싶은 건 다 사 먹었다. 내가 돈이 있어서 사는 것이 아니라 다 필요하기에 사는 것이라고 자기 합리화를 했다. 하지만 그렇게 산 옷, 화장품, 생활용품 등은 몇 번 쓰지 않고 방구석에 처박힐 때가 많았다. 또한 배달음식 등을 많이 시켜 먹었기에 살도 많이 쪘고, 그 살을 빼기 위해 다이어트를 하며 돈이 또 들어갔다. 악순환의 연속이었다.

    직장 생활 3년이 지날 때까지도 나쁜 습관은 개선되지 않았다. 소비부터 해도 돈이 모일 줄 알았는데, 돈이 있으면 더 쓰게 되었다. '텅장'이란 말을 들어본 적이 있는가? 통장이 텅텅 비었다는 뜻이다. 텅장이 될 때가 많았던 나는 심각하게 내 재정 상태를 돌아보았다. 만약 내가 200만 원 월급 중 100만 원을 저축했다면 3년이 지나면 3,600만 원, 50만 원을 저축했다면 1,800만 원, 30만 원을 저축했다면 1,080만 원이라는 원금이 통장에 쌓여 있어야 했다. 하지만 직장 생활 3년 차일 때 1,000만 원 정도의 돈이 내 수중에 있었다. 저축해서 돈이 얼마나 쌓이겠나 했는데, 매달 얼마의 돈을 저축하냐에 따라 금액 차이가 날이 갈수록 커졌다. 매달 꾸준히 최대한 많은 돈을 저축하는 것이 중요하다는 것을 깨닫고 그때부터는 저축 스타일을 바꾸었다.

선저축 후지출로 바꾸었다. 주식 투자자로 살고 있는 현재는 선투자 후지출을 하고 있다. 매달 26~27일 월급의 절반 정도 금액으로 주식을 사고 나머지를 지출한다. 신기한 것은 물건을 사도 사도 부족하다고 느꼈는데, 남는 돈으로 지출을 하다 보니, 꼭 필요한 것만 사게 되어 그런지 부족함을 못 느꼈다. 현재는 미니멀 라이프를 꿈꾸고 있다. 물건을 사고 나서 나에게 설렘을 주는 물건은 남기고 1년 동안 한 번도 쓰지 않은 것은 과감하게 버린다. 그러다 보니 물건에 대한 욕심이 점점 더 사라지고 있다. 언젠가는 쓰겠지 하고 산 물건은 결국 안 써지더라. 언젠가는 오지 않으니 선저축 후지출로 진짜 나에게 필요한 것만 사는 습관을 길러보길 바란다.

그럼 선저축을 할 때 어떤 방식으로 저축을 해야 할까? 선저축 후지출은 시작했는데, 통장을 한 개 쓰니 돈이 부족하면 저축한 돈을 야금야금

빼서 쓰게 되었다. 방법이 없을까 찾아보니 통장 쪼개기라는 것이 있었다. 용도에 맞게 네 개 정도의 통장을 만드는 것이다.

첫 번째는 월급 통장이다. 용돈이나 아르바이트비를 받는 통장이라고 생각하면 된다. 두 번째는 저축 통장이다. 세 번째는 생활비 통장이다. 네 번째는 비상금 통장이다. 한 번 월급 통장에 돈이 들어오면 바로 2번째 저축 통장에 돈을 입금한다. 처음 시작할 때는 부담되지 않게 월급 통장의 10~20%의 돈을 두 번째 저축 통장에 넣을 것을 추천한다. 자동이체를 신청하면 매달 일정 금액을 해당일에 두 번째 통장으로 이체할 수 있다. 월급(용돈, 아르바이트비) 받는 날 저축 통장으로 자동이체 하게 만들어놓는 것이 좋다. 10~20% 넣는 것이 익숙해지면 저축 금액을 좀 더 늘리려는 노력을 해야 한다. 이후 투자를 시작하게 된다면 이 저축 통장을 투자 통장으로 바꾸면 된다. 앞에서 말했던 청약통장도 저축 통장의 일종이라고 생각하면 된다. 내 집 마련을 위해 청약통장은 꼭 만들기를 한 번 더 추천한다.

세 번째 통장은 생활비 통장인데 반드시 매달 들어가는 생활비가 어느 정도인지 확인해봐야 한다. 고정지출인 차비, 학원 가기 전 밥값, 핸드폰 비용 등이 어느 정도인지 파악하고 그 안에서만 쓰려고 노력해야 한다. 해당 월에 친구 생일, 부모님 생신, 약속 등이 있어 돈이 더 필요할 경우는 평소보다 조금 더 넣어야 한다. 하지만 중요한 것은 반드시 생활비 통장 안에서만 쓰려고 노력해야 한다는 것이다. 돈이 부족할 때는 본인이 안 입는 옷이나 기타 물건을 당근마켓 등을 통해 팔아야 한다. 돈이 부족하면 다른 통장에서 빼서 쓰면 된다고 생각한다면 통장 쪼개기는 의미가 없다. 그렇게 되면 돈을 모으기가 어렵고 소비 습관을 바꿀 수 없다.

네 번째 통장은 비상금 통장인데 비상상황에 대비하여 돈을 넣어두는 것이다. 예를 들어 용돈이 끊겼거나, 아르바이트를 잠깐 멈출 때를 대비하여 만드는 것이다. 비상금 통장의 돈은 가족이 아프거나 긴급 상황이 생길 때에만 써야 한다. 월급(용돈, 아르바이트비)의 3~6배는 비상금 통장에 있어야 한다. 처음부터 목돈을 비상금 통장에 넣을 수는 없으니, 초반에는 용돈, 아르바이트비의 10%씩을 넣고, 세뱃돈 등으로 돈이 생기면 비상금 통장에 넣어두자. 월급의 3배가 모일 때까지는 비상금 통장에 돈을 꾸준히 넣어보자. 비상금 통장을 만들 때 추천하고 싶은 것이 있다. CMA라는 것인데, 주식계좌를 만들 때 해당 증권사의 CMA 계좌를 함께 개설할 수 있다. CMA는 매일 이자를 주고 입출금이 자유롭기 때문에 비상상황일 때 돈을 빼 쓰기 좋다. 하루만 돈을 넣어도 비교적 높은 금리를 적용해주고 수시입출금이 가능한 비상금 통장을 가지고 있으면 내가 사려는 주식의 가격이 많이 내려서 좀 더 사도 되는 타이밍일 때, 사고자 하는 주식이 있는데 저축한 돈으로 부족할 경우에 사볼 수도 있다.

마지막으로 하나 더 추천하자면 다섯 번째는 꿈 통장이다. 말 그대로 내가 소망하는 것을 이루기 위한 통장이다. 예를 들어 친구와의 여행, 새 핸드폰 사기 등 하고 싶은 것을 용돈으로 해결해야 할 경우 돈을 모으는 것이다. 주변 선생님 중 방과후 수업 보충비를 꿈 통장에 넣는 선생님이 있다. 일정 금액이 모였을 경우 이 돈으로 해외여행을 가는데 정말 좋은 방법이라고 생각했다. 꿈 통장의 경우 통장 표지에 저축 목표를 적어두는 것을 추천한다. 목적의식이 생겨 더 잘 모을 수 있다. '~를 위해 ~원을 모은다'라고 적거나 'ㅇㅇ을 위한 통장' 이런 식으로 써두면 좋다. 돈을 모으는 즐거움을 느끼기 위해서는 그 돈에 의미를 부여해주는 것이 중요하다.

두번 째로 언급했던 저축 통장 개설 시 팁이 있다. 되도록 적금을 들어 강제적으로 매달 돈을 넣는 것이 좋다. 특히 새마을금고, 신협 등의 제2금융권 은행에서 적금 통장을 만들기를 추천한다. 시중 은행보다 약 1% 정도 금리가 높고 부모님을 통해 조합원에 가입 시 출자금 통장이라는 것을 만들어 세금 우대도 받을 수 있다.

세금 우대란 이자에 대한 소득세를 적게 낸다고 생각하면 된다. 일반 은행 적금은 그 적금에 대한 이자 발생 시 이자에 대한 소득세 15.4%(이자 소득세 14%+ 지방세 1.4%)를 내야 한다. 매달 10만 원씩 넣는 적금이 1%의 이자를 준다고 가정해보자. 1년 뒤에 원금 120만 원이 되면 1% 이자인 1만 2천 원을 받을 수 있을까? 이자 소득세가 제외되기에 1만 2천 원의 15.4%인 1,848원을 제외한 10,152원만 받는 것이다. 가뜩이나 이자도 적은데 세금을 많이도 떼어간다.

새마을금고, 신협 등 제2금융권의 경우 조합원으로 가입 시 세금 우대 혜택을 받을 수 있다. 부모님이 직접 가서 개설해주시면 내가 사는 지역이면 해당 새마을금고, 신협 등에서 조합원으로 가입할 수 있다. 조합원 가입 시 가입 금액을 내고 출자금 통장을 만들면 된다. 본인은 어렸을 때 부모님이 만들어주신 출자금 통장을 아직까지 가지고 있다. 새마을금고 조합원이 되면 최대 3,000만 원 저축 금액까지는 이자 소득에 대한 세금으로 농어촌 특별세 1.4%만 내면 된다. 일반 은행 이자소득세 15.4%와 비교하면 1/10 수준이다. 그리고 다음 해에 배당금도 받을 수 있다.

그 외에도 어린이 통장, 청소년 통장 등이 시중에 많이 나와 있다. 한 가지 더 팁을 주자면 〈금융감독원〉 홈페이지 접속 후 '금융상품 한눈에'를 클릭하면 현재 기준 은행별 금리(이자)를 알려주기에, 가장 높은 이자를 주는 집 근처의 은행을 선택해 가입하면 좋을 것이다. 자신의 조건에 부합하는 은행을 클릭 한 번이면 찾을 수 있다.

카카오뱅크도 괜찮다. 카카오뱅크는 인터넷은행이라고 생각하면 된다. 금리도 시중 은행보다 높고 보호자의 은행 방문 필요 없이 미성년자 본인이 가입할 수 있다. 미성년자도 카카오뱅크 어플과 신분증만 있으면

5분이면 계좌를 만들 수 있다. 본인 명의의 휴대폰과 신분증을 소지한 만 17세 이상부터 개설할 수 있다. 내가 직접 만들고 저축 이자를 쌓아가는 기쁨을 누릴 수 있다. 이체 수수료도 무료다.

저축은 현재의 소비를 줄여 미래에 대비할 수 있는 자금이다. 저축을 통해 주택 구입, 가구 구입 등의 목돈을 마련할 수 있고, 재난 대비, 안정된 노후 생활을 준비할 수도 있다. 내 수입의 얼마까지 저축할 수 있는지 적어보며 재무 목표를 세우자. 그리고 내가 왜 돈을 모으는지 그 목표를 생각해보자. 그 돈으로 대학 등록금, 창업 비용을 모을 수 있다. 또한 생활비 통장을 만들기 위해서는 생활비가 어느 정도 들어가는지 확인해야 하는데 이를 위해 가계부를 쓰는 것이 좋다. 나처럼 정리가 약한 학생들은 수기 작성 대신 어플을 이용하면 된다. '가계부'를 키워드로 앱 스토어에서 검색 후 본인 취향의 가계부 어플을 선택해 쓰면 된다. 카드와도 연동이 되기 때문에, 본인이 체크카드로 돈을 썼을 경우에 자동으로 가계부에 적혀서 더욱 편하다.

통장 쪼개기를 통해 월급통장, 저축 통장, 생활비 통장, 비상금 통장을 만들자. 통장 쪼개기의 핵심은 먼저 저축부터 하고 쓰는 것이다. 월급통장에 있는 돈의 10%를 저축 통장에 적립하는 것부터 시작하자. 수입이 아니라 저축을 통해서 부자가 될 수 있다. 돈을 많이 번다고 부자가 되는 것이 아니라, 돈을 붙잡아둘 때 부자가 될 수 있다.

03

투자 포트폴리오를 구성하라

앞 장에서 저축의 필요성을 얘기했다. 저축은 내가 맡긴 원금과 약속한 이자가 확실히 보장된다. 하지만 요즘 같은 저금리 시대에는 은행에 저축했을 경우 받을 수 있는 이자가 너무 적다. 그래서 나는 투자를 하라고 얘기한다. '하이 리스크 하이 리턴'이라는 말을 들어본 적이 있는가? 위험을 감수하는 도전정신에서 더 많은 수익이 발생한다. 그렇기 때문에 어렸을 때 안정성이 높은 저축만 할 것이 아니라 투자도 해보아야 한다. 투자는 미래 가능성을 믿고 돈을 맡기는 것으로 주식, 부동산, 금, 미술작품, 달러 등에 투자할 수 있다. 투자는 성공하면 큰돈을 벌 수 있지만,

실패한다면 원금을 잃을 수 있다. 투자는 돈을 잃을 수도 있기에 꼼꼼하게 공부하는 것이 중요하다. 그리고 위험성을 줄이는 것이 중요하다. 투자와 관련된 명언이 있다.

"달걀을 한 바구니에 담지 마라."

포트폴리오 이론으로 1981년 노벨 경제학상을 받은 제임스 토빈이 한 말이다. 바구니를 떨어뜨리면 모든 것이 끝장이기에 투자를 할 때 위험과 수익에 따라 분산 투자를 하라는 의미이다. 투자 위험 부담을 줄여주는 분산 투자를 명심해야 한다. 주식만 투자한다면 주식 시장이 좋지 않을 때 내 자산을 지키기가 어려울 것이기에 주식 외에 다양한 투자를 하는 것이 좋다고 생각한다. 만약 주식에만 투자한다고 했을 경우에도 하나의 종목에만 올인할 것이 아니라 다양한 주식을 사 모으는 것이 필요하다.

분산 투자는 평정심을 유지하게 해준다. 단 하나의 투자 종목에 올인했다면 등락 폭에 따라 기분이 롤러코스터를 타는 듯할 것이다. 하지만 몇 개의 종목으로 분산 투자했다면 오르는 것이 있고 조금 떨어지는 것이 있어도 투자한 부분에 있어서 크게 부담이 없다.

그렇다면 어떤 자산을 선택해서 포트폴리오를 짜야 할까? 각 금융 자산이 가지고 있는 안전성, 수익성, 유동성을 고려해야 한다. '안전성'은 말 그대로 자신이 투자한 금융 자산의 가치가 안전하게 보호될 수 있는 정도를 말한다. 예금, 적금이 안정성이 높다고 생각하면 된다. '수익성'은 투자한 금융 자산으로부터 얻는 이익이다. 일반적으로 수익성이 높은 금융 자산일수록 위험성이 큰 편이다. 비트코인 같은 가상 화폐는 수익성이 높은 만큼 위험성도 크다고 생각하면 된다. '유동성'은 보유하고 있는 자산을 현금으로 쉽게 바꿀 수 있는지를 의미한다. 갑자기 현금이 필요할 때 현금으로 쉽게 바꿀 수 없는 자산이라면 이를 현금으로 바꾸기 위해 손실을 감수할 수밖에 없다. 유동성이 낮은 것으로는 부동산을 떠올릴 수 있다. 돈이 필요해서 내가 소유한 아파트를 갑자기 팔아야 한다고 가정해보자. 살 사람이 없다면 시세보다 싸게 내놓아야 해서 손실을 감수하게 되는 것이다.

안전성, 수익성, 유동성의 세 특성을 모두 갖고 있는 자산은 없다. 각 자산의 특성을 잘 파악해 투자 목적, 기간 등을 고려해 분산 투자 하는 것이 좋다. 부자들 중에는 본인 자산을 주식, 금, 채권, 현금에 각각 25%씩 보유하며 분산 투자를 하는 경우가 많다. 예를 들어 100만 원이 있다면 각 자산에 25만 원씩 투자한 것이다. 어떤 해에 주식 투자에 성공하여 25만 원 주식이 125만 원이 되었다고 하자. 그럼 주식으로 번 100만 원을 다시 주식, 금, 채권, 현금에 4분의 1씩 분배해 각각 50만 원이 되게 하여 각 자산 25%의 비율을 계속 맞추는 것이다.

주식, 금, 채권, 현금으로 어떻게 돈을 벌 수 있는지를 용어 정리와 함께 알아보자. 주식이란 무엇일까? 일정 규모의 큰 회사를 세우거나 유지하기 위해서는 돈이 많이 필요하다. 이 돈을 은행에서 전부 빌린다면 이자가 많이 나온다. 그래서 투자의 증서인 '주식'을 발행해서 회사에 투자할 사람들을 모으는 것이다. 즉, 기업은 투자자로부터 돈을 받고 그 증표로 주식을 준다. 주식을 하나라도 가지면 '주주'가 되는데 그 기업의 주인이 된다는 의미다. 주식으로는 어떻게 돈을 벌 수 있을까? 주식의 가격인 주가가 올라서 주식을 팔 때와, 배당금을 받을 때이다. 배당금은 기업이 이익을 발생시켜 회사 내에 누적하여 온 이익금의 일부를 기업의 소유주에게 분배하는 것을 말한다.

금은 다양한 형태로 보유할 수 있다. 현물로 가지고 있어도 되고, 금예금, 금 펀드, 금 ETF 등을 할 수 있다. 10대가 처음 시작할 때는 현물금, 금 예금 등을 추천한다. 인플레이션으로 돈의 가치가 떨어지면 금의 가격이 오르는 편이다. 금은 변동성이 적기 때문에 투자자산으로도 안전한 편이다. 본인이 어렸을 때 받은 돌 반지를 가지고 있다면 몇 돈인지 확인해보고 현재 금 1돈의 가격이 얼마인지 알아보자. 네이버 검색창에 금 1돈 가격이라고 치면 매일 변동되는 금 가격이 친절하게 나온다. 앞으로 선물을 주고받을 때 금반지, 금목걸이, 금팔찌 등을 하며 금을 모아나가면 된다. 금 예금은 금 통장을 만드는 것이다. 금을 직접 은행에 가지고 가서 예금하는 것이 아니다. 금 예금은 현금을 저축하면 통장에 잔액 대신 금의 무게(단위 g)가 기록된다. 예금 통장에 현금 입금 시 그날 금 시세에 해당하는 만큼의 금이 통장에 자동으로 적립되어 표시된다. 금이 많이 올랐을 때 금 통장에서 원하는 금 g을 빼면 수익을 거둘 수 있다.

채권은 무엇일까? 채권은 국가나 공공기관, 금융회사, 기업 등이 미래에 일정한 이자를 지급할 것을 약속하고 돈을 빌린 후 제공하는 증서이다. 채권 보유 시 발행 기관에서 약속한 이자 외에 이를 되팔아서 차익을 얻을 수 있다. 주식계좌를 만들면 채권도 주식처럼 매매할 수 있다. 기업이 사람들에게 투자해달라고 하면 주식이고, 돈을 빌려 달라고 하면 채권이라고 생각하면 된다. 채권은 누가 발행하느냐에 따라 이름이 다르다. 회사가 발행하면 회사채, 국가가 발행하면 국채, 은행이 발행하면 은행채이다. 위험성이 낮으면 금리도 낮다. 국가는 망하기 어려우니 국채의 금리가 가장 낮다.

현금을 보유하고 있을 때 평정심을 유지할 수 있다. 예를 들어 내가 가진 주식의 가격이 떨어졌을 때 현금을 일정 정도 보유하고 있으면 저렴한 가격에 주식을 더 싸게 살 수 있고, 그로 인해 평균 단가를 낮출 수 있다. 예를 들어 1주 =1,000원인 주식을 10주 샀다. 총 1만 원의 주식을 보유 중이다. 그 주식이 1주=500원이 되었다고 한다. 이처럼 50% 떨어졌을 때 맘이 아플 수 있다. 하지만 진짜 투자자는 이런 위기가 기회라고 말한다. 그렇게 되면 1만 원으로 20주를 살 수 있게 된다. 1주=1,000원이었을 때 2만 원으로 20주를 보유할 수 있지만, 1주=1000원이었을 때 만 원어치, 1주=500원이었을 때 만 원어치를 사면 같은 2만 원으로 30주가 되는 것이다. 그리고 1주=1,000원이었다가 500원으로 떨어졌을 때 아무 것도 하지 않으면 –50%의 수익률이 되지만, 1주 500원일 때 20주를 추가매수를 해서 30주를 만들면 30주/2만 원=약 666원 정도로 수익률이 –34% 수익률이 된다. 현금을 많이 보유할수록 싼 가격일 때 매수를 많이 하여 평균가격을 더 낮춘다면 수익권에 가깝게 바꿀 수 있다. 현금을 보유하는 것은 쌓아두라는 것이 아니다. CMA 같은 파킹통장, 즉 돈을 잠시 보관하는 용도로 사용하는 통장을 이용해 매일 일정의 이자를 받으며 보유하는 것이 좋다. 현금이 필요할 때 빼서 쓰면 된다. 혹은 달러 예금을 넣는 것도 좋다. 예를 들어 평균 달러 가격이 1,200원이라면 1,200원 이하일 때 달러를 예금했다가 1,200원이 넘을 때 출금하면 차액으로 돈을 벌 수가 있다.

그럼 나는 어떻게 투자 포트폴리오를 구성하고 있을까? 반드시 지키려고 하는 포트폴리오 원칙이 있다. 바로 내가 가진 돈의 30%는 현금 비중으로 가지고 있는 것이다. 즉 100만 원이 있으면 30만 원은 CMA계좌 등의 파킹통장에 남기고 나머지 돈으로 투자를 하는 것이다. 월급 약 300

만 원이 들어오면 30%인 90만 원은 현금으로 남기고 나머지 210만 원에서 투자를 하는 것이다. 남은 70%에서 주식, 채권의 비중은 경기 상황에 따라 조절하는 편이다.

미래는 예측 불가능하다. 그러니 미래를 대비하는 수밖에 없다. 『거인의 포트폴리오』에서는 포트폴리오와 관련해 유대인이 탈무드에 남긴 기록을 소개한다.

"모든 사람은 자산을 3등분하여 3분의 1은 토지에, 3분의 1은 사업에 투자하고, 나머지 3분의 1은 여유자금으로 가지고 있어라."

현대 언어로 해석하면 자산은 3분의 1은 부동산에, 3분의 1은 주식에, 3분의 1은 현금으로 가지고 있으라는 뜻으로 풀이된다. 10대는 투자할 수 있는 돈이 한정적이기에 부동산 대신 '리츠'라는 주식에 투자해도 된다. 현금은 돈이 떼일 가능성이 작고 유동성이 높은 국채를 매입해도 좋다고 저자는 소개한다. 탈무드에 나온 것처럼 자산을 3등분해 27년간 미국 주식, 미국 장기국채, 미국 리츠에 분산 투자했을 경우 연복리 수익률이 약 10%가 된다고 한다. 앞에서 소개한 72의 법칙을 대입하면 복리 10% 달성하면 72÷10=7.2로서 약 7년에 한 번씩 원금이 두 배가 되는 것이다. 주식, 부동산, 채권이 어떤 해에는 폭락할 때도 있지만 오래 보유한다면 장기적으로 우상향하는 자산군을 보유하는 것이다.

여기까지 본 학생들은 돈은 한정되어 있고, 금액은 적은데 내 투자 포트폴리오는 어떻게 할지 고민될 것이다. 정답은 아닐 수 있지만 내가 10대로 돌아간다면 이렇게 하겠다. 청약통장, 주식, 현금으로 포트폴리오를 구성하겠다. 청약통장은 매달 최소 2만 원을 넣을 수 있지만 10만 원씩 드는 것이 좋다고 했다. 상황에 따라 금액을 잘 고려해서 청약통장에 넣으면 된다. 만약 매달 투자할 수 있는 총금액이 10만 원이라면 2만 원은 청약통장에, 3만 원은 현금 비중을 위해 비상금 통장인 CMA에, 나머지 5만 원은 주식에 투자하겠다.

나라면 부모님께 청약통장에 10만 원씩 넣으면 좋은 점을 설명한 후 빌려달라고 해서 나중에 세뱃돈을 받거나, 어른들께 용돈을 받거나, 아르바이트 등으로 돈을 모았을 때 드리는 것으로 협상해서 2년간 청약통장에 240만 원을 넣을 것이다. 2년간 240만 원을 넣으면 그때부터는 청약통장에 넣어야 했던 돈을 주식 투자에 더 넣을 것이다. 아직 초등학생, 중학생이라면 미리 청약통장에 가입할 필요가 없으니 매달 투자금 10만 원 중 3만 원은 비상금 통장인 CMA에, 나머지 7만 원은 주식에 투자하겠다. 현금 비중은 본인이 원하는 비율로 남겨두면 되지만 30%를 추천한다. 투자를 하며 현금이 꼭 필요할 때 도움을 줄 것이다. 그렇다면 10대 어떤 주식을 사야 할지 궁금할 것이다. 이 책의 '10대가 사야 할 종목은 따로 있다' 챕터에서 소개하겠다. 포트폴리오는 변할 수 있다. 돈 공부를 하고 투자를 경험해보면서 포트폴리오를 계속 수정해나가면 된다. 투자를 시작하는 것이 더 중요하다.

04

시작이 두렵다면 모의 주식 투자부터 시도하라

    고등학교 3학년이 되어 대학수학능력시험을 보기 전에 모의고사를 본다. 3월에 보는 모의고사 성적이 실제 수능 성적이라는 얘기도 들어보았을 것이다. 실전을 위해 모의 연습을 해보는 것은 중요하다. 주식 투자도 마찬가지다. 내가 어렵게 모은 돈을 주식 투자로 잃을까 봐 두려움이 생긴다. 따라서 주식 투자 전 맛보기 느낌으로 모의 주식 투자를 해보고 실전 투자를 해보는 것도 도움이 될 것이다. 운전면허를 따기 전에 운전 연습을 하고 면허시험장에 가는 것처럼 모의 주식 투자로 연습을 하면 자신감도 생기고 투자를 해보며 자연스럽게 금융 지식도 습득하게 된다.

시작이 두려운 학생들을 위해 모의 주식 투자부터 해보기로 했다. 모의 주식 투자 방과후 수업을 1년간 진행했고, 올해 경제 동아리 담당 교사이기도 해서 동아리원에게 모의 주식 투자를 경험하게 해주고 싶어 검사겸사 학기 초 '고운고 모의 주식 투자대회'라는 교내대회를 2학기에 개최하는 것으로 계획을 세웠다.

워런 버핏이 인생을 살아가면서 가장 후회되는 일 중 하나가 '더 빨리 주식을 시작하지 않았다는 것'이라는 걸 TV 프로그램에서 보게 되었다. 주식은 복리의 마법으로 더 큰 부를 이루게 해준다. 격하게 동의하기에 고등학교 제자들에게 모의 주식을 한번 경험하게 해보고 싶었다. 미성년자는 부모님을 통해서 주식계좌 개설이 가능한데, 본인이 해봐야 부모님께 주식계좌 개설에 대해 더 쉽게 말씀드릴 수 있을 것으로 생각했고, 곧 성년이 되는 고3 학생의 경우는 몇 달 뒤 본인이 주식계좌를 만드는 데 있어 동기부여가 될 수 있기를 바라는 마음으로 진행하게 되었다.

우리 학교에 지리 교사는 나 혼자라 1~3학년 전 학년을 가르친다. 그래서 내가 들어가는 반 학생들에게 첫 수업 OT 때 모의 주식 투자를 설명하고 2학기 교내대회로 모의 주식 투자대회를 진행한다고 알려주었다. 왜 주식 투자를 해야 하는지를 현재 은행 이자와 비교해 설명하였고, 투자와 투기의 차이를 알려주며 주식에 대해 부정적 인식을 가지고 있던 학생들이 있다면 그것을 바꿔주려 했다. 그리고 이렇게 말했다.

"나는 돈을 벌고 싶다. 나는 부자가 되고 싶다. 그러면 모의 주식 투자를 한번 해보자. 반대로 나는 돈이 싫다. 나는 부자가 되고 싶지 않다. 그러면 모의 주식 투자 안 해도 된다. 선택은 너희들 몫이다."

결과는 어떻게 되었을까?

평소 수업에 관심이 없어 보이던, 수업에 참여하지 않았던 학생들도 모의 주식 계좌를 어플을 이용해 100% 개설했다. 수업 시간에 잠자느라 얼굴도 잘 못 봤던 아이들이 100% 참여한 것은 교내대회에서 상을 타기 위해서였을까? 나는 아니라고 생각한다.

그것보다는 아이들도 돈 버는 법에 관심이 많고, 그것에 갈증이 있지만 학교에서 금융 교육이 이루어지지 않아 잘 모르는 상태였던 것이라 생각한다. 학생들에게 "100만 원을 은행에 넣으면 1년 뒤 이자가 얼마나 나올까?"라고 물었을 때 10만 원 정도라고 생각하는 학생들이 많은 것을 보고 더더욱 경제 교육이 필요하다고 생각했고, 이제는 저축이 아닌 주식을 통해 가치투자나 다양한 투자법으로 본인만의 돈의 시나리오를 만드는 것을 알려주고 싶었다. 아래처럼 교내 모의 주식 투자 대회를 실시했다.

교내 모의 주식 투자 대회 실시 계획

1. 추진 계획

가. 목적

(1) 주식 투자에 대한 관심 제고를 통한 경제 상식 증대

(2) 국내, 국제 사회 경제 상황에 대한 이해 증진

(3) 경제 뉴스를 읽고 경제 용어 습득

(4) 주식 투자를 통한 경제에 대한 관심 증진

나. 일정

(1) 참가 신청 : 2021. 8. 23(월) ~ 11. 30(화)까지 '김명지' 선생님(4

층 교무실)에게 신청 방법 안내 받아 신청

(2) 대회 일시 : 2021. 9. 1.(수) ~ 11.30.(화)

(3) 참가 대상 : 전교생 중 참가 희망 학생

(4) 방법: '미래에셋증권 모의 주식'mts, hts에서 '고운고 모의 주식

투자 대회'(그룹 비번:1234) 그룹에 본인 학번과 이름으로 참가하

여 9.1(수)~ 11.30(화)까지 3개월 동안 국내, 해외 주식 투자 실시

– 국내 모의 주식 투자금: 1억

– 해외 모의 주식 투자금(아래 표와 같음)

투자원금 및 참가기간

구분	미국	중국	홍콩	일본	베트남
투자 원금	USD 100,000	CNY 300,000	HKD 300,000	JPY 5,000,000	VND 1,000,000,000

※ 국내, 해외 주식 중 한 분야만 참가해도 됨.

2. 심사 계획

가. 심사 위원: 지리과 교사(김명지)

나. 심사 기준

(1) 9.1(수)~ 11.30(화)까지 3개월 동안 국내, 해외 주식 투자 수익률

평균으로 순위 매김.

(2) 평균 수익률이 0%이거나 마이너스일 경우에는 시상하지 않음.

3. 시상 계획

– 학년 구분 없이 금상, 은상, 동상 시상(참가자 20% 이내 시상)

4. 기대효과

– 사회 경제 문제 관심 고취

– 사회 과목 흥미 고취에 기여

– 투자 방법 습득 및 경제 교육(경제 상식 향상) 효과

모의 주식 투자를 교내대회로 9.1~11.30일까지 세 달간 진행했고, 207명이 참여했다. 우리 학교 학생들의 절반 정도 되는 학생들이 참여한 것인데, 내 수업을 듣는 학생보다 많았던 것을 보면 친구들 소개로 참여한 학생도 많았던 것 같다. 41명의 학생이 수상의 영광을 거두었다. 대회에서 사용한 모의주식 투자 어플은 대회종료 후 모의투자 성과 분석 리포트도 제공하여 학생들이 가장 많이 산 종목, 각 학생별 수익률을 알려주니 좋았다. 대회 중 순위권 학생이 실시간 보여지고, 그 학생이 어떤 주식을 샀는지도 공개되기에 수익률이 높은 학생들의 종목을 따라서 사보는 학생들도 많았다.

국내 주식의 경우 장이 열리는 시간이 9시~15시 30분으로 학생들이 학교에 있는 시간 동안 이루어진다. 핸드폰을 일과 중에는 수거하는 우리 학교의 경우에는 국내 주식장이 열리는 시간에는 투자가 어려워, 예

약매수, 예약매도 방법을 알려주었다. 해외 주식의 경우는 나라마다 장이 열리는 시간대가 다양하게 있는데, 미국 주식의 사례를 들며 밤 11시 30분에 시작되는 미국 주식의 경우는 그때까지 안 자고 있는 학생은 한 번 실시간으로 투자해보게 했고 그렇지 않은 경우는 역시 예약매수, 예약매도 하는 법을 알려주었다.

모의 주식 투자를 하고 싶으면 앱스토어에서 '모의 주식 투자'라고 검색하면 다양한 어플이 나온다. 여러 증권사에서도 모의투자를 위한 어플을 제공하고 있다. 나는 미래에셋증권 모의투자 어플인 'm.Stock'을 이용했는데 핸드폰(MTS)뿐만 아니라 컴퓨터(HTS)에서도 주식 매매를 할 수 있었다. 또한 실시간 주식 시장과 동일하게 주가가 반영되고 돈만 가상일 뿐이어서 실전 투자처럼 해볼 수 있어 추천한다.

상시 모의투자로 참가할 때는 투자원금을 개인이 설정할 수 있다. 국내 주식 투자 원금은 100만 원, 500만 원, 1000만 원, 3000만 원, 5000만 원, 1억 원, 5억 원 중 설정할 수 있다. 참가 기간도 개인이 1, 2, 3, 6개월 중 선택하여 설정할 수 있다. 해외 주식의 경우 표의 내용처럼 미국, 중국, 홍콩, 일본, 베트남 주식 등에 다양하게 참여해 투자할 수 있고, 금액은 표처럼 개별 설정할 수 있는 것이 아니라 일괄적으로 정해져 있다.

학교 모의 주식 투자대회는 우리 학교 학생들로만 대회를 열 것이었기에 어플에서 '그룹 모의투자'를 클릭한 다음 '고운고 모의 주식 투자대회'라는 그룹을 만들고 그룹 비번을 학생들에게 공유하여 참가하게 하였다. 국내 주식은 1억으로, 해외 주식은 나라별 약 1억씩 3개월간 참여할 수 있게 설정하였다. 3개월의 모의 주식 투자대회가 끝나고 결과를 보니 국내 주식에서 109%의 수익을 거둔 학생도 보였고, 미래의 워런 버핏이 될 투자의 귀재들이 많았다. 수상자 중 일부 학생들은 사실 수업 시간에 눈에 띄던 모범생은 아니었다. 평소에 수업에 관심이 없던 아이들이 순위권에 올라 주변 선생님들도 놀라워하셨다. 공부는 못해도 투자는 잘할 수 있고, 누구나 잘하는 분야가 있으니 그것을 키워가면 좋겠다는 생각이 들었다. 아이들의 무한한 성장 가능성을 엿볼 수 있었다.

m.Stock의 몇 가지 아쉬웠던 점은 실제처럼 주식 매매할 때의 수수료가 반영되지 않는다는 것이었다. 또한 실제 주식 시장처럼 미수거래, 즉 빚으로 내는 거래가 가능하여 국내 주식 1억이면 최대 다섯 배인 5억까지 빚으로 주문이 가능하다는 점이었다. 1:1 문의 사항에 미수거래제한 설정을 해달라고 하면 빚 없이 해당 금액 내에서만 거래가 가능하게 수정해주긴 했다.

미래에셋증권 모의투자 어플인 'm.Stock'으로 친구들과 소그룹을 만들어 주식 투자를 해보고 싶으면 그룹 투자로 그룹을 만들어 실행해보면 된다. 미래에셋증권 모의투자 가입 및 그룹 개설 방법(관리자용), 참가 방법(참가자용)에 대해 본인의 블로그에 올려두었으니 그대로 따라서 실천해보길 바란다. 실제로 블로그를 보고 경제에 관심 있는 몇몇 학생은 그룹을 만들어 그들끼리 모의 주식 투자를 하기도 했다. 모의 주식 투자를 단순히 경험으로 끝내지 말고, 모의투자로 자신감을 얻은 후에는 실제 투자로 연결해보길 바란다. 또한 검색해보면 대학교, 증권사에서 고등학생 대상 모의 주식 투자대회를 개최하고 상금을 주는 경우가 많다. 도전해보길 추천한다.

〈모의 주식 투자 소개 블로그〉

QR코드로 접속이 어려운 분들을 위해 사이트를 남긴다. 내 블로그 (http://blog.naver.com/rlaaudwl00)에 접속하여 검색창에 '모의 주식 투자'를 검색해도 되고, 바로 https://blog.naver.com/rlaaudwl00/222496105274을 주소창에 입력해도 된다.

05

10대가 사야 할 종목은 따로 있다

모의 주식 투자를 진행하면서 학생들에게 가장 많이 듣던 질문은 "선생님, 어떤 주식을 사야 해요?"였다. 모의 주식 투자는 처음 본인이 해본 투자이기에 우선 본인이 관심 있는 기업부터 1주라도 사라고 했다. 아이들이 아이돌 가수에 관심이 많기에, 자신이 좋아하는 아이돌 기획사의 회사 주식을 사보라고 했다. 팬심이 높은 학생은 흥분하며 많은 주식을 사기도 했다. 관심 있는 분야에 투자해야 흥미가 생긴다고 생각했기에 추천했다. 그리고 모의 주식 투자이기에 가상의 돈으로 1주 사는 것은 부담이 없다고 생각했다. 무엇보다도 관심 기업이 있다면 주식 매수(사는 것), 매도(파는 것)를 시도할 것이라 생각했다. 실제로 미국에서는 어린이들에게 가장 많이 선물하는 주식 1위가 디즈니라고 한다. 관심 있는 기업이 유망하다면 애정을 가지고 사 모아도 좋다고 생각한다.

관심 기업의 주식을 1주라도 사고 나서는 주식 시장에서 1등 기업을 꾸준히 사 모으라고 말했다. 하지만 1등 기업이 무엇인지 아이들은 몰랐다. 하긴 무엇을 기준으로 1등 기업이라고 하는지도 모르고 있는데 개념도 알려주지 않고 내가 너무 앞서나갔다. 1등 기업을 알기 위해 알아야 하는 개념이 있다. 바로 '시가총액'이라는 개념이다.

2022년 1월 21일 종가 기준 삼성전자의 1주 가격은 75,600원, NAVER는 333,000이었다. 그럼 기업의 가치는 1주 가격이 더 비싼 NAVER가 삼성전자보다 높게 평가되는 것일까? 아니다. 1주의 가격대는 기업마다 다 다르다. 그리고 기업의 가치 평가는 보통 '시가총액'으로 확인할 수 있다. 시가총액은 기업의 주식 전부를 매수하는 데 필요한 금액이다. 발행주식 수 x 주가로 계산된다. 2022년 1월 21일 종가 기준 두 기업의 시가총액을 보겠다. 삼성전자는 발행주식 수 5,969,782,550개와 주가 75,600원을 곱해 시가총액이 451조 3,156억 원이다. NAVER는 발행주식 수 164,049,085개와 주가 333,000원을 곱해 시가총액이 54조 6,283억 원이다.

우리나라 시가총액 1위는 어떤 기업일까? 바로 '삼성전자'이다. 삼성전자는 시가총액만 보아도 워낙 덩치가 커서 해당 주식을 파는 사람이 많아도 사는 사람이 많기 때문에 주가가 안정적으로 유지되는 편이다. 사는 사람이 파는 사람보다 많으면 주가가 오르고, 파는 사람이 사는 사람보다 많으면 주가가 떨어진다고 이해하면 된다. 그럼 미국의 1등 기업은 무엇일까? 바로 '애플'이다. 미국은 전체 주식 시장의 50%, 한국은 2% 정도를 차지한다. 그러므로 당연히 미국 1등 기업도 모아가면 좋다.

2022년 1월 21일 종가 기준 애플의 가격은 약 162달러이다. 우리나라 돈으로 19만 3천 원정도이다. 삼성전자 1주는 75,600원이라 학생들도 한 달에 1주 정도는 살 수 있을 것 같은데 애플은 1주 사기에 부담스럽다. 그래서 1주가 아닌 0.XX주를 살 수 있는 소수점 매수 방법을 소개하겠다. 기존에는 해외주식 소수점 거래만 가능하였는데 2022년 9월 이후 국내 주식 소수점 거래도 가능하게 되었다. 그동안 한국투자증권의 미니스탁, 신한금융투자증권만 해외 주식 소수점 투자 및 매매가 가능했는데, 2021년 말부터 20개 정도의 증권사에서 모두 가능하게 되었다. 참고로 미니스탁의 경우 천 원으로 시작하는 해외 주식이라는 타이틀로 광고를 해서 알게 되었는데, 알아보니 미성년자는 개설 불가능하다고 한다. 하지만 이제 대부분의 증권사에서 해외 소수점 투자가 가능하니 주식계좌를 개설한 증권사에서 몇천 원으로 해외 주식을 살 수 있다. 신한금융투자증권에서 애플 0.1주를 매매 수수료를 포함해 2022.1.21.일 주가로 21,361

원, 0.01주를 2,149원에 살 수 있다. 2천 원이라는 과자값으로 애플의 주주가 되는 것이다. 아마존은 1주 가격이 현재 340만 원 정도라 용돈, 아르바이트비로 사기가 어렵다. 하지만 0.01주를 사면 수수료 포함 37,000원 정도에 살 수 있다. 우리나라 주식 중 LG생활건강은 2022년 2월 평균 가격이 1주에 거의 100만 원이었는데, 이런 비싼 주식도 현재는 국내주식 소수점 매매가 가능해졌기에 투자 접근성이 좋아져 앞으로 국내 주식 시장이 더욱 활기를 띨 수 있을 것 같다.

세 명의 주식 투자하는 학생에게도 질문을 해보았다.

Q. 주식 투자를 해보니 10대가 투자하기 좋은 주식 종목은 무엇이라고 생각하는가? 그 이유는?

A 학생: 삼성전자 같은 우량주라고 생각합니다. 너무 주식 쪽으로만 투자를 생각해도 안 된다고 생각하기 때문에 가끔 도전하는 것이 좋다고 생각합니다. 따라서 안전한 우량주에 맛보기로 주식투자를 시작해보면서 공부도 같이하면 좋을 것 같습니다.

B 학생: 삼성전자입니다. 우리나라 가장 큰 기업이기 때문입니다.

C 학생: 어떤 주식이든 모두 변수의 연속이기에 투자하기 좋은 주식 종목을 고르는 건 어렵습니다. 내 마음처럼 되지 않더라고요. 다만 조심해

야 하는 분야라고 한다면 변동성이 큰 상장주, 작전의 위험이 있는 거래량이 적은 주식 등이 있습니다. 최근 상장주에는 많은 사람들이 관심을 가질 법한 기업들이 상장하는 경우가 많습니다. 때문에 공모주 청약을 많은 사람들이 시도합니다. 항상 상장할 때면 나오는 거품이라는 단어가 많은 사람들의 마음을 흔들어놓아 상장 직후 엄청난 양의 매도가 쏟아져 나옵니다. 그사이에 더 오를 것으로 생각하는 사람들의 매수 또한 엄청나고요. 어느 쪽이 성공할지는 그 아무도 모르지만 이렇게 정신없는 틈에서, 변동성이 굉장히 큰 무대에서 무턱대고 들어간다는 건 고래 싸움에 새우 등 터진다는 얘기처럼 정신적으로 힘들어질 가능성이 높습니다. 거래량이 적은 주식 같은 경우, 작전 세력의 사람들이 주가를 조작해서 처음엔 좀 오르는가 싶어도 한순간에 떨어질 가능성이 크기 때문에 무리해서 들어가는 것은 좋지 않은 것 같습니다. 거래량이 많은 주식, 코스피에 상장된 주식들 중에서 투자를 고민해보는 것이 좋을 것 같습니다.

A, B 학생의 경우 1등 기업을 모으라고 했고, C 학생은 거래량이 많은 주식을 사라고 했다. 결국 1등 기업이 거래량이 많기에 10대가 처음 시작하기에는 1등 기업을 모아가는 것이 좋다는 것에 동의하고, 3명의 학생도 같은 답을 해주었다고 생각한다.

C학생의 답변 중 코스피에 상장된 주식들 중 투자하라는 내용이 나오는데 '코스피' 개념을 먼저 이해하면 좋을 것 같다. 뉴스를 보면 "코스피

지수가 올랐네, 코스닥 지수는 얼마 떨어졌네. 코스피가 3000 하한을 돌파했다." 등의 내용을 들을 수 있다. 코스피(KOSPI)는 한국 종합주가지수라고 한다. 즉 주가를 종합한 지수이다. 종합주가지수는 1980년 1월 4일을 기준시점으로 하여, 그날 한국거래소의 유가증권시장에 상장된 회사들의 주식에 대한 총합인 시가총액을 100으로 놓고, 이를 기준으로 비교시점의 시가총액이 얼마인가를 계산하여 산출한다. 2021년 코스피가 3300을 돌파하였는데, 이것은 1980년과 비교하여 약 40년간 지수가 33배 오른 셈이다.

코스피 시장은 비교적 규모가 크고 안정적인 종목들이 모여 있는 시장이라고 생각하면 된다. 코스피는 네이버, 현대차, 카카오 등 이름만 들어도 대기업이라는 걸 알 수 있는 기업들이 모여 있고, 코스피 시장의 대장주는 삼성전자이다. 코스닥은 중소기업과 벤처기업을 대상으로 만든 시장이다. 대장주는 셀트리온헬스케어이다. 방탄소년단으로 대박난 기업인 하이브는 코스피, 마마무·오마이걸 소속사 RBW는 코스닥에 상장되었다. 상장이란 주식회사가 발행한 주식을 증권시장에서 거래할 수 있도록 하는 것을 말한다. 한때 3대 기획사로 불리던 SM, YG, JYP 모두 코스닥 시장에 상장되어 있으니 코스피 시장에 상장되려면 기업 규모가 상당히 커야 한다는 것을 알 수 있다. 코스피 상장의 일부 조건만 보더라도 '최근 매출이 1천억 원 이상이고 3년 평균 매출이 700억 이상, 기업 규모의 경우 자기자본 300억 이상, 상장 주식수 100만 주 이상' 등의 조건이 있다. 반면 코스닥 시장은 '기업 규모 30억 이상, 시가총액 90억 이상' 등의 조건으로 상장 조건이 코스피 시장에 비해 덜 까다롭다. 코스닥 상장 기업들은 시가총액도 적어서 변동성이 코스피에 비해 큰 편이라, 호재에 의해 대박이 날 수도 있지만, 악재에 의해 크게 실패할 수도 있다. 코스닥 시장에는 바이오 종목이 많은 편인데, 예를 들어 한 제약 회사가 코로나19 치유 약을 개발한다면 대박이 날 수 있지만, 계속해서 신약 실험에 필요한 돈만 투여하고 신약을 개발하지 못한다면 주가가 하염없어 떨어지고 나중에는 그 주식이 휴지 조각이 될 수도 있다.

따라서 오랜 기간 안정적으로 사업을 지속한 대형 기업들 위주로 등록된 코스피 시장의 기업들에 투자하는 것이 더 안정적이기에 주린이 10대들은 코스피 시장의 주식을 사는 것을 추천한다. 내가 사려는 주식이 코스피, 코스닥 중 어디에 해당하는지는 네이버 검색창에 해당 기업을 검색하면 함께 나온다. 네이버 금융을 검색해서 종목을 검색해보아도 되고, 내가 가입한 증권사 어플에 들어가서 검색해봐도 된다.

실제로 모의 주식 투자대회에서 삼성전자와 애플만 매수한 학생은 순위권에 들었다. 물론 삼성전자 같은 경우 2018년처럼 주식 가격이 거의 오르지 않는 횡보 기간도 있었다. 하지만 전체적으로 볼 때는 꾸준히 우상향한 모습을 보였기에, 꾸준히 모아간다면 수익을 보장해줄 것이다.

또한 삼성전자의 경우 가진 주식 수에 따라 배당금도 1년에 네 번 나오기 때문에, 주가가 내려가도 그만큼 싼값에 주식을 산다면 배당금이 늘어날 것이기에 어떤 상황이라도 크게 나쁘지는 않다.

여기에 더해 2가지를 더 추천한다. 하나는 ETF이다. 삼성전자, 카카오, 네이버를 사고 싶은데 세 개 종목을 한 개씩만 사도 현재 50만 원이 넘어간다. 그런데 여러 주식을 한 번에 저렴한 가격에 살 수 있는 것이 있는데 그것이 바로 ETF이다. ETF는 중요하기에 다음 장에서 자세히 설명하겠다. 다른 하나는 공모주이다. C 학생은 공모주에 대해서 부정적 반응을 보였지만, '괜찮은' 공모주는 좋다. 공모주란 무엇인지부터 알아보자.

새 아파트를 살 때 청약을 통해 시세보다 저렴한 가격에 분양받을 수 있다고 했다. 마찬가지로 한 회사가 주식 시장에 처음 상장할 때는 투자자들을 모집하는데, 미리 청약하면 상장일 전에 주식을 받을 수 있다. 공모주는 할인 판매되는 주식이라고 생각하면 된다. 주식 시장에 처음 상장을 할 때 일반 투자자들에게 투자를 받기 쉽지 않으니 공모를 통해 상장가보다 저렴하게 발행되는 편이다. 인기 기업의 공모주는 상장 당일 공모 가격에 비해 가격이 많이 오른다.

불특정 일반인을 대상으로 발행하는 공모주를 구매하기 위해 신청하는 것을 '공모주 청약'이라고 한다. 대박이 예상되는 기업이 공모를 하면 청약 경쟁률이 높아 청약금을 많이 넣어도 한 사람에게 배당되는 주식수가 적다. 2021년 카카오페이, 카카오뱅크가 상장할 때 경쟁률이 높아 많은 금액을 청약해도 한 사람당 균등배정으로 1~3주 정도만 배정되기도 했었다.

2021년 핫 했던 공모주 중에는 카카오페이, 카카오뱅크가 있다. 카카오페이는 공모가 9만 원이었으나 상장 첫날 종가 18만 원이 넘어갔고, 카카오뱅크는 공모가 3만 9천 원이었는데 상장 첫날 종가가 6만 9,800원이었다. 인기 공모주의 경우 상장 첫날 공모가의 두 배를 넘는 경우가 많다. 하지만 주의할 점이 있다.

2022년 1월 21일 종가 기준 카카오페이는 145,000원, 카카오뱅크는 43,800원이다. 둘 다 아직까지 공모가보다는 높은 상태이지만 상장 첫날에 비해 많이 떨어졌다. 10대가 공모주에 투자한다면 오래 공모주를 가지고 있으면 신경 쓰이고, 인기 있는 공모주는 어차피 몇 주밖에 배정을 못 받으니 되도록 첫날에 매도하고 수익을 누리라고 말하고 싶다. 그것이 정신건강에도 좋다.

최근 인기 있었던 공모주인 LG에너지솔루션은 기관 투자액만 1경이넘었고 일반 투자자도 440만 명이 114조 원을 청약 신청했다. 우리나라 전 국민의 약 8.5% 정도가 해당 공모주 청약을 한 것이다. 나도 참여했고 남편도 1주 배정받았기에 익절(수익을 벌고 매도)해서 소고기 파티라도 열 참이다. 공모주 청약은 소소하게 돈 벌기에 좋다. 이렇게 인기 있는 공모주는 사람들도 많이 신청한다. 핫한 공모주에 참여해 상장일 첫날 수익이 났을 때 매도하고 돈을 버는 재미를 느껴 주식에 흥미를 가지기 바란다.

공모주마다 가격은 천차만별이다. 몇천 원인 공모주도 많다. 그렇다면 10주 공모주 청약을 넣어도 10만 원도 하지 않으니 도전해볼 만하다. 2022년 남아 있는 공모주 중 핫한 공모주로는 현대오일뱅크, 쓱닷컴, 마켓컬리, 카카오엔터테인먼트, CJ올리브영 등이 있으니 공모 가격과 상황을 보고 청약 신청해보길 바란다.

잊어버릴 것 같은가? 카카오톡에서 '더보기'란에 들어가 카카오페이 클릭 후 전체를 누르면 '공모주 알리미'가 있다. 이것을 신청하면 앞으로 있을 공모주를 미리 알려준다. 공모주 청약 신청 전날, 당일에 카카오톡으로 안내까지 해주니 신청해서 공모주 일정을 알림으로 받자. 공모주 알리미에서는 해당 기업의 공모가, 주간 증권사, 해당기업의 기관 경쟁률, 기관의무보유확약 %, 매출액, 순이익이 나온다. 기관경쟁률이 높고, 기관의무보유확약 %가 높을수록 좋은 기업이라 생각하면 되고, 매출액, 순이익도 +인 경우엔 한번 도전해봐도 좋을 것이다.

실전 투자에서 10대가 사야 할 종목으로 추천하는 것은 공모주, 1등 기업, ETF이다. 좋은 기업의 공모주 청약에 성공하여 빠른 시일 내에 매도

후 돈 버는 경험을 꼭 해보기를 바란다. 돈을 벌어야 주식 투자에 재미를 느낄 수 있다. 1등 기업, ETF는 계속 모아가야 하는 주식이기에 빨리 돈 버는 즐거움을 느끼려면 괜찮은 공모주 청약에 도전해보는 것을 추천한다. 1등 기업 주식, ETF는 용돈, 아르바이트비로 매달 꾸준히 적립식 매수를 하자.

- 06 -

적은 돈으로 많은 종목을 살 수 있는 ETF에 투자하라

2022년 1월 현재 기준 우리나라 시가총액 1~10위까지 주식은 무엇일까? 1위부터 순서대로 적으면 삼성전자, SK하이닉스, 삼성전자우, NAVER, 삼성바이오로직스, LG화학, 삼성 SDI, 현대차, 카카오, 기아 순이다. 이 중 몇 개는 알고 있는 회사들일 것이다. 그 중 이 주식도 사고 싶고, 저 주식도 사고 싶어할 수도 있다. 시가총액 10위 권 안에 든 주식 중 60만 원이 넘어가는 주식도 있다. 그런 비싼 주식 1주도 살 수 없을 정도로 가진 돈이 적다면 어떻게 해야 할까?

답은 ETF다. 달걀을 한 바구니에 담지 말라는 말처럼 주식 투자를 할 때 한 종목에 올인하는 것은 위험하니 여러 기업의 주식을 사야 한다. 하지만 여러 회사를 산다고 할 경우 돈이 많이 들고 관리도 어렵기 때문에 ETF를 적극 추천한다.

ETF란 무엇일까? 간략하게 말하면 ETF는 여러 종목의 주식을 한 바구니에 담아 놓은 금융상품이다. 마음에 드는 종목을 모아 놓은 ETF 종목을 고르고 주식처럼 거래하면 된다. 처음 ETF에 대해 공부할 때 ETF 관련 여러 책들을 보았지만, 내가 이해하기엔 유튜브 〈광화문금융러〉 채널에서 설명을 가장 쉽게 해주어서 그 내용을 참고해서 설명해주겠다.

ETF(Exchange Traded Fund)란 '상장지수펀드'다. 상장은 주식처럼 쉽게 사고팔 수 있다는 뜻이고, 지수펀드는 지수를 따르는 펀드라는 뜻이다. 지수란 무엇일까? 어떤 흐름을 따르는 숫자이다. '코스피200 지수'라고 한다면 코스피 200의 흐름을 따른다는 것이다. 코스피 시장에 상장되어 있는 종목 중 시장 대표성·업종 대표성·유동성 등을 고려하여 200개 종목을 선정하여 1990년 1월 3일 기준 시가총액을 100으로 하여 출발한 지수이다. 200개 종목이 시장 전체의 대부분을 차지하고 있다.

펀드란 무엇일까? 일반적인 펀드 개념부터 알아보자. 보통 말하는 펀드는 투자자의 돈을 모아 전문가(펀드매니저)가 여러 주식을 담아 투자자의 돈을 관리하는 것이다. 펀드매니저에게 돈을 맡기는 것이므로 보

수 수수료가 많이 든다. 하지만 ETF의 펀드는 인덱스(INDEX)펀드로 INDEX(지수)의 움직임을 따라가는 펀드로서 지수가 오르는 만큼 기계적으로 따라가는 펀드이다. 펀드매니저에게 맡기지 않으니 수수료가 매우 적다. ETF 투자는 내가 펀드매니저가 된 것이라고 생각하면 된다. 실제로 내가 담는 것은 아니고, 자산운용사가 여러 종목을 하나로 모아 상장시키는 개념으로 그중 자신이 맘에 드는 ETF에 투자하면 된다. 국내의 경우에도 수백 개가 넘는 ETF가 상장되어 있다. 쇼핑하듯이 고르면 된다.

ETF는 지수를 따라가는 가장 쉬운 방법으로 투자하는 것이다. 우리나라의 지수는 1980년 100에서 시작해서 2021년 3300으로 33배가 되었으니 꾸준히 우상향하는 지수 추종 ETF에 투자하면 안정적으로 돈을 벌 수 있다. 거래소에 상장되어 일반 주식처럼 거래되는 인덱스펀드이기에 개인이 사고파는 것이 가능하다. 해외 ETF 중 'TQQQ'라는 ETF는 10년 동안 14,000% 이상 오르기도 하였다. 믿음과 확신으로 ETF 투자에 도전해 보자.

아마 여기까지 읽었다면 그냥 ETF 말고 우량 주식인 우리나라 1등 주식인 삼성전자를 사면 되지 않냐고 물을 수도 있다. 하지만 우량 회사도 망할 수 있다. 과거에 1등이었지만 현재는 망해서 없어진 회사도 있다. 그래서 나는 주식을 딱 한 개만 사야 한다면 ETF를 추천한다. 또한 우리나라의 대표적 지수 추종 ETF는 그 안에 포함된 주식 중 현재 1등인 삼성전자 비중이 가장 크므로 삼성전자를 사는 것과 비슷한 효과를 누릴 수 있다. 그리고 1등 ETF가 삼성전자보다 가격이 두 배 저렴하다. 삼성전자 1주 살 돈으로 1등 ETF 2주를 살 수 있다.

그렇다면 어떤 ETF를 골라야 할까? 당연히 시가총액 1위인 ETF를 사 모으는 것은 좋은 방법이다. 'KODEX 200' ETF가 국내 1위 ETF이다. KODEX란 이 ETF를 만든 자산운용사의 브랜드라고 생각하면 된다. ETF이름에 'KODEX'라고 붙으면 삼성자산운용에서, 'TIGER'라고 붙으면 미래에셋자산운용에서, 'KINDEX'라고 붙으면 한국투자신탁운용에서, 'KBSTAR'가 붙으면 KB자산운용에서 만드는 것이라고 이해하면 된다. 200은 코스피 200지수에 투자하는 것이라고 생각하면 된다. 따라서 'KODEX 200'은 삼성자산운용에서 만든 우리나라 기업 200개 종목을 담은 ETF라고 이해하면 된다. 'KODEX 200' ETF는 200개의 기업이 동일한 비중을 가지는 것이 아니고 약 30%의 비중을 삼성전자가 차지한다. 따라서 우리나라 대장주인 삼성전자 주식이 올라야 이 ETF도 오르는 편이긴 하다.

그러므로 삼성전자를 살까 ETF를 살까 고민 중이라면 가격이 더 저렴한 'KODEX200'을 사는 것도 괜찮다고 본다. 2022년 1월 25일 종가기준 삼성전자는 74,000원 'KODEX200'은 36,685원이다. 절반의 가격이고 삼성전자, SK하이닉스, NAVER, 카카오, 현대차 등등 200개의 기업을 보유할 수 있기 때문이다. 삼성전자의 주가가 떨어져도 200개의 기업 중 오르는 종목이 많으면 이 ETF의 주가는 높아질 수 있다. 또한 코스피 200이 장기적 우상향할 수밖에 없는 이유는 증시에서 부실기업은 퇴출되고 우량 기업은 상장시키며 200위의 기업을 선정하기 때문이다.

'네이버 금융'이라고 검색해서 들어가면 다양한 ETF를 볼 수 있다. ETF는 국가지수에만 투자하는 것이 아니라 전기차 관련 주식만 모아서 투자하는 ETF, 금에 투자하는 ETF, 부동산에 투자하는 ETF 등 다양하다. 관심 있는 ETF에 투자하면 된다. 단, 이제 막 시작하는 10대 투자자들은 ETF 이름에 '레버리지, 인버스'가 들어가는 ETF는 투자에 있어 주의해야 한다.

막 시작하는 투자자에게는 권하지 않는다. 레버리지란 지수가 1배 오를 때 두 배의 수익을 낼 수 있는 것이다. 지수가 오르면 좋지만 1배 떨어지면 두 배만큼 손실을 보는 것으로 초보자가 공부 없이 뛰어들기에는 위험하다. 인버스는 지수가 1배 내릴 때 두 배의 수익을 내는 것이다. 레버리지와 반대로 지수가 1배 오르면 두 배만큼 손실을 본다. 지수가 많이 빠질 때 인버스를 사면 수익을 얻을 수 있겠지만, 나는 기본적으로 시장은 우상향해야 한다는 입장이라 인버스를 추천하지 않는다. 인버스 상품을 산다는 것은 주식 시장이 좋지 않아야 돈을 버는 것이므로 시장이 망하라고 고사 지내는 것이나 다름없기 때문이다. 지수가 오를 거라 생각하고 레버리지를 샀는데 지수가 떨어지면 두 배 손실을, 지수가 떨어질 것으로 생각하고 인버스를 샀는데 지수가 오르면 두 배 손실을 입는다. 함부로 예측하고 두 배 버는 위험한 베팅을 하는 것보다 초보자는 매달 적립식으로 레버리지나 인버스가 아닌 상품을 꾸준히 모아가는 것이 좋다. 적립식으로 사야 하는 이유는 평균단가를 적정선에 맞추기 위해서이다. 어떤 ETF 상품의 오늘 가격이 12만 원이라고 해보자. 주식 가격은 매일 달라지는데, 세 달 전 6만 원일 때, 두 달 전 9만 원일 때, 한 달 전 15만 원일 때 꾸준히 1주씩 샀다면 평균 단가는 (6+9+15)÷3으로 10만 원이 되어 현재 가격 12만 원보다 싸다. 3주를 매달 꾸준히 사서 총 30만 원에 매수했는데 오늘 해당 ETF가격이 12만 원이라면 3주를 36만 원에 매도하는 것이다. 그럼 6만 원을 버는 것이다(세금 제외).

이렇게 말하는 사람도 있을 것이다. 그럼 3달 전 6만 원일 때 3주를 샀으면 18만 원이라 오늘 36만 원에 매도했으면 18만 원 버니까 그때 사야지라고⋯. 하지만 우리는 그때가 가장 싼 것이라고 저점을 예측할 수 있을까? 주식의 신도 저점을 알 수는 없다. 그래서 '무릎에서 사서 어깨에서 팔라'는 얘기가 있다. 가장 싼 가격에 사기 어려우면 적당한 가격에 사야 하는데 그렇게 만들어주는 것이 매달 꾸준히 사는 것이다. 앞의 사례에서 1달 전 15만 원일 때 3주를 샀으면 45만 원에 산 건데, 오늘 주가가 12만 원이라 3주면 36만 원이 된다. 오늘 팔면 9만 원을 손해 보게 되는 것이다. 그러므로 내가 산 주식의 평균단가를 낮추기 위해 매달 꾸준히 적립식으로 용돈, 아르바이트비를 넣어야 한다.

투자의 귀재 워런 버핏은 자신의 유서에 다음과 같이 적었다.

"재산의 10%는 국채 매입에, 나머지 90%는 모두 스탠더드앤드푸어스 (S&P500) 인덱스펀드(ETF)에 투자하라."

S&P 500은 미국 주식 시장에 상장된 500개 대형 기업이 포함된 주가 지수로서 상장기업 시가총액의 80% 이상을 포함하고 있기 때문에 미국 주식 시장을 잘 대변하는 지수이다. S&P 500에는 애플, 마이크로소프트, 아마존, 구글 등의 유명 회사들이 다 포함되어 있다. S&P 500을 추종하는 ETF는 다양하다.

워런 버핏이라는 투자의 대가가 보아도 안정적으로 수익을 얻을 수 있는 나라 지수를 추종하는 ETF에 투자를 안 할 이유가 없다. 무조건 해야 한다. S&P 500에 들어가는 회사는 주기적으로 바뀐다. 실적이 나빠진 회사는 빠지고 테슬라처럼 성장하는 회사는 들어온다. 이렇게 좋은 기업은 들어오고 나쁜 기업은 빠지니 좋은 회사로 채워져갈수록 우상향할 확률이 높아지는 것이다. 100년 이상 S&P 500 가격은 계속 오르고 있다. 워런 버핏은 미국 시장이 앞으로도 꾸준히 오를 수 있다고 믿었기에 유서에도 이렇게 적을 수 있었다고 생각한다.

60년간 미국 지수는 무려 127배나 상승했으니 버핏의 수십 년간의 경험을 토대로 생각한 가장 안전하게 수익을 얻는 투자 방법이라고 생각한 것이다. 미국이라는 나라 지수에 투자하는 것이다. 미국의 S&P 500 지수가 우리나라 코스피 200지수라고 생각하면 된다. 미국은 기업들이 투명하게 운영되고, 미국 주식을 사면 달러에 대한 투자도 된다. 미국 주식을 가지고 있는 것이 달러를 가지고 있는 것과 같은 효과이다. 따라서 주식과 달러 모두 가격이 오른다면 2가지 수익이 동시에 발생하는 것이다.

S&P 500을 추종하는 ETF로 유명한 것 중 'SPY'라는 미국 ETF가 있다. 2022년 1월 21일 기준 437달러로 약 52만 원이다. 용돈으로 사기엔 너무 비싸다. 또한 해외상품 ETF라는 미국 주식은 매매 시 번 금액의 배당소득세 15.4%를 가져가고, 250만 원 이상 벌었을 경우 소득세 22%까지 붙는다. 하지만 좌절하지 말자. 양도소득세가 붙지 않는 국내 상장 해외 ETF가 있다.

미국 S&P 500 지수를 바탕으로 여러 자산운용사에서 만든 국내 상장 해외 ETF들이 있는데 원화로 살 수 있고 가격이 저렴하다. 그중 대표적인 것이 'KINDEX 미국 S&P 500' 이름의 ETF다. 한국투자신탁운용이라는 회사에서 만든 미국의 우량한 회사 500개에 투자하는 ETF라는 뜻이다. 2022년 1월 21일 기준 13,520원이다. SPY보다 50분의 1가량 저렴하고, 수수료가 0.07% 정도밖에 되지 않는다. 배당금도 정기적으로 나온다. 답이 나오지 않는가? 간식값 좀 아껴서 매달 1주씩 KINDEX 미국 S&P 500을 모아나가자. 워런 버핏이 좋은 투자 종목을 떠먹여주었다. S&P 500에 투자하라고. 그냥 아묻따(아무것도 묻지도 따지지도 않고) 'KINDEX 미국 S&P 500' 1주를 지금 가진 돈으로 사보자.

ETF에 대해 제대로 배운 것은 주식 투자 멘토인 주이슬 대표님 덕분이었다. 21세기 최고의 금융상품은 ETF라고 알려주셨다. 판단하기 쉽고, 매매가 쉽고 빠르며, 거래비용이 낮고, 분산 효과가 있으며, 펀드 운용의 투명성 등 장점이 많았다. ETF는 지수를 따르는 펀드의 장점과 주식의 장점을 합친 상품이다. 지수를 추종하는 펀드인데 상장까지 되어 있으니 사고팔기 편하다.

나는 인도, 미국, 우리나라 지수를 추종하는 ETF에 투자 중이다. 기업은 망해도 나라가 망할 일은 거의 없다. 자신이 잘 아는 기업에 장기 투자하는 것이 답인데, 이 책을 읽고 있는 여러분은 잘 아는 기업이라고 말할 수 있는 기업이 있는가? 만약 그럴 자신이 없다면 인덱스 펀드인 ETF에 분할 투자하라. 증권거래세가 면제되고, 수수료는 개별 주식 매매의 절반도 되지 않으며 개인이 할 수 있는 가장 완벽한 분산 투자이다. 매달 분할 매수로 꾸준히 투자하자. 가장 싸다고 생각하고 내 재산 모두를 몰빵 투자하는 것은 안 된다. 저점을 파악한다는 것은 신이 되겠다는 말이나 다름없다. 용돈으로 다달이 적립식으로 매수하자.

〈트레이딩뷰〉라는 사이트에서 주식 차트를 보니 2011년도부터 10년 동안 미국 시장은 S&P 500지수가 거의 265% 가까이 올랐고, 한국 코스피 지수는 65% 정도 올랐다. 또한 미국 주식 시장은 120년간 꾸준히 우상향하는 모습을 보여주었다. 물론 한국 주식시장도 미국과 비교해 상승 정도가 낮을 뿐 우상향하고 있다. ETF 투자를 하면서 여러 나라의 시장에 관심을 가지면 좋다.

현재 나는 급성장하고 있는 인도 지수에도 투자하고 있다. 나라 지수 ETF에 투자하면 좋은 점은 기업은 망해도 나라는 망하지 않기 때문이다. 따라서 성장하는 나라들을 살펴보며 해당 나라에 투자할 수 있다. 세계 시장을 대상으로 투자하는 것이다.

하지만 아직까지 믿고 투자할 수 있는 나라 지수는 오랜 시간 우상향해온 미국 시장이므로 이제 막 시작하는 10대 투자자에게는 가격이 저렴하면서도 미국 지수를 추종하는 국내 상장 해외 ETF들을 조심스럽게, 하지만 확신을 가지고 추천해본다. 한국 시장이 좋을 때는 소개한 국내 1등 ETF를 사면 된다.

내가 추천해준 ETF들의 공통점은 무엇일까? 꾸준히 우상향하고 있다는 것이다. 못 믿겠다면 네이버 검색창에서 내가 알려준 ETF들의 이름을 검색한 후 주식 차트를 보면 된다. 내가 살 때가 고점이 아닐까 하고 생각되는가. 계속 주가가 오를 것인데 무엇이 걱정인가. 120년간 꾸준히 올라왔다. 겁먹지 말고 내가 추천한 국내에서 상장된 1만 원대 미국 지수 추종 ETF를 사보는 실행력을 가져보자. 안정적 수익을 내면서 마음 편한 투자를 하고 싶다면 ETF가 답이다.

07

투자 일기를 써보자

"싸늘하다. 비수가 날아와 꽂힌다."

위 대사는 영화 〈타짜〉에서 나온 유명한 대사이다. 요즘 아침에 일어나 주식계좌를 열기 전 타짜의 명대사처럼 왠지 모를 으스스함을 느낀다. 연준이 기준금리를 세 차례 인상할 수 있다고 밝히면서 주가가 쭉쭉 내려가고 있다. 금리가 높아지면 주식 시장은 떨어지곤 한다. 왜 그럴까? 요새 뉴스를 보면 물가가 너무 많이 올랐다는 얘기를 한다. 물가가 높아지면 고금리 정책을 펼치게 된다. 물가에 상응하도록 돈의 가치를 높여야 상대적으로 물가가 떨어지기 때문이다. 그렇게 해서 금리가 올라가면 어떻게 될까? 금리가 오르면 굳이 위험하다고 인식되는 주식에 투자하기보다는 은행에 예금하면 된다. 따라서 주식 시장에서 돈이 빠져나가고 그 결과 주가가 쭉쭉 빠진다. 먹고살기 힘들다고 말하는 뉴스가 많이 들리고, 금리도 오르니 채권이나 예금 쪽으로 돈이 빠져나간다.

그래서 내가 투자하고 있는 미국, 한국 지수가 쭉쭉 내려가고 내 계좌도 녹고 있다. 〈타짜〉 주인공 고니처럼 가슴에 비수가 날아와 꽂히는 듯하다. 하지만 영화에서도 위의 대사 다음에 반전이 있었다. "하지만 걱정하지 마라. 손은 눈보다 빠르다." 그러면서 고니는 큰돈을 벌고 도박판을 떠난다. 영화의 주인공처럼 현재는 시련이지만, 결국엔 상승할 것이기에 걱정하지 말자. 꾸준히 우상향해왔던 ETF에 투자하고 있으니까! ETF도 경제 상황에 따라 어떤 해는 마이너스 수익률을 보이기도 했다. 워런 버핏이 유언으로 남겼던 'S&P 500'도 마찬가지였다. 하지만 마이너스일 때를 버티고 나면 좋은 날이 온다. 개별 주식이었다면 믿음이 없어 '존버(계속 버티기)'가 힘들었을 것 같다. 지금은 내가 작성했던 투자일기를 보며 때를 기다리고 있다.

주식이 오를 때까지 무조건 존버가 답일까? 아니다. 내가 계속 강조했던 것이 내 자산 포트폴리오에서 현금 비중 30% 정도는 꼭 지키라는 것이었다. 지수가 저점이라 판단될 때 내가 가진 30% 현금으로 지수 ETF

를 분할 매수해 주식의 평균단가를 낮추고 추후 상승세에 올라타면 좋다. 처음에는 현금 30% 비중을 지키고 있지 않았다. 한 주라도 더 사는 것이 좋다고 생각했다. 그래야 더 빨리 부자가 될 것만 같았다. 그러다 현금이 바닥이 났는데 주가는 점점 떨어지니 속이 타들어갔다. 대책이 안 섰다. 가격이 떨어진 주식을 줍줍할 수 없었다. 어차피 우상향할 ETF 는 가격이 떨어졌을 때가 바겐세일 기간으로 싸게 살 수 있는 기회였는 데 말이다. 이러한 경험을 통해 실패로부터도 배울 수 있다는 것을 알았다. 실패한 경험도 결국 나의 자산이 되어 그 이후 투자에 도움이 되었다. 그때의 투자 경험을 기록하며, 다음에는 이런 일이 반복되지 않게 하자 다짐했다.

나는 어쩌다가 투자일기를 쓰게 되었을까? 내 투자 습관을 고치기 위해서였다. 나는 이거다 싶으면 내 직감을 믿고 들이대는 스타일이다. 첫 주식 매도로 내 기준 큰돈을 벌었다고 생각하여 바로 목돈을 넣었다가 몇 달을 고생했다. 그래서 이제는 적립식 분할 매수 원칙을 지키고 투자하기로 다짐했다. 그 원칙을 지키는 데에 투자일기가 나에게 큰 도움이 되었다.

마인드 컨트롤을 지금은 어느 정도 하고 있지만 과거에는 그렇지 않았다. 내가 주식을 처음 시작했던 2020년 11월~2021년 1월의 주식장은 코스피가 상승하는 장이었다. 상승장에서 주식 투자를 시작했다가 갑자기

2021년 2월 이후 하락장을 맞게 되니 주린이로서 당황하기 시작했다. 반전드라마처럼, 마냥 빨간불로 오를 것만 같았던 주식 시장의 신기루가 갑자기 사라진 것이다.

운이 좋게도 내가 시작할 때는 주식 시장이 상승장이었다. 어떤 주식을 사도 다 오른다는 얘기가 들릴 정도였다. 주식 시장에는 '초심자의 행운'이라는 말이 있다. 지수 추종 ETF로 주식 투자를 한 지 한 달도 안 되어 수익률이 30%를 넘어갔다. 그때 든 생각은 '그동안 주식이 위험하다고 누가 그랬어. 초보인 나도 이렇게 돈을 쉽게 벌 수 있는 걸. 은행 이자 1년에 2% 주는데 한 달 만에 주식 투자로 30% 수익을 얻어버리네. 주식 투자 안 하면 바보인 거네.'라는 것이었다. 초심자의 행운을, 시장이 좋을 때 주식 투자를 시작해서 수익이 나는 것을 모르고, 자만했다. 내가 산 주식은 계속 오를 거라는 희망회로를 돌렸다. 그리고 목돈을 2월에 투입하였다. 분할 매수한 것도 아니고 한 번에 올인하였다. 어차피 오를 건데 뭐 하러 나눠 사는 건가 싶었다. 하지만 지나고 나니 목돈은 특히나 저점이라 예상될 때 최소한 세 번 이상 나눠서 매수해야 했다는 것을, 그랬다면 지금의 마이너스 수익률은 아니었을 거라는 걸 경험하고 나서 알게 되었다. 지금은 투자일기를 쓰면서 철저하게 분할 매수를 하고 있다. 경험해봐야 알게 되는 세상의 진리가 쓰라리기도 했지만, 내가 1년만 하고 투자할 것도 아니고 앞으로도 투자자로 살 것이기에 뼈가 되고 살이 되는 경험이 될 것이라고 믿어 의심치 않는다.

장이 좋을 때는 내 주변 지인 중에서도 당시 빚투를 하는 사람들이 많았다. 주식 투자를 위해 은행에서 1억 이상 대출을 받은 사람도 있었다. 당시 은행 대출이자는 1년에 2~3%였는데 그때는 어떤 주식 투자를 해도 코스피 상위권에 있는 종목들은 거의 다 올랐으니 매수 후 한 달도 안 되어 빚을 갚고도 남을 몇십 프로의 돈을 버는 건 일도 아니었다. '영끌'이라고 해서 영혼까지 끌어모아, 즉 있는 돈 없는 돈 다 끌어모아 주식을 하는 사람도 있었다. 그때는 그렇게 해도 결과가 좋았다. 그때 기회를 잡은 사람들은 부자가 되었다. 하지만 그 사람들이 그때의 성공에 취해 주식 투자를 쉽게 보고 계속 접근한다면? 내 주변에 TV에도 나오고 주식 투자로 유명했던 지인이 있다. 그의 투자 정보를 들으며 사람들이 따랐고, 주식으로 돈 번 사람들이 많아졌다. 하지만 그런 승률이 쌓이다 보니 그 사람은 자만했다. 그리고 주식 중에서도 변동성이 높은 투기성 주식에 투자했다가 15년 동안 빚을 갚았고, 그의 말을 듣고 해당 주식을 샀다가 망해서 자살한 사람들도 많았다고 한다. 그분은 그때를 뼈저리게 후회하며 빚을 다 갚고 나서는 우량주에 안전하게 돈을 모으는 것으로 투자 스타일을 바꾸었다고 한다. 주식 시장에 영원한 승자는 없다는 생각이 들었다.

개인 투자자들 중에서 주식 투자로 성공하는 사람들은 5~10% 정도라고 한다. 그만큼 주식 시장에서 개인 투자자로 살아남기가 어렵다. '장 좋을 때 들어가면 되는 거 아닌가?'라고 생각한다면 그런 기회는 거의 10년에 한 번꼴로 온다. '바닥가격'이라고 생각하고 주식을 샀는데 지하 10층까지 있더라는 말을 들어본 적이 있다. 따라서 이것이 진짜 10년에 1번꼴로 오는 그 기회인지 가짜 기회인지를 판가름하기 위해서는 대비를 하는 것이 필요하다. 나의 투자 데이터를 모아간다고 생각하며 투자 일기를 써야 한다. 이렇게 꾸준히 쓴 투자 일기를 통해 데이터들이 계속 모이면 나의 투자 지식으로 쌓이는 것이다. '아, 이런 상황에서는 이렇게 주식이 변동했구나… 이렇게 대응하면 상황이 바뀌는구나.' 등등을 투자일기를 꾸준히 쓰다 보면 알게 된다.

주식을 시작하고 몇 달 만에 하락장으로 바뀌며 투자한 돈을 잃을 수도 있다는 두려움에 떨었다. 주식은 파동이라는 것을 머리로는 알았지만 주가가 떨어지자마자 가슴이 쿵쾅댔다. 무서웠다. 엄마, 남자친구(지금의 남편)가 시작하기를 말렸지만 호기롭게 시작한 주식 투자에서 실패를 하면 그들을 볼 낯이 없을 것 같았다. 또한 주식 투자의 실패로 다시 예전의 저축하는 생활로 돌아가기가 싫었다. 이미 주식 투자의 즐거움이라 할 수 있는 높은 수익률의 보았기 때문이다. 조금만 더 경험을 쌓으면 더 잘할 수 있을 것 같은데 이대로 무너져 내리기에는 너무 슬프고 괴로웠다. 그때 나의 주식 멘토인 주이슬 대표님께서 해답을 내려주셨다. 어차피 지수 ETF는 우상향하기에, 하락장을 잘 견디는 것이 중요하다고. 투자일기를 쓰면서 힘든 시간을 잘 버티면 된다면서 긍정의 기운을 심어주셨다. 주식 투자는 기술 10%, 멘탈 90%라는 것을 하락장을 맞고서야 깊이 깨달을 수 있었다.

일기도 초등학교 이후로 쓴 적이 없는데, 투자일기를 꾸준히 쓸 수 있을까 걱정이 되었다. 하지만 주이슬 대표님이 알려주신 투자일기 쓰는 법은 어렵지 않았다.

첫 번째, 매수하는 종목과 매수한 단가를 쓴다.

두 번째, 가지고 있던 주식을 팔 때도 왜 팔았는지를 쓴다.

세 번째, 그때의 감정을 그대로 쓰고, 어떤 식으로 매수하고 매도했는지를 쓰면 된다.

왜 감정을 기록해야 하는 것인지 궁금했는데 이슬 대표님께서 말씀하셨다. 우리의 걱정 80%는 쓸데없는 것이고 두려움에는 실체가 없다고 말이다. 그런데도 항상 우리는 미리 걱정하고 행동하지 않는다. 투자를 하면서 가장 잘 관찰해야 하는 것이 나의 감정이다. 내가 어떻게 느끼고 있는지 자신을 바라봐야 한다. 그래서 투자 상황을 노트에 적어야 한다. 내가 투자했던 종목을 써두고 그 종목을 왜 사고팔았는지, 어떤 생각과 감정으로 투자를 하고 있는지 적는다. 나중에 그 기록을 보면서, 결과와 비교해본다. 그렇게 투자하는 힘을 기를 수 있다고 알려주셨다.

내가 1년간 지도했던 경제 동아리 학생들에게도 모의투자를 하며 투자 일기를 작성하게 하였다. 투자 일기에는 매수, 매도 날짜, 사고판 종목명과 얼마나 사고팔았는지, 왜 그렇게 했는지를 적게 했다. 모의투자라 진짜 내 돈이 아니고, 3개월 동안만 진행한 것이었기에 감정은 적게 하지 않았다. 하지만 실전 투자에서는 꼭 적어보는 것이 좋다.

아이들이 모의투자로 매수했던 종목 중에 카카오뱅크, 카카오가 있었다. 카카오뱅크 매수 이유는 이용자가 증가하고 인터넷 뱅킹 사용량이 증가해서, 카카오는 우리 일상에 꼭 필요한 것이기에 매수했다고 했다. 그런데 갑자기 정부가 플랫폼 규제를 하면서 카카오 주가가 하락했다. 카카오뱅크는 주택담보대출 시장에도 진출하여 사업 영역을 넓혀가는 상황이었는데도 불구하고 카카오페이 경영진이 보유한 주식을 상당수 매도하는 바람에 주가가 주저앉았다. 경영진의 주식 매도는 책임 경영 의지가 없는 걸로 비춰져 주가에는 부정적이기 때문이다.

이런 상황을 겪고 어쩔 수 없이 매도하거나, 강제 존버를 하는 경험을 한 학생들은 알게 되었을 것이다. 카카오 같은 대기업도 정부 규제를 받으면 주가가 폭락할 수 있음을. 안정적인 주식이란 없으니 몰빵 투자는 안 되고, 여러 주식에 분산 투자해야 한다는 것을. 그리고 카카오뱅크 주가 하락을 겪은 학생들은 주식 투자에 있어 경영진 리스크가 주가에 영향을 줄 수 있으니 주식 투자를 할 때는 경영진이 누구인지 알아보며 꾸준히 지켜봐야 한다는 것을 알았을 것이다. 또한 개미투자자들이 공부

없이 투자로 성공하기는 생각보다 쉽지 않다는 것을 깨달았을 것이다. 이런 실패의 경험을 10대 때 한다면 누구보다 해야 할 것, 하지 말아야 할 것에 대한 데이터가 더 많이 쌓여 투자에 대한 지식, 감각을 많이 쌓을 수 있다. 단, 반드시 기록으로 남겨야 한다.

기록의 중요성을 투자를 하며 깨닫게 되었다. 기록을 통해 과거를 돌아보고, 반성하며 한층 더 미래를 긍정적인 방향으로 바꿀 수 있었기 때문이다. 나의 기록으로 투자 데이터를 만드는 것이기 때문에 지속적으로 하려 한다. 인터뷰했던 세 명의 10대 주식 투자 학생들은 한 명도 투자일기를 쓰고 있지 않았다. 먼 미래를 위한 대비책으로써 기회가 왔을 때 놓치지 않기 위해서, 내 감정을 다스리기 위해서 투자일기는 쓰라고 얘기하고 싶다. 쓰는 방법은 어렵지 않다. 앞서 적은 3가지만 잘 지키면 된다. '그때 살 걸, 그때 팔 걸.' 하며 후회를 반복하고 싶지 않다면, 투자일기를 쓰며 본인의 투자 원칙을 정립하는 것이 좋다.

바둑에도 복기라는 것이 있다. 바둑 대결이 끝나고 즉시 그 내용을 승자, 패자가 함께 분석하는 것이다. 분석하며 패자는 분함을 삭이고, 승자는 승리에 들뜬 기분을 가라앉히는 것이다. 이기든 지든 복기 자체가 공부다. 복기는 패인을 분석하는 데도 도움이 되고, 실력을 늘리는 것에도 도움이 된다. 특정 장면에서 상대가 어떤 생각을 했는지도 알게 되고 공부가 된다. 특히 패자는 패한 원인을 찾아 어떻게 하는 것이 최선이었을지 철저히 검토한다. 바둑에서 복기하는 것과 동일한 것이 투자일기를 쓰는 것이라고 이해하면 될 것이다. 따라서 주식으로 돈을 벌었을 때도 돈을 잃었을 때도 투자일기는 써야 한다. 계속 투자자로서 살아갈 것이라면 투자일기를 통해 어떤 상황에서 주식 투자에서 승리하는지도 알고, 어떨 때 질 수 있는 것인지도 알아야 한다. 그래야 나만의 미래 준비를 위한 시나리오를 작성할 수 있게 된다.

한 가지 더 조언하자면 투자일기를 블로그에 기록으로 남기는 것도 좋다. 퍼스널 브랜딩이 돈까지 연결되는 홍보의 시대에 살면서 투자자로서 자신을 브랜딩하며 사람들에게 도움을 줄 수 있으니 권장한다. 또한 경제, 금융 분야를 희망하는 학생들은 투자 일기를 꾸준히 써서 기록으로 남기고, 쓰면서 본인이 느낀 바를 동아리 활동에 기록으로 남긴다면 진로 진학에도 도움을 받을 수 있을 것이다.

유럽의 워런 버핏으로 불리는 투자자 앙드레 코스톨라니는 말한다.

"투자자는 무엇이 옳고 그른지에 대해 자신만의 생각과 아이디어, 방향을 가지고 있어야 하며, 대중에 휩쓸려 감정적으로 행동하지 않아야 한다."

내가 떨어지는 주가에 흔들릴 때마다 투자일기에 쓴 과거의 기록을 보고 중심을 잡아야 한다. 제대로 된 주식 종목에 투자했다면 결국 우상향할 것인데 잠깐의 떨어짐으로 두려움에 떨 필요가 없다. 나무가 아닌 숲을 봐야 한다. 투자자로 살아가면서 감정적으로 행동하지 않으려면 내 감정을 투자일기에 남기며 감정을 잘 다스리기 바란다.

08

경제 뉴스가 어렵다면 '이것'부터 하자

평소에 뉴스라면 연예 뉴스만 보던 나였다. 그런 나도 '이것'을 하고 경제 뉴스를 보기 시작했고, 경제 용어를 찾아보게 되었다. '이것'은 무엇일까? 바로 '멘토 찾기'이다. '멘토'란 사전적 정의로 '경험과 지식을 바탕으로 다른 사람을 지도하고 조언해주는 사람'이다. 그렇다면 투자를 위한 경제 뉴스를 읽기 전 멘토 찾기부터 해야 하는 이유는 무엇일까? 100억 부자가 되려면 100억 부자의 마인드를 가져야 한다고 생각해서 『100억 부자 생각의 비밀 필사 노트』라는 책을 필사하다가 100억 부자에게서 그 이유를 찾을 수 있었다.

"모든 사람은 지금보다 더 나아질 수 있다. 더 크게 성공할 수 있다. 그런데도 그렇게 되지 못하는 이유는 고민이나 문제에 대한 해결책을 찾지 못하기 때문이다. 내가 가고자 하는 길을 먼저 간 성공자에게 조언이나 도움을 구해야 하는 이유다. 혼자의 힘으로 해내려고 하다 보면 시행착오를 겪으며 시간과 열정, 돈을 허비하게 된다."

이 문장을 보고 확신했다. 얼마가 되었든지 간에 멘토에게 일정의 교육비를 내고, 멘토가 해당 분야를 공부하며 알게 된 몇 년의 시간을 금방 습득해버리는 것이 투자의 시행착오를 줄이고 빨리 부자가 될 수 있는 길임을 말이다.

내가 주식 투자자로 살아가게 된 것도, 책을 쓰게 된 것도 다 좋은 멘토를 만난 덕분이다. 그런 멘토를 어디서 만날 수 있을까? 뜻이 있으면 다 길이 있다고 생각한다. 무언가를 하려고 하면 온 우주가 돕는다. 나도 주식 투자를 본격적으로 시작해보려 할 때 동네 도서관에서 『주식 투자 이렇게 쉬웠어?』라는 책을 읽게 되었다. 그 책을 읽고 책에 나온 저자가 운영하는 카페에 가입했고, 전화번호도 적혀 있어 바로 연락을 했다. 주식 투자에 대해 배워보고 싶다고 말이다. 멘토를 만난 후 나는 원하던 투자자가 되었다. 멘토가 약 10년간의 투자로 알게 된 노하우를 나는 하루 만에 교육으로 습득하게 되었다. 멘토를 만난 지 1년이 다 되어가는데 내가 투자를 하면서 고민이 생길 때마다 조언을 구하면 그때그때 답변을 주셔서 고비가 있을 때마다 큰 도움을 얻는다. 멘토에게 처음 교육비를 들었을 때는 금액이 조금 비싸다고 생각했는데, 알려준 대로 하니 얼마 지나지 않아 교육비 이상의 돈을 투자로 벌 수 있었다. 가치를 보고 교육비에 투자해야 하는 이유다.

멘토가 없이 무언가를 해낼 수 있을까? 물론 가능하다. 그러나 멘토 없이 나 스스로 공부하여 깨달음을 얻기까지는 많은 시간이 걸린다. 부자들은 돈보다 시간에 대한 가치를 더 높이 생각한다고 한다. 앞으로 우리는 돈을 제공하고 전문가의 시간을 사야 한다. 멘토에게 배우는 것이 시간을 사는 일이다. 내 책을 읽은 독자들도 내가 1년 동안 공부하고 알게 된 것들을 책값을 지불함으로써 얻을 수 있는 것이다. 책을 읽고 궁금한 내용이 있다면 내 블로그, 인스타그램으로 연락 주길 바란다. 멘토가 되어 내가 아는 선에서 성실히 답변해줄 것이고, 답변을 하기 위해서라도 계속 돈 공부를 하며 금융 전문가로서 성장하고 있겠다.

작가가 될 수 있었던 것도 마찬가지였다. 막연히 은퇴하고 노후에 책을 써야지 했는데, 주식 투자 멘토인 주이슬 대표님이 성공은 위치를 바꾸는 데서 시작한다고 하시며 노동자에서 투자자가 되었으니, 이제는 독자가 아닌 저자가 되어보라 하셨다. 그렇게 나는 작가가 되기로 하였고,

책 쓰기 멘토로 김태광 책 쓰기 대표코치님을 만나게 되었다. 일정 돈을 지불한 후 김태광 멘토가 7년 동안 출판사에 퇴짜 맞으며 첫 책을 출판하는 과정에서 알게 된, 11년간 250권의 책을 출판하면서 알게 된 책 쓰는 노하우, 책 출판 노하우를 빠른 시간 내에 습득하여 나의 첫 책을 두세 달 정도만에 내게 되었다. 책을 쓰다가 애로사항이 생겼을 때 조언을 구하면 자신도 그런 경험을 한 적이 있다며 바로 '어떻게' 해야 하는지를 알려주셨다. 멘토가 있었기에 내 책을 출판할 수 있었다고 생각한다. 내가 도움을 요청할 때 언제나 손 내밀어주고 도와주는 멘토가 있다는 것이 얼마나 든든한지 모른다.

멘토를 찾는 방법은 다양하다. 내 주변 사람, 책, 블로그, 유튜브 등등…. 단, 멘토를 찾을 때 주의할 점이 있다. 반드시 내가 배우고자 하는 분야에 현재도 종사하고 있는 분이어야 한다는 것이다. 본인도 현재 그 일을 하고 있지 않다면 현 상황을 반영한 얘기를 들려줄 수 없다. 현재의 생생한 정보를 알려주는 멘토를 찾아라.

주이슬 멘토를 만나기 전, 해외 소수점 매매 등 소액 주식 투자를 경험해 볼 수 있었던 것은 유튜브 덕분이었다. 학교에서도 학생들마다 좋아하는 선생님이 다르다. 인터넷 강의를 들을 때도 나에게 맞는 강사가 있었을 것이다. 유튜브에서 나의 투자 멘토를 찾고 싶다면 구독자가 어느 정도 있는 유튜버의 영상을 참고하는 것이 좋을 것이다. 여러 유튜브를 보고 설명이 잘 들어오고, 나와 잘 맞는 것 같은 유튜버의 투자 영상으로 공부해보는 것도 좋다. 구독자가 어느 정도 있는 투자 유튜버, 조회수가 높은 영상을 만든 투자 유튜버들을 선택하는 것이 좋다. 사람들이 열광하는 유튜버는 이유가 있다.

투자 공부를 하면서 내가 도움받은 유튜브 멘토들이 운영한 채널명은 〈재테크 읽어주는 파일럿〉, 〈박곰희TV〉, 〈전인구경제연구소〉, 〈슈카월드〉, 〈광화문금융러〉 등이 있었다. 요새는 투자 관련 온라인 강의도 많다. 예를 들어 '클래스101' 등의 사이트에 들어가 사람들이 수업을 듣고 남긴 후기를 보고 강사를 선택해 투자 강의를 들어봐도 좋다고 생각한다. 나에게 맞는 투자 멘토를 찾는 순간 투자자로서 추월차선에 올라탈 수 있다.

본론으로 돌아와 좋은 멘토를 찾고 나서는 어떻게 하면 될까? 모르는 것을 질문하면 된다. 그리고 답변을 얻고 나서는 반드시 '실천'해야 한다. 투자를 하려면 경제 뉴스를 읽어야 한다는 것은 당연히 알고 있었다. 하지만 어려운 경제 뉴스는 읽기도 싫고, 어떻게 읽는 건지도 모르겠고 답답했다. 그래서 바로 멘토에게 어떻게 하면 좋겠냐고 물어보았다. 크게 3가지 정도의 해답을 알려주셨다. 경제 뉴스 보기 좋은 어플, 경제 뉴스를 해석할 수 있도록 돕는 책 소개, 증권사 리포트를 매일 보고 분석하기 등이었다.

나는 유레카를 외쳤다. 특히 책 소개가 최고였다. 세상에 책은 정말 많다. 그중에서 나에게 도움이 되는 책이 무엇인지 알려면 여러 권의 책을 읽어볼 수밖에 없다. 하지만 멘토가 있기에 딱 한 권의 책을 지목해 골라주어 시간을 절약할 수 있었다. 해당 책을 읽고 경제기사 쉽게 읽는 법을 알게 되어 경제 분야에 대해 더 빨리 눈 뜰 수 있었다. 평소에도 내가 답답해하는 부분이 있을 때 조언을 구하면 좋은 책들을 많이 소개해주셨고, 그 책들은 나를 성장하게 했다.

내가 멘토에게 배운 경제 뉴스가 어려울 때 해야 할 3가지를 소개한다.

첫째, '인베스팅 닷컴(INVESING.COM)'이라는 어플로 경제 뉴스를 보면 도움이 된다. 인베스팅 닷컴 어플은 나라별 지수, 외환, 채권, ETF 등 꼭 필요한 종목들을 실시간으로 조회할 수 있는 기능을 제공한다. 지수들의 등락을 보며 하루 사이 얼마만큼 변화가 있었는지 파악할 수 있다. '뉴스'를 클릭하여 '가장 인기 있는 뉴스'를 보면 중요 뉴스가 무엇인지 알 수 있어 몇 개의 뉴스만 보면 된다. '캘린더' 탭도 굉장히 유용하다. 경제와 관련된 전 세계 주요 일정을 시간대별로 일목요연하게 보여준다. 황소머리 개수(1~3개)로 중요도를 알려주기 때문에 황소머리 3개가 나온 세계 주요 일정만 설정하여 보면 된다. 예를 들어 미국 연방준비제도(Fed) 기자회견 일정은 황소머리 3개이다. 금리의 변화에 대해 발표를 하는 기자회견이기에 Fed의 기자회견은 투자자로서 반드시 주시해야 한다.

둘째, 『(뉴스가 들리고 기사가 읽히는) 세상 친절한 경제상식』이라는 책을 읽으면 도움을 받을 수 있다. 제목 그대로인 책이다. 경제신문을 읽다가 검색해봤던 용어들에 관한 설명이 이해하기 쉽게 사례로 잘 나와 있다. 이제 막 경제 뉴스를 보기 시작한 주린이들이 뉴스에 나오는 내용을 이해하는 데 큰 도움이 된다. 더 좋은 책이 있을 수 있지만 본인은 이 책을 읽고 경제 뉴스 읽는 것에 점점 자신감이 붙었다. '아는 만큼 보인다'고 뉴스 사례를 통해 경제용어를 설명해주는 책을 읽고 나니 경제신문을 봐도 이해되는 내용들이 늘어났다.

셋째, 증권사에서 제공되는 리포트를 매일 챙겨보는 것을 권장한다. 내가 10대 투자로 권장했던 지수 ETF의 흐름을 이해하기 위해서는 리포트를 통해 당일 코스피지수, S&P 500지수의 등락의 이유를 꾸준히 보는 것이 좋다. 그렇게 되면 시장을 읽는 안목이 생긴다. 리포트를 작성하는 사람들은 애널리스트들이다.

애널리스트란 직업은 자신의 회사 또는 회사 고객들에게 금융 및 투자에 대한 전문적인 의견을 제공하기 위해서 관련된 금융시장 정보를 정확하게 수집하고 분석하는 작업을 수행한다. 따라서 애널리스트들은 리포트 하나를 작성하기 위해 많은 공을 들인다. 투자자는 투자를 할 때 도움이 되는 자료들을 모아 종합적으로 생각하고 판단할 줄 알아야 한다. 애널리스트들이 올려준 정보를 꾸준히 읽는 것은 투자 공부에 큰 도움이 된다. 읽다가 모르는 것이 있으면 인터넷에 검색하며 알아가는 것이다. 그게 공부가 된다.

처음 투자를 하고 공부 개념으로 내 블로그에 삼성증권에서 제공하는 '국내 마감시황', '미국 마감시황'이라는 한 장 정도의 리포트를 핸드폰으로 매일 캡처해서 올렸다. 캡처된 내용 중 중요한 부분은 하이라이트 기능을 이용해 표시했고, 한 줄 정도로 내 생각을 표현하거나 용어 정리를 했다. 내 블로그의 '투자 공부' 탭에 들어가면 내가 몇 개월간 거의 매일 올린 리포트 분석이 있으니 보고 방식을 따라 해보면 된다.

꾸준히 리포트 분석을 하다 보니 시장의 흐름이 보였다. 왜 오늘은 지수가 올라갔고, 투자자들이 많이 매도한 이유가 이런 사건으로 인한 심리였고, 어떤 산업이 요즘 핫한지 등등 …. 시장을 읽는 눈이 생기니 투자가 더욱 재미있어졌다. 본인은 삼성증권 어플을 이용해 리포트를 매일 확인했다. 핸드폰 화면 1페이지 정도로 리포트가 요약되어 있기에 매일 읽기에 큰 부담이 없다. 삼성증권 어플을 이용한다면 '투자정보'에 들어가 '리서치리포트'를 클릭한 후 '국내 마감시황', '미국 마감시황'을 보면 된다. 주식장이 끝나고 1~2시간 안에 마감시황이 올라오는 편이다. 다른 증권사 어플을 통해서도 애널리스트들의 다양한 리포트를 볼 수 있다.

'네이버금융'을 검색해 들어가서 '리서치'를 클릭하면 시황정보, 투자정보, 종목분석, 산업분석, 경제분석 리포트 등 다양한 증권사 애널리스트들의 리포트를 볼 수 있다. 하지만 너무 많은 정보는 보기 전부터 거부감이 드니 자신의 주식계좌가 있는 증권사 어플에서 제공하는 리포트를 보는 것을 더 추천한다. 리포트 분석을 꾸준히 할수록 경제 뉴스에서 나오는 내용을 점점 더 이해하는 나 자신을 보게 될 것이다.

훌륭한 멘토 덕분에 어플, 책, 리포트 분석의 방법으로 경제 뉴스와 친해질 수 있었다. 좋은 스승, 멘토를 만나는 것은 큰 축복이다. 멘토만 있다면 이런 방법으로 공부하다가 어려운 부분이 있을 때 그냥 물어보면 된다. 복잡하게 생각할 것이 없다. 멘토부터 찾자. 저자가 당신의 멘토가 되어줄 수 있다. 하고자 하는 열정과 의지가 있는 사람을 나는 좋아한다. 내 책을 읽고 있는 자체가 부자가 되고 싶어 하는 사람이니 나의 경험과 지식으로 돕고 싶다. 궁금한 것이 있다면 편하게 블로그, 인스타그램으로 연락 주길 바란다.

멘토는 '어떻게' 해야 하는지를 구체적으로 알려주는 사람이다. 투자를 대신해주는 것이 아닌 투자 공부법, 투자 방법을 알려준다. 멘토도 그 길을 겪어왔기에 행동으로 보여준다. 멘토를 찾고 투자의 A에서 Z까지 배우자. 사람은 위치를 바꾸는 데서 성공한다. 그렇게 멘토에게 배우는 멘티였던 내가, 멘토를 통해 배우고 성장하여 어느새 누군가의 멘토가 되어 있을 것이다. 주린이였던 내가 이 책을 통해 신입 주린이를 가르치고 있는 것처럼 말이다. 좋은 스승을 만나면 나도 좋은 스승이 될 수 있으니, 잘 배우자!

경제를 제대로
알면 내 삶의
주인이 될 수 있다

STUDYING MONEY

- 01 -

경제를 제대로 알면 내 삶의 주인이 될 수 있다

내 삶의 주인이 된다는 것은 나의 의지로 내 상황을 통제할 수 있는 능력이 생기는 것이다.

오늘은 고등학교 2학년 우리 반 아이들과 함께하는 마지막 날이다. 종업식 때 아이들에게 선물을 주고 싶었다. 내가 돈 공부를 하는 최종 목표는 '나의 행복'이다. 돈을 많이 벌어 그 이후엔 내가 하고 싶은 행복한 일만 하는 것이다. 그것이 내 삶의 진짜 주인으로 살아가게 되는 것이라고 생각한다. 그런 의미를 담아 아이들의 삶도 앞으로 행복한 일만 가득하길 바라는 마음으로 종업식에 '스마일' 표정이 그려진 마카롱을 선물로 준비했다. 제자들의 달달한 행복을 기원하는 마음으로 선물을 주었다. 경제 공부를 하고 경제적 자유를 누리며 돈의 노예가 아닌 돈의 주인으로 살아가는 학생들이 되길 간절히 바란다.

돈의 주인으로 살아가는 것과 관련하여 '화폐'와 관련된 이야기를 들려주겠다. 이 이야기를 읽고 왜 미국이 전 세계를 이끌어가는 돈의 주인이 될 수 있었을지 생각해보자.

국제 거래에서 통용되는 결제수단을 기축통화라고 한다. 현재 기축통화는 '달러'이다. 미국이 재채기를 하면 전 세계가 감기에 걸린다는 말이 있을 정도로 대부분의 나라와 미국은 무역하며 각국 경제에 영향을 주고 있다. 달러가 세계를 지배하게 된 것은 언제부터일까? 달러가 기축통화로 결정된 것은 오래되지 않았다. 제2차 세계대전이 끝날 무렵인 1944년 전쟁으로 많은 나라가 황폐해져 상대 나라의 통화(유통화폐)를 믿기 어려운 상황이었다. 이럴 때 누구나 신뢰할 수 있는 것이 '금'이었다. 하지만 금은 무게가 있기에 거래가 쉽지 않다. 이때 미국이 내민 카드가 '달러'였다. 35달러를 내면 금 1온스를 주겠다는 약속과 함께 세계 각국의 통화를 달러에 고정한 것이다. 이것이 바로 '브레튼우즈 협정'이다. 금으로 바꿀 수 있는 통화라면 믿을 수 있었기 때문이다. 전 세계에 있는 달러를 모두 금으로 바꿔주려면 미국은 많은 금을 가지고 있어야 하는데, 당시 미국은 전 세계 금의 70% 이상을 가지고 있었다. 1, 2차 세계대전을 거치며 여러 나라에 전쟁 물자를 공급하면서 많은 흑자를 내고 그 돈으로 금을 사들였던 것이다.

그러나 미국이 개입한 베트남 전쟁으로 미국의 상황은 어려워지기 시작한다. 전쟁을 하기 위해서 많은 돈이 필요하기 때문에 많은 달러를 찍어냈다. 달러를 금으로 바꿔주려면 달러를 찍어내는 만큼 금도 많아져야 하지만 한계가 있었다. 결국 달러가 금보다 많아지는 불균형 현상이 발생했다. 그렇게 달러가 많아지고 달러 가치가 하락하자 사람들은 가지고 있던 달러를 금으로 바꾸기 시작했다. 이대로 가다간 미국의 금이 남아나지 않을 상황이 되었다. 결국 1971년, 미국의 닉슨 대통령은 더 이상 달러를 금으로 바꿔주지 않겠다는 금태환제 철폐를 선언했다. 더 이상 금으로 바꿀 수 없는 달러는 위기를 겪는다.

하지만 위기를 딛고 달러는 여전히 기축통화의 지위를 유지한다. 1975년 미국이 사우디아라비아의 안보를 도왔고, 그 대가로 OPEC(석유수출국 기구)의 수장인 사우디아라비아는 석유 대금을 오직 달러로만 결제할 수 있도록 협의했다. 전 세계 어느 나라든지 석유를 사용한다. 그런 석유를 달러로만 살 수 있게 해놓았으니, 석유를 수입하는 대부분의 나라는 달러를 무조건 가지고 있어야 한다. 이렇게 달러는 석유와 연결되면서 다시 무조건 필요한 통화가 되었다. 석유라는 자원이 사라지게 될 때 미국이 어떻게 또다시 달러를 기축통화로 유지시킬지 궁금하다. 달러를 계속 기축통화로 유지하게 만드는 미국이 대단하다는 생각이 들었고, 화폐에 대한 공부가 재미있었다.

달러라는 기축통화를 가진 미국은 계속해서 경제 강대국의 지위를 유지하고 있다. 거저 얻은 것은 아니었다. 사람들이 누구나 필요로 하는 금, 석유라는 자원을 달러로 교환하게 했기에 가능한 것이었다. 여기서 알아야 할 것이 있다. 바로, 돈을 벌기 위해서는 사람들이 무엇을 필요로 하는가에 관심을 가져야 한다는 것이다. 사업 아이템을 선정할 때 사람들의 니즈를 파악하는 것이 중요하고, 주식 투자를 할 때도 앞으로 성장할 주식에 투자하면 돈을 벌 수 있다. 경제 공부를 하며 세상에 관심을 가지면서 사업가, 대주주로 살아가는 것이다. 사람들이 무엇에 관심 있어 하는지 모르겠고, 현재 어떤 것이 인기인지 궁금하다면 TV 속 광고부터 봐도 된다. 광고에서 트렌드를 읽는 연습을 하는 것이다.

어떤 유튜브를 보고 네이버 스마트 스토어로 장사를 시작해보려 했던 적이 있다. 해당 유튜브에서는 우선 본인이 필요한 상품부터 찾아보라고 하였다. 내가 필요하고 관심 있는 상품 중에서 아이템을 먼저 선정하라고 했다. 그 상품을 나와 관심사가 같은 사람들은 필요할 것이라면서…. 그렇게 하기 위해서는 내가 무엇에 관심 있고, 내 생활에서 필요한 것이 무엇인지부터 알아야 했다. 먼저 나라는 사람이 개선하고 싶어 하는 점이 있다면 그것이 무엇인지, 개선을 돕는 물건이 있는지 찾아보았다. 종종 손톱을 물어뜯는 버릇이 있어 그것을 고치고 싶었다. '손톱 물어뜯기 방지'로 검색해보니 손톱 물어뜯기 방지용 매니큐어부터 붙이는 네일, 네일케어 패치 등 다양한 아이디어 상품이 있었다. 후기를 읽어보니 나와 같이 어른이 되어서도 손톱 물어 뜯는 습관으로 고민하고 구매하는 사람들이 많았다. 그러한 상품들을 중국 최대 시장인 알리바바 같은 사이트나 한국의 도매 쇼핑몰에서 소량 구매한 후 내가 만든 네이버 스마트스토어에 상품을 올리고 판매하면 수익 창출이 가능하였다. 그러나 그렇게 해서 결국 어느 정도 수익을 내고 나서는 사업자등록을 해야 했다. 현재 공무원인 나로서는 사업자 등록이 어려워 네이버 스마트스토어 개설과 팔 물건 찾는 것까지만 경험해보았다.

이 경험을 하면서 든 생각은 결국 사람들에게 필요한 것, 즉 니즈를 파악하는 것이 나에게 경제적 자유를 줄 것이라는 확신이었다. 투자에서도 마찬가지다. 현재 나처럼 직장 생활을 하면서 사업을 병행하기 어려운 사람은 경제 공부를 통해 앞으로 미래에 꼭 필요한 상품을 만들어내는 기업의 주식을 사면 되는 것이었다. 경제 공부를 하면서 사업가가 될 수도 있고, 투자자가 될 수도 있다. 경제 공부는 내 꿈을 이루어주는 공부이다.

나는 5수 만에 임용시험에 합격하여 교사가 되었다. 23세에 대학 졸업을 하고 28세에 정규교사가 된 것이다. 임용고시 공부에 질려서 다시는 공부라는 것을 하고 싶지 않았지만, 돈 공부는 달랐다. 경제 흐름을 알아야 투자를 할 수 있다. 그러면서 내가 살아가는 세상을 공부하고, 이게 돈이 되니까 재미있었고, 재미없는 부분도 미래를 위해 하게 되었다. 『부의 추월차선』에서는 추월차선을 달리려면 엔진오일을 새것으로 교체해야 한다고 나온다. 그 엔진오일은 교육, 즉 지식이다. 투자로 경제적 자유를 얻고 싶다면 투자에 관한 공부를 해야 하는데 그 힌트가 경제를 읽는 것이다.

코로나로 인해 달라진 일상을 몸소 체험하고 있다. 언택트 문화로서 원격 수업, 재택근무, 원격 의료, 온라인 쇼핑 등으로 일상이 변화하고 있다. 또한 날이 갈수록 사회는 고령화 사회가 되어가니 신약 개발 관련한 바이오 산업이 뜨고 있다. 그 외에 NFT, 메타버스, 전기자동차 등이 앞으로 미래에 각광받을 산업으로 대두되고 있다. 앞에서 소개한 증권사 리포트만 꾸준히 챙겨봐도 앞으로 좋아질 기업들이 어떤 기업들인지 힌트를 얻을 수 있다. 경제 뉴스를 가까이하며 미래를 내다보는 공부를 계속해야 할 것이다.

돈을 버는 방법은 상대방을 이해하는 능력, 즉 사람들의 니즈를 충족시키는 것이다. 그 니즈 파악은 경제 흐름을 파악하는 것에서부터 시작해야 한다. 사람들의 관심사가 무엇인지, 트렌드가 어떻게 변하는지는 책, 뉴스 등에서 매일 알려주고 있다. 계속 변화하는 세상에서 변화에 대비하는 능력은 매우 중요하다. 정보력이 앞서는 사람은 돈을 잘 벌 수밖에 없다.

그렇게 공부하여 파악한 좋은 아이템으로 사업을 하거나, 투자자로 살아가면 된다. 사업을 하든 투자를 하든 최종 선택은 본인이 한다. 그렇게 자기결정권을 행사하며 내 삶의 주인이 되는 것이다. 나 스스로 무엇이든 선택하고, 통제하는 삶을 사는 것이다. 내가 선택하여 경험한 것은 실패해도 나의 자산이 된다. 경제 공부를 하고 돈의 주인이 되어 내가 행복한 일을 하며 주변 사람들에게 사랑을 표현하며 돈을 쓰는 삶을 살자. 투자를 하면 미래를 읽으려는 노력을 하게 되고, 그중 내가 무엇에 관심 있고, 좋아하는 것이 무엇인지 알게 된다. 그렇게 나의 진짜 꿈을 경제 공부를 통해 찾고, 투자로 경제적 자유인이 되어 나의 행복을 추구하는 내 삶의 진짜 주인으로 살아가길 바란다.

돈 공부는 나를 알아가는 시간이다

　나는 MBTI(Myers Briggs Type Indicator : 마이어스 브릭스 유형 지표)라는 성격 유형 검사에 진심인 사람이다. 나는 내가 어떤 사람인지, 어떨 때 행복한지에 관심이 많다. 나를 아직도 100%는 다 알지 못한다고 생각하기에 나에 대해 알아가는 경험을 좋아한다. MBTI 검사를 해본 결과 나는 'ISTP'의 성격 유형이라는 것을 알게 되었다. ISTP 성격 유형의 사람들의 특징을 보고 내가 가진 면과 정말 비슷해서 소름이 돋았다. ISTP는 냉철한 이성주의적 성향과 왕성한 호기심을 가져 주변 세상을 탐색하는 것을 좋아한다고 한다. 모험을 즐기는 편이다. 관심 분야가 있으면 매우 꾸준히 하지만 관심 분야가 아니면 흥미를 잃는 편이다. 게을러 보이지만 효율성을 극대화할 수 있다. 겁이 없어서 스릴을 즐기고 위기에 강하다. 새로운 것에 대한 저항이 크지 않다. 계획에 취약한 편이다. 이런 성격 유형은 증권분석가, 펀드매니저, 컨설턴트, 재무관리사 등 금융 분야에 어울리는 직업이라는 분석내용도 볼 수 있었다.

투자 스타일에도 나의 성격이 반영되는 것 같았다. 호기심이 많으며, 도전을 두려워하지 않고 일단 저지르고 보는 성격이 그대로 반영되었다. 그래서 주식, 비트코인, 부동산 등 여러 분야에 관심을 갖게 되었던 것 같다. 자유로운 영혼으로, 항상 새로운 것을 찾기 때문에 위험한 투자라 해도 불나방처럼 뛰어들기도 했다. 다행히도 소액으로 초기에 경험했기에 실패가 아닌 내 투자 스타일 확립에 도움을 주었다. 돈 공부를 하고 투자를 해보니 주식이나 채권에 직접 투자하는 것을 선호하는 편이었다.

하지만 나는 빠르게 시작하는 만큼 금방 싫증을 내는 타입이었기 때문에, 단기적으로 수익이 안 나는 주식장에서는 지루함을 느끼기도 했다. 이런 점을 보완하기 위해 계획을 세우고 바라는 결과를 성취하기 위해 노력하는 인내심을 함양할 필요가 있었다. 그래서 투자 일기를 쓰며 투자할 때의 내 감정을 적고, 인내하는 법을 배웠다. 돈 공부를 하며 나에게 맞는 투자법과, 그 투자법을 유지해나가기 위한 방법을 찾는 등 투자자로 살기 위한 대책을 세우게 되었다.

돈을 벌어 궁극적으로 내가 무엇을 하고 싶은지도 고민하게 되었다. 나는 자유를 중시하는 사람이라 구속받지 않고 자유로운 환경을 좋아한다. 그래서 경제적 자유를 누려 내가 행복한 일을 하며 살아가기로 결심했다. 나라는 사람에 대해 알아가는 것이 중요했기에 행복리스트를 작성해 내가 무엇을 할 때 행복한지에 대해 써보았다. 행복리스트를 써보니, 나를 위해서뿐만 아니라 내 주위 사람들을 행복하게 하는 일에 돈을 쓸 때 행복하다는 것을 파악했다.

ISTP 유형인 나는 가까운 사람들 외에는 필요 이상으로 나를 개방하지 않는다. 이중인격자인가 싶을 정도로 내 사람과 아닌 사람을 대하는 온도 차가 크다. 가족, 남편, 오랜 친구들 앞에서의 나와 다른 사람 앞에서의 나는 180도로 다른 모습이다.

가족에게는 애교 많은 셋째 딸 막둥이이고, 남편에게는 수다쟁이 아내, 친구들에게는 유쾌한 친구로 통한다. 그들 앞에선 스스럼없이 나의 본모습을 보인다. 남들 앞에서는 거의 울어본 적이 없는 내가 내 사람들에게는 울보로 통한다. 이렇게 내 속내를 다 보여줄 수 있는 건 나의 어떤 모습이라도 온전히 받아줄 것을 믿기 때문이다.

내가 사랑하는 사람들은 공통점이 있다. 정말 따뜻하고 믿을 수 있는 사람들이라는 것. 그런 그들과 함께 시간을 보내며 대화하는 것이 나는 가장 행복하다. 그들과 함께 행복한 시간을 보내기 위해 나는 '시간 부자'

가 되기로 했다. 투자자로서 돈을 벌어 경제적 자유를 누리고 '파이어족' 이 될 것이다. 매년 가족, 남편, 친구와 여행을 갈 것이다. 시간 부자인 내가 그들의 일정에 맞추어 함께할 수 있는 시간을 늘려나갈 것이다. 물론 그들에게도 투자 방법을 알려주어 같이 경제적 자유를 누릴 것이다. 서로에게 도움을 주는 존재로 함께 살아갈 것이다. 그렇게 돈 공부를 하며 나란 사람이 무엇을 할 때 행복한지 알아가는 중이다.

주식투자를 시작한 후 경제적 자유를 누리는 조기 은퇴를 꿈꾸다가 『대한민국 파이어족 시나리오』를 읽게 되었는데 그 책에서 내 MBTI에 맞는 재테크 방법을 소개해주었다. 나에게 맞는 투자법에 대해 궁금한 사람은 읽어봐도 좋을 것 같다. 경제적 자유를 이루기 위한 3가지 재테크 축에는 저축, 투자, 부업 등이 있다. 이 중 자신의 성향에 맞는 방법이 있을 것이기에 내 적성에 맞는 투자법을 시도해보면 좋을 것이다.

MBTI는 사람 성격 유형을 열여섯 개 정도로 나누기에 혹자는 허무맹 랑한 심리 테스트라고 생각할 수 있으나, 제2차 세계대전 때 MBTI 검사에 따라 사람들의 성향에 맞는 효율적 업무 배정을 하는 데 사용되었을 정도로 전통 깊은 검사이다. ISTP 유형인 나는 'T'라는 사고형(Thinking)을 가지고 있기에 논리적, 분석적이고, 객관적으로 사실을 판단한다. 따라서 객관적 지표가 괜찮다면 주식의 변동성에서도 잘 견딜 수 있는 것 같다. 또한 주식형 인간은 비즈니스와 경제 흐름을 민감하게 받아들이고, 산업 변화의 흐름에 관심이 많은 사람들이라, 자신의 관심과 투자를 연결해 성공적인 투자자가 될 수 있다고 한다. 나는 변화하는 것, 새로운 것에 관심이 많은 편이라 주식 투자와는 잘 맞는 것 같다. ISTP 유형의 경우 모험을 즐기고 현재를 맘껏 누리는 '탐험가형'이기에 적립식 투자, 부업이 맞다고 한다. 투자를 하면서 목돈으로 한 방에 넣어서 투자한 것보다는 월급이 들어오면 꾸준히 적립식으로 ETF 등을 사 모으는 것이 마음이 편했는데 그것이 내 투자 성향에 맞고 추천한다고 하니 신기했다.

'나다운 것이 무엇일까? 나라는 사람은 어떤 사람일까?'가 나는 항상 궁금했다. 내 일상에서 이루어지는 모든 선택이 나다움을 결정하게 해주는 것 같다. 자기 결정권을 가지며 나라는 사람에 대해 알아가는 것이다. 돈 공부를 하면 여러 정보 중 나에게 와 닿는 정보를 선택하고 여러 투자 방법 중 나의 성향에 맞는 투자를 실천한다. 그렇게 나에게 의미 있는 것을 실행해나가는 것이다. 내 인생 큰 즐거움 중 하나는 성취감이다. 그래서 무언가를 배우고 공부한 후 그것을 실천하는 것이 즐겁다. 투자도 마찬가지이다. 공부한 것을 실제로 해보고 수익을 내는 성취감이 즐겁다.

교사가 되고 다양한 경험을 하면서 나의 교사관도 바뀌었다. 처음에는 수업 잘하는 교사가 되고 싶었는데, 이제는 아이들의 행복한 꿈을 돕는 교사가 되고 싶다. 아이들의 행복이 최우선이라 생각한다. 하지만 미래가 어두우면 행복해지기가 어렵다. 돈 공부를 통해 자기가 관심 있고 좋아하는 것에 도전하는 것을 지원해주고 싶다. 내가 아는 분은 반려견을 좋아한다. 그것을 본인의 사업으로 확장시켜 펫과 함께 이용할 수 있는 숙소를 연계하는 어플을 만들고 중개수수료로 돈을 벌고 있다. 나는 아이들이 좋아하는 것을 토대로 사업을 키워 그것이 본인의 업이 되면 참 좋겠다는 생각을 한다. 그렇지만 본인이 무엇을 좋아하는지 모르는 아이들이 태반이다. 지켜보면 정말 안타깝다. 그래서 경제 공부를 통해 미래 유망한 업종이 무엇이고, 그것 중 내가 관심 있는 분야가 무엇인지 찾아보는 것이 중요하다고 생각한다. 『트렌드코리아』라는 책이 매년 나올 때마다 베스트셀러가 되는 이유를 알 것 같다. 사람들이 얼리어답터가 되고 싶어서 그런 것이 아니라 미래를 준비하는 작업을 그 책으로 하는 것 같다. 미래가 불투명하기에 미리 준비하는 것이다. 그것처럼 돈 공부는 앞으로 살아가는 데 길잡이가 되어줄 것이다.

지금은 퍼스널 브랜딩의 시대이다. 퍼스널 브랜딩이란 자신을 브랜드화하여 특정 분야에 대해서 먼저 자신을 떠올릴 수 있도록 만드는 과정, 특정 분야에서 차별화되는 나만의 가치를 높여서 인정받게끔 하는 과정이다. 퍼스널 브랜딩을 하기 위해서는 자신에 대해 먼저 알아야 한다. 돈 공부를 하면 자신에 대해 알게 되는 경험을 하게 된다. 지피지기면 백전백승이라는 말이 있다. 나를 알아야 투자에서도 성공할 수 있다고 생각한다. 또한 나를 알아야 인생을 행복하게 보낼 수 있다. '나답게' 투자하고, 그렇게 돈을 벌어 '나답게' 살아보자. 남의 눈치 보지 말고, 나의 행복을 최우선으로 생각하며 살아가자. 내 인생에 의미 있는 일을 하며 사는 것이다.

위닝북스 출판사 권 대표님은 "내가 나를 정의하지 않으면 남이 나를 정의하게 된다."라고 말씀하셨다. 내가 나를 정의하기 위해 돈 공부를 하며 나의 미래를 계획하고 계획을 실천하며 내가 누구인지 알아가는 시간을 가져보자. 남을 위한 삶이 아닌 나를 위한 삶을 살기를 바란다. 나의 행복리스트를 쓰고, 그것이 이루기 위해 공부를 한 후 투자든 창업이든 시작해보자.

03

경제 공부로 내 삶의 경제적 주도권을 가져라

코로나19 이후 주식 시장에서 동학개미운동을 이끌며 개인 투자자들이 많아지는 데 기여한 인물이 있다. 바로 메리츠자산운용 대표인 '존 리'다. 그는 이렇게 말했다.

"하루 커피 한잔을 마실 돈으로 경제 독립을 시작하세요."

커피 사 마실 돈으로 주식 1주씩을 사 모으라고 했다. 경제 독립을 위해서는 소비를 투자로 바꾸는 삶을 살아야 한다. 공부 잘하는 아이보다 자본가로 키우라고 존 리는 얘기한다. 나도 공감하는 바이다. 자본주의 사회에서 살아남기 위해서는 자본에 대해 알아야 한다. 돈을 필요한 곳에 쓰는 법, 절약하는 법, 저축하고 투자하는 법 등 자신의 경제생활을 계획하고 실행해야 한다. 경제적 주도권을 가진 경제 독립인이 되면 내 삶의 진짜 주인이 되어 행복한 부자가 될 수 있다.

커피 사 마실 돈, 과자 사 먹을 돈으로 주식을 시작할 수 있다. 본인의 주식계좌를 개설한 증권사에서 제공하는 해외 소수점 매수 등을 통해 애플, 테슬라, 아마존, 구글, 마이크로소프트 등의 주주가 될 수 있다고 앞에서 말했다. 1만 원대로 살 수 있는 ETF도 많다. 실행만 하면 되는 것이다.

벤저민 프랭클린은 『부자가 되는 길』이라는 책에서 다음과 같이 말한다.

"부자가 되고 싶으면 버는 것뿐 아니라 모으는 것도 생각하라. 서인도 제도를 정복했어도 스페인은 부자가 되지 못했다. 왜냐하면, 스페인은 수입보다 지출이 컸기 때문이다."

무언가 사고 싶은 소비 욕구가 들 때는 그냥 주식 1주를 사버리자. 애플 0.0001주로 미래를 위한 소비를 하는 것이다. 나에게는 투자가 저축

이자 소비라고 생각하는 것이다. 물건을 사는 소비로 플렉스하는 것이 아닌 "투자로 플렉스 해버렸지 뭐야." 이렇게 말하는 삶이 훨씬 힙하다.

그렇다면 투자를 위한 경제 공부를 할 때 꼭 알아야 할 경제 개념은 무엇일까? 한 가지만 꼽으라고 한다면 '금리'라고 말하고 싶다. 유럽의 워런 버핏이라 불리는 앙드레 코스톨라니도 투자를 결정하는 기준은 바로 '금리'라고 말했다. 금리와 관련된 경제 내용을 들려주겠다.

우리나라는 한국은행에서 원화를 발행한다. 그렇다면 달러를 찍는 곳이 어디일까? 바로 연방준비위원회(Fed, 연준)다. 미국의 중앙은행 역할을 하는 은행을 위한 민간단체이다. 미국은 중앙은행 한 개가 아니라 열두 개 지점의 연방준비은행이 있고 이를 총괄하는 역할을 하는 기구가 Fed이다.

Fed는 미국의 통화 정책(기준금리, 양적완화, 테이퍼링 등)을 결정한다. 현재 연준이사회 의장은 '제롬 파월'이고 세계 경제 대통령이라 불린다. 파월 의장의 발언이 있을 때마다 전 세계가 주목한다. 최근 제롬 파월의장은 기준금리 추가 인상 가능성을 시사했고, 현재 우리나라 한국은행은 기준금리를 1.25%로 올렸다. 그렇지만 이것은 당연한 처사다. 미국이 기준금리를 인상하려는데 우리나라는 기준금리를 올리지 않으면 어떤 일이 일어날까? 돈은 금리가 낮은 곳에서 높은 곳으로 이동한다. 예를 들어 연 1% 금리의 예금과 연 5% 금리의 예금이 있다면 당연히 연 5% 이자의 예금을 선택하는 것처럼 말이다.

더 자세한 예시를 이해하기 위해서는 환율 개념부터 알고 가보자. 전 세계는 같은 통화를 사용하지 않는다. 달러, 위안화, 유로화, 원화 등 다양하다. 이 통화들을 서로 교환할 때의 비율이 환율이다. 환율이 1달러 =1,200원이라면 1달러를 1,200원으로 바꿔준다는 것이다. 쉽게 말해 환율은 '달러 가치'라고 생각하면 된다. 환율이 1달러=1,000원에서 1달러 =2,000원으로 올랐다면, 예전에는 1달러를 가지면 1,000원으로 바꿔줬다면 이제는 2,000원으로 바꿔주니까 달러 가치가 상승한 것이다. 하지만 예전에는 2,000원으로 2달러를 바꿀 수 있었는데 이제는 1달러밖에 못 바꾸기 때문에 원화 가치는 그만큼 하락한 것이다. 환율이 상승하면 달러 가치가 상승하고 원화 가치는 하락한다.

조금 더 심화시켜보겠다. 환율이 1달러 2,000원일 때 한국 은행에 1만 원을 예금한다면 5달러를 원화로 바꾸어 예금한 것이다. 그러다가 환율이 1달러에 1,000원이 되었다면 예금한 1만 원은 10달러가 된다. 처음 투자금은 5달러였는데 환율이 낮아지니 10달러를 벌게 된 것이다. 1만 원이 환율 변화로 5달러에서 10달러의 가치로 바뀌었다. 이처럼 달러 가치가 하락하고 원화 가치 상승이 예상될 때 한국으로 투자가 몰린다. 이것과 마찬가지로 돈은 '돈의 가치' 즉 금리라고 하는 것이 낮은 곳에서 높은 곳으로 이동한다.

본론으로 돌아가 미국이 기준금리를 인상하려는데 우리나라는 기준금리를 올리지 않으면 어떤 일이 일어날까? 이 상황에서는 달러 가치가 원화 가치보다 높아지게 된다. 그렇다면 사람들은 달러에 투자한다. 즉, 금리가 낮은 한국에서 원화를 빌려 달러로 바꾼 다음 금리가 높은 미국에 투자하게 된다. 국내 투자 시장에 악재인 것이다. 이러한 이유로 인해 미국이 금리를 높이면 우리도 함께 금리를 높일 수밖에 없는 것이다.

나는 전 세계의 나라 지수 ETF에 투자하기 때문에 나라별 금리를 예민하게 주시한다. 금리가 올라가면 굳이 위험한 주식보다는 채권, 예금에 투자하면 되기 때문에 주식 시장에서 금리 상승은 악재다. 따라서 금리가 상승해 주식 시장이 좋지 않을 때는 현금을 보유하고 있다가 금리가 하락해 주식 시장이 좋을 때 보유한 현금으로 주식 매수를 하면 부의 추월차선을 탈 수 있다고 생각하면 된다. 코로나19로 금리가 내려갔을 때 주식 투자에 성공한 사람들이 많았던 이유가 이 때문이다. 금리에 대해 알고 금리에 따라 주식, 채권, 부동산, 예금, 금 등 다양한 자산에 투자를 어떻게 할지 포트폴리오를 짜는 전략은 매우 중요하다.

이렇게 경제 공부를 하면 어떻게 내가 돈을 벌어야 하는지가 보인다.

나는 경제 공부를 하면서 파이어족을 꿈꾸게 되었다. 보통의 파이어족에게 필요한 은퇴자금을 계산해보면 '4%의 법칙'이 적용된다고 한다. 이 법칙에 의하면 필요한 연평균 생활비에 4%의 역수인 25를 곱하면 은퇴자금이 계산된다. 1년 최소 생계비의 25배를 모으고 은퇴하는 것이다.

계산해보니 나에게 필요한 1년 생활비는 약 2,000만 원이다. 여기에 25를 곱하면 5억이 된다. 나는 5억이 있으면 조기 은퇴가 가능하다. 이것은 파이어족으로 살기 위한 최소한의 은퇴자금이다. 따라서 매달 생활비 명목으로 일정한 수익 파이프라인을 생각해둬야 하는데, 나는 그것을 현재 '주식'으로 정했다.

또한 내 파이어족 DNA는 현금 흐름형 파이어족이라는 결론을 내렸다. 즉, 나는 수익률이 낮더라도 월급처럼 매월, 매 분기 꾸준히 수익을 내는 것을 가장 선호한다는 것이다. 그러므로 현금 흐름을 확보한다면 언제든 조기 은퇴가 가능할 것이다. 투자자로 최소 5억을 현금으로 모은 후 조기 은퇴를 고려 중이다.

조기 은퇴 후 미국 귀족 배당주, ETF 등에 투자하며 현금 흐름형 자산을 모을 생각이다. 배당금을 받으면서 주식으로 월급 받기를 할 것이다. 콘텐츠(SNS) 투자로 나만의 퍼스널 브랜딩을 해 살아가는 것도 고려 중이다. 은퇴 후 내가 좋아하는 일을 하며 돈 버는 것을 꿈꾼다. 파이어족으로 살아가면서 내가 좋아하는 것들을 블로그, 인스타그램 등 SNS에 올리며 파이어족의 삶을 공유하고 싶다.

내가 행복해하는 일만 하며 하루하루를 보내는 삶. 상상만 해도 눈물이 날 정도로 내가 원하는 삶이다. 나로 태어나서 나를 위해서 살아가는 삶. 그걸 굳이 정년 은퇴 시기가 아닌 한 살이라도 젊을 때 시도해보고 싶다. 이렇게 경제적 자유를 누려 내가 원하는 대로 살아가는 것을 꿈꾸게 된 것도 투자자가 되었기에 가능한 것이다. 소비 요정이었던 내가 투자 요정이 되어 경제적 주체가 되어 살아가기 시작했다. 그 기업과 동업한다는 생각으로 좋은 주식은 오래 보유하면서 경제 독립인으로 살아갈 것이다.

월급쟁이로서 은퇴까지 매년 달력에서 빨간 날이 언제인지 검색하는 삶, 알람에 의해 일어나고 눈 뜨는 삶을 살고 싶지 않다. 쉰포족(쉼포족)으로서 회사를 위해 야근을 하고, 쉼을 포기하고, 내가 아닌 남을 위해 사는 삶은 너무나 불행한 삶이다. 돈 공부를 하고 자본가로 살면서 경제적 주체가 되어 살아가자. 소비로 스트레스를 풀지 말고 투자하며 스트레스를 풀자. 이 투자가 나에게 장밋빛 미래를 가져올 것이다.

04

부자가 되는 꿈을 키워라

　세계 10위 안에 드는 부자는 누구일까? 미국 경제 전문 잡지 〈포브스〉 사이트에 들어가면 실시간으로 세계 부자 순위를 알 수 있다. 2022년 2월 1일 기준으로 1위부터 10위까지를 나열해보겠다. 1위 일론 머스크(테슬라, 스페이스X 회장), 2위 베르나르 아르노(루이비통 회장), 3위 제프 베이조스(아마존 회장), 4위 빌 게이츠(마이크로소프트 기술고문), 5위 래리 페이지(구글 창업자), 6위 세르게이 브린(구글 창업자), 7위 워런 버핏(버크셔 해서웨이 회장), 8위 마크 저커버그(메타 회장, 구 페이스북 창업자), 9위 래리 앨리슨(오라클 회장), 10위 스티브 발머(전 마이크로소프트 회장)이다.

　이들의 공통점은 사업을 통해 부자가 되었다는 것이다. 그리고 그들이
만든 기업의 주식이 올라 세계적인 부자가 되었다. 그들 중 한 명도 월급
쟁이는 없다. 월급 받는 노동자로는 부자가 되기 어렵다. 하지만 우리나
라 장래 희망 순위에 꼭 드는 것 중 하나는 '공무원'이다. 안정적인 삶을
추구하는 것이다. 평범하게 산다는 것은 노예로 사는 것과 다름없다고
앞에서도 얘기한 적이 있다. 회사의 부속품이 되지 말고, 자신을 위해 일
하는 삶을 살며 성장하길 바란다.

　부자는 어떻게 하면 될 수 있을까? 투자 혹은 창업이 답이라고 생각한
다. 월급쟁이가 부자가 되는 방법으로는 투자가 있다. 부동산, 주식, 코
인, 금 등 투자 방법은 다양하다. 저축으로 부자가 되기는 정말 어렵다.
부자가 되고 싶다면 안정성만 추구하지 말고 리스크를 가진 투자를 해보
자. 리스크가 커야 소득도 커진다. 어느 정도 모험을 감수해야 돈을 더
많이 벌 수 있다.

　『부의 추월차선』 책을 읽고 시스템이라는 파이프라인을 만들어 추월차
선식 부를 이루어야함을 이해할 수 있었다. 요약해서 적어보겠다.
　위대한 이집트 파라오는 조카 A와 B를 불러 조국을 위해 기념비적 피

라미드를 두 개 지어 바치라고 했다. 파라오는 피라미드를 먼저 완성한 조카에게 왕자의 지위를 주고, 수많은 재물과 함께 호화롭게 살도록 해주겠다고 했다. A는 무거운 돌들을 끌어다가 즉시 피라미드를 만들기 시작했다. 1년이 지나자 A는 피라미드의 사각대형을 완성했다. 하지만 B의 피라미드가 서야 할 자리는 1년 전과 다를 바 없이 계속 공터였다. A는 B를 찾아갔다. B는 헛간에서 무언가 열심히 만들고 있었다. A는 1년 동안 돌 하나 쌓지 않고 이상한 기계나 만지는 B를 비난하고 떠났다. 그렇게 또 1년이 지나 A는 피라미드의 기초를 마무리 후 두 번째 층을 쌓으려 했다. 하지만 돌이 무거워 두 번째 층까지 끌어올리기 어렵자, 이집트에서 가장 힘이 센 사람을 찾아가 강한 근육을 키우는 법을 배웠다. 그렇게 힘이 세진 A는 두 번째 층을 쌓을 수 있었다. 그러는 사이에도 B의 피라미드 부지는 여전히 텅 비어 있었다. 또 한 해가 가고 A는 더 높은 층으로 돌을 옮기기 위해 운동하며 힘을 기르는 데 대부분의 시간을 쓰며 무거운 돌을 피라미드 위로 천천히 끌어올렸다. 이 속도라면 30년은 걸릴 것으로 예상되었지만, 라이벌인 B는 아직 돌 하나 쌓지 않았으니 전혀 걱정하지 않았다.

그러던 어느 날, B는 지지대, 바퀴, 지렛대, 밧줄 등이 복잡하게 얽힌 약 8m에 달하는 거대한 기계를 옮겨왔다. 이 희한한 기계는 무거운 돌을 번쩍 들어올려 피라미드 기초를 쌓았다. A가 기초 쌓는 데 1년이 걸렸던 일이 B에게는 일주일밖에 걸리지 않았다. 그렇게 8년이 지나 B는 피라미드를 완성했다. 시스템을 만드는 데 3년이 걸렸고, 시스템을 사용해 효과를 거두는 데 5년이 걸렸다. B는 왕자의 지위를 얻고 엄청난 재물을 받았다. 반면 A는 피라미드를 결국 완성하지 못했다.

이 우화를 통해 얻을 수 있는 교훈은 무엇일까? 서행차선에서는 본인이 직접 돌을 들어올리고 오랜 시간이 걸렸던 반면, 추월차선에서는 본인 대신 돌을 들어 올릴 시스템을 구축하여 빠른 시간 내에 완성하였다는 것이다.

즉, 이것을 돈 버는 것과 관련시켜보면 노동소득으로 부자가 되기는 오랜 시간이 걸리니, 돈이 돈을 버는 시스템을 구축해야 한다는 것이다. 투자, 창업을 통해 소비자가 아닌 생산자로 살아가는 것이 시스템 구축의 한 방법이다.

유대인들 중 창업을 통해 세계 부자가 된 사람들이 많다. 유대인들은 성인식에서 받았던 축의금을 가지고 성인이 되었을 때 창업을 시작하는 경우가 많다. 오늘만 해도 나는 '구글'로 궁금한 것을 검색하고 '스타벅스'에서 '유튜브'를 시청하였는데, 내가 이용한 기업들의 공통점은 모두 유대인들이 세운 기업이라는 것이다. 전 세계의 0.2%에 불과하지만 전 세계에 영향력을 미치는 유대인은 창업을 중시한다. 『잠든 사이 월급 버는 미국 배당주 투자』라는 책에서 나온 유대인 전문가인 홍익희 교수가 말한 '유대인 창업 마피아'는 흥미로웠다. 유대인 창업 마피아란 유대인들끼리 서로 끌어주고 밀어주며 도와주는 창업 네트워크가 있다는 것이다. 창업에 실패해도 세 번까지는 도와주는 유대인 네트워크의 백그라운드 정책 덕분에, 맘 놓고 실험정신을 뿜어낼 수 있는 여건이 조성되어 있으며, 세계를 대표하는 거대 기업으로 성장할 수 있는 토대와 자양분을 갖게 된다고 한다. 이러한 유대인 문화를 보고, 유대인이 세운 기업에 대한 믿음이 생겨 유대인이 CEO인 기업 중 꾸준히 배당을 지급해온 기업들인 마이크로소프트, 스타벅스 등에 관심을 가지고 투자하고 있다.

이처럼 노동자가 아닌 창업가, 투자자로 살아가는 꿈을 키워야 할 것이다. 대다수가 공무원이 되고 싶어하는 사회는 발전적인 사회는 아니라고 생각한다. 본인이 주체적인 삶을 살아가려면 이제는 학교 교육도 바뀌어야 한다.

나는 수시에 합격해 대학을 간 케이스다. 수시면접은 질문지 중에서 하나를 뽑고 그것에 대해 답변하는 형식으로 진행되었다. 내가 뽑은 질문 중 하나가 "요즘 학교 폭력 문제가 심각한데, 교사가 된다면 그것을 어떻게 해결할 것인가?"였다. 나의 대답은 "교육부 장관도 해결을 못하는 일을 이제 사범대에 입학하고 싶어 하는 저에게 물어보시니 아직은 드릴 말씀이 없습니다. 사범대에 들어가고 나서 그 문제에 대한 현실성 있는 답을 고민해보겠습니다."

내가 생각해도 참 당돌한 학생이었다. 자신감이 좋아보였던 것인지 다른 질문에 했던 답변이 괜찮았던 건지 운 좋게도 합격을 했다. 하지만 정말로 경험해보지 않으면 그것에 대해 알기가 어렵다. 나는 학교에서의 금융 교육도 위 사례와 비슷하다고 본다. 자본주의 사회에 살면서 학교는 '자본'에 대해 가르치지 않는다. 자본에 대해 일부러 가르치지 않는 것은 아니고, 교사들도 '자본'에 대해 잘 모른다고 생각한다. 내가 학생이었을 때도 학교에서 돈과 관련된 공부를 배운 적이 거의 없다. 그렇게 성장한 나처럼 보통의 교사들도 입시 위주의 교육을 받아왔다. 그렇기에 보통의 교사들도 금융 교육의 필요성은 느끼지만 본인들도 잘 모르니 학생들에게 금융 교육을 하기가 어려운 것이다.

다행스럽게도 나는 투자자가 되면서 돈 공부를 하게 되었고, 이제는 자본주의 사회를 살아가는 학생들에게 자본에 대해 조금씩 가르칠 수 있게 되었다. 그러나 여전히 학교에서 증권사 어플에 들어가면 '비업무용 사이트 접속차단'이라는 화면이 뜨고, 업무 시간에는 주식 하지 말라는 얘기를 듣는다. 국내 주식 시장은 9시에 시작해서 15시 30분에 장이 마감된다. 근무시간과 국내 주식 시장 시간이 겹친다. 이제는 클릭 한 번으로 주식거래를 할 수 있다. 당연히 업무에 지장을 주지 않는 선에서 화장실에 갈 때, 밥 먹을 때 주식 창 정도는 볼 수 있는 것 아닐까.

교사는 학생들에게 간접 경험을 해주게 하는 사람이라고 생각한다. 교사가 해보지 않은 것을 학생들에게 가르치기는 어렵다. 자본주의 사회에서 자본을 버는 방법이 노동에만 국한되는 것이 아님을 가르치고 싶다. '교육의 질은 교사의 질을 넘지 못한다'는 말이 있다. 교사들의 주식 투자를 막지는 말았으면 하는 바람이 있다. 주식에 빠져 업무를 등한시하는 경우는 처벌받아 마땅하다. 교사들이 투자자로 살아가야 학생들도 투자자로 자라날 수 있는 확률이 높아진다고 생각한다. 그 밖에도 교사들을 위한 금융 교육 연수가 활성화된다면 학교에서의 금융 교육이 지금보다는 활성화될 것이라고 본다. '자본'에 대해 가르치는 학교를 꿈꾸며 나부터 금융 교육을 실천 중이다. 올해 목표는 창업 쪽에도 관심을 가지고 기업가정신을 학생들과 얘기 나누며 함께 공부해보고 싶다. 사업가를 기르는 창업 교육에도 관심이 생기기 시작했다. 돈 쓸 줄 아는 부자 빌 게이츠처럼 내가 사회에 많은 것을 받았다고 생각하고 그것을 다시 사회에 환원하며 기부하는 멋진 유대인들의 문화도 함께 알려주고 싶다.

부자라는 꿈을 이루기 위해서는 모험을 할 줄 알아야 한다. 노동소득으로 부의 격차를 따라잡을 수는 없다. 다른 평범한 사람들처럼 살지 않으려면, 다른 사람들이 하지 않는 걸 해야 한다. 진짜 부자가 되고 싶다면 성공한 부자들을 따라 하면 된다. 창업가, 투자자라는 길을 가면 된다. 투자는 자산증식을 이루어내어 내가 원하는 삶을 더 빨리 살기 위해 하는 것이다. 저축 대신 주식 투자를 하는 용기를 내보자.

05

돈 공부가 미래의 워런 버핏이 되게 한다

2019년 이베이에서 가장 비싸게 팔린 품목은 투자의 귀재 '워런 버핏과의 점심 식사권'이었다고 한다. 우리나라 돈으로 약 54억으로 경매에 낙찰되었다.

2000년부터 워런 버핏은 매년 자신과 점심 식사를 하면서 질문을 할수 있는 점심 식사권을 경매에 붙여왔다. 낙찰자는 버핏과 함께 식사를하며 향후 투자처 등에 대한 질문을 할 수 있다. 워런 버핏은 경매 수익금을 자선단체에 기부한다. 사람들은 큰돈을 지불할 만큼 워런 버핏의 투자법, 투자철학 등에 관심이 많고 배우고 싶어 한다. 투자에 성공하고 싶다면 전 세계 대표 투자자라고 할 수 있는 워런 버핏을 따라 하면 된다고 생각한다. 그는 성공적 투자에 있어 살아 있는 멘토이다.

워런 버핏에 관한 책들을 읽으며 배울 점이 많았는데 특히 이 책을 읽는 10대는 워런 버핏이 한 것 중 최소한 2가지만큼은 실천했으면 한다. 첫 번째는 복리 효과를 누리기 위해 최대한 빨리 투자를 시작해야 한다는 것, 두 번째는 책을 많이 읽으라는 것이다.

첫 번째, 복리 효과를 누리기 위해서 최대한 빨리 투자를 시작하라.
워런 버핏은 여섯 살 때부터 작은 사업을 시작했고, 열한 살 때 주식 투자를 시작했으며, 스무 살이 되었을 때는 사업가로서 투자가 가능할 만큼 자산을 모아둔 상태였다고 한다. 사업의 성공과 관련 있는 요소는 시작한 연령이다. 버핏뿐만 아니라 스티브 잡스는 21세 때 애플을 창업했고, 마크 저커버그는 20세 때 페이스북을 창업했고, 두 사람 모두 20대에 큰 부자가 되었다.
버핏의 공식 첫 자서전의 제목은 『스노우볼』이다. 어릴 적부터 '작은 눈덩이'를 굴리기 시작했다는 사실에서 유래했다. 일찍 출발해야 복리의 힘으로 부자가 될 수 있다는 것을 '스노우볼' 개념으로 알려주고 있다. 복리 개념부터 알아보자.

단리는 원금에 대해서만 이자가 붙고, 복리는 (원금과 이자를 합한 것에) 이자가 중복되어 붙는다는 뜻이다. 주식 투자는 복리 효과를 누릴 수 있다고 말한다. 예시로 알아보자. A주식을 샀는데 오늘 수익률이 10% 오르고, 내일 또 10%가 오른다면 주식은 이틀간 총 몇 프로의 수익률을 거둔 것일까? 20%라고 생각하는가? 딩동댕이 아니고 땡이다. 오답이라는 사실에 어리둥절할 수 있다. 쉽게 풀어서 설명해주겠다.

A주식을 살 때 1주 주가가 10만 원이었다고 가정하자. 오늘 10% 오르면 A주식은 11만 원이 된다. 11만 원의 A주식이 다시 다음날 10%가 오르면 12만 원이 아닌 12만 1,000원이 된다. 10만 원이라는 원금에 이자 10% 이자를 합친 11만 원이 다음날의 원금이 되어 그것에 또다시 10%의 이자가 붙은 것이다. 결론적으로 이렇게 해서 정확한 수익률은 21%가 오른 것이다. 액수가 클수록 이 1%의 힘은 절대 무시할 수 없다. 그동안 우리가 예적금통장을 만들려고 할 때 조금이라도 더 이율 높은 곳을 찾아갔던 것을 떠올려보면 될 것이다.

다음은 워런 버핏의 1965년 투자자보고서에 있는 워런 버핏이 제시한 10만 달러의 투자 시 투자 기간별 복리 수익률 표라고 한다. 이 표는 복리의 위력을 보여주는데, 10만 달러를 10~30년에 걸쳐 4~16%의 복리로 불릴 경우 얻을 수 있는 총 수익을 보여주는 표이다.

(단위: 달러)	4%	8%	12%	16%
10년	48,024	115,892	210,584	341,143
20년	119,111	336,094	864,627	1,846,060
30년	224,337	906,260	2,895,970	8,484,940

이 표를 통해 무엇을 느꼈는가? 복리 효과를 누리기 위해서는 수익률도 중요하지만, 기간이 매우 중요하다. 시간이 흐를수록 기하급수적으로 돈이 불어난다. 현재 90세가 넘는 워런 버핏은 11세에 주식 투자를 시작했고 그가 이룬 부의 대부분은 50세가 넘어 발생했다. 현재 자산의 약 90%를 65세에 일군 것으로 알려져 있다. 워런 버핏처럼 꾸준히 주식을 모으며 장기 투자하여 복리 효과를 누려야 한다.

복리 효과와 관련하여 '72의 법칙'을 기억하면 도움이 될 것이다. 72의 법칙은 복리 효과를 누릴 때 원금의 두 배가 되는 기간을 알려준다. 72를 '수익률'로 나눌 때, 원금의 두 배가 되는 기간이 계산된다. 예시로 이해해보자. 내가 1,000만 원의 원금을 워런 버핏이 투자하라고 한 S&P 500 지수를 따라가는 'SPY' ETF에 투자했다고 가정해보자. SPY의 최근 10년 연평균 수익률은 12%이다. 1,000만 원 원금이 두 배, 즉 2,000만 원이 되는 데는 얼마나 걸릴까? 72÷12=6, 즉 6년이 걸린다. 6년마다 원금이 2배가 된다. 40세에 SPY에 1,000만 원 투자를 시작했다고 해보자.

46세에 2,000만 원, 52세에 4,000만 원, 58세에 8,000만 원, 64세에 1억 6,000만 원, 70세에 3억 2,000만 원이 된다. 40세에 투자하면 30년 후인 70세에 약 32배의 돈을 벌게 된다. 이것도 많다고 생각할 수 있지만 더 일찍 투자하면 어떤 일이 일어날까?

이 책을 읽고 10대부터 SPY에 투자한 학생이 있다면 어떻게 될지 살펴보자. 워런 버핏처럼 11세부터 투자했다고 가정해보자. 금액은 동일하게 1,000만 원만 투자한다고 가정하자. 17세에 2,000만 원, 23세에 4,000만 원 … 30년 후인 41세에 3억 2,000만 원이 된다. 그럼 이 사람은 70세 즈음에 이 돈이 얼마가 될까? 47세에 6억 4,000만 원, 53세에 12억 8,000만 원, 59세에 25억 6,000만 원, 65세에 51억 2,000만 원, 71세에 102억 4,000만 원이 계산된다. 70세에 100억 자산을 가지게 된다. 이것이 오랫동안 복리로 장기 투자했을 때의 힘이다. 11세 때의 1,000만 원이 70세에 100억이라는 돈이 되어 있는 것이다. 이래도 안 할 것인가? 그리고 1,000만 원에 중간중간 투자금을 더 넣으면 금액은 복리 효과로 더욱 커져 있을 것이다. 그러니 소비를 줄여서 투자해야 한다. 또한 배당금으로 들어오는 돈도 소비를 할 것이 아니라 다시 주식을 매수하는 데 재투자해야 한다. 세계적인 부자 워런 버핏은 검소하기로 유명하다. 주식이 햄버거이고, 오래된 집에서 아직까지 거주할 정도로 소박한 삶을 살고 있다. 왜일까? 그는 복리 효과로 돈이 스노우볼처럼 굴려져서 엄청나게 많아지는 것을 경험했기에 절약하며 투자금을 늘리기 위해 노력하는 것이다. 여기까지 읽은 10대라면 소비를 줄이고 투자를 시작해야 함을 느꼈을 것이다. 1만 원대로도 S&P 500 지수를 따라가는 ETF상품이 있다고 4장에서 소개했으니 바로 시작할 수 있을 것이다.

두 번째, 책을 많이 읽어라. 워런 버핏은 매일 80%의 시간을 책 읽기에 투자한다고 한다. 그는 책을 읽으며 미래를 대비한다. 워런 버핏의 버킷리스트는 다음 사업 구상을 하며 인생을 즐기는 것이라고 한다. 본인의 일을 즐기고 새로운 도전을 할 때 90세가 넘는 워런 버핏은 희열감을 느낀다고 한다. 그는 독서를 하며 사업 구상을 하고, 투자처를 찾는다.

부자가 되고 싶어 여러 부자들에 대해 조사하며 알게 된 사실이 있다. 대부분의 부자는 '독서광'이다. 성공하고 싶다면 성공자를 따라 하면 된다. 투자자로 살아가려면 앞으로 금융경제, 투자와 관련된 책을 많이 읽어야 할 것이다. 하지만 평소 책을 읽지 않았던 사람이라면 난감할 것이다. 어떻게 책을 읽어야 하는지도 잘 모르니 말이다. 책을 거의 읽어보지 않았거나 투자가 처음이라면 관련 책들 중에서 최대한 쉽게 쓰인 책부터 읽으면 도움이 될 것이다. 쉬운 책으로 시작하여 관련 분야의 다양한 책을 읽어야 하는데 시간은 한정되어 있다. 속독을 할 필요는 없다. 〈한책협〉 김태광 대표 코치님께서 알려주신 '24 20법칙'으로 독서를 습관화하는 것을 추천한다. 바로 24시간 안에 핵심 부분 20%를 먼저 읽어보는 것이다. 서문, 목차 등을 보며 핵심부터 먼저 읽고, 목차를 보고 필요한 부분만 골라 읽으면 된다. 필요한 부분만 핵심 독서로 발췌해서 읽으면 여러 권의 책을 읽을 수 있다. 결국 중요한 내용은 여러 책에서 반복되기 때문에 발췌해서 읽어도 충분하다.

책을 읽는 것보다 더 중요한 것은 실행이다. '나는 책을 많이 읽어도 왜 나아지는 것이 없을까' 하는 생각을 했다면 바로 실행을 하지 않았기 때문이다. 독서라는 인풋만 할 것이 아니라 실천이라는 아웃풋을 해야 한다. 그래서 핵심 독서법으로 발췌독만 해도 충분하다는 것이다. 한 책에서 한 문장만 얻어도 충분하다. 그 문장을 내 삶에서 어떻게 녹여낼지를 고민해야 한다. 독서가 자기 계발이 아니라 독서 후 내 행동 변화가 진짜 자기 계발이다.

워런 버핏을 포함한 세계 10대 부자들의 공통점은 모두 기업가였다. 큰 부자가 되려면 창업을 하고, 큰 기업으로 키워야 한다. 워런 버핏은 하루에 10시간을 정보 수집과 분석에 매달린다고 한다. 11세부터 투자를 해온 버핏도 공부를 하고 투자를 한다.

또한 워런 버핏은 투자란 소비를 미루는 것이라고 말한다. 이제 투자를 시작하는 10대들은 소비를 줄여서, 용돈 중 일부인 1만 원으로라도 주식 투자를 하라고 말하고 싶다. 앞에서 설명했듯이 복리 효과를 누리기 위해서는 하루라도 빨리 투자를 시작해야 한다. 이 책을 읽고 복리효과에 대해 이해한 당신은 행운아다. 당신도 미래의 워런 버핏이 될 수 있다. 하지만 책을 통해 계속 돈 공부를 하며 자신만의 투자 방법, 투자 원칙을 만들어가는 것도 잊지 말고 병행해야 한다. 빨리 투자 시작하기, 책 읽고 실행하기, 이 2가지를 꼭 기억하자.

06

자신과의 싸움에서 이기는 투자자가 되라

"주식 투자를 시작하고 싶은데, 엄마가 주식계좌를 안 만들어줘요."

"부모님이 주식 같은 소리 하지 말고, 학교 공부나 열심히 하래요."

학교에서 주식 투자에 대해 학생들과 이야기하면 많이 듣는 말이다. 하지만, 그런 말은 주식 투자를 하지 않는 자신에 대한 변명일지도 모른다. 부모님을 핑계로 지금의 편안한 현실에 안주하려는 것이다. 그렇게 살다 보면 계속 저축만 하고, 소비를 투자로 바꾸지 못하며 살아갈 확률이 높아진다.

내가 진짜 하고자 한다면 부모님을 설득하면 된다. 이 책을 읽고 왜 주식 투자를 해야 하는지 본인이 깨달은 바를 부모님께 설명할 수 있으면 된다. 나도 처음 주식 투자를 한다고 했을 때 부모님, 남편 모두 걱정했고, 말리는 편이었다. 하지만 어떤 일을 할 때 가장 먼저 설득하고 납득시켜야 하는 사람은 바로 본인 자신이다. 본인도 그것에 대한 확신이 없는데 남을 어떻게 설득할 수 있을까. 가족, 친구, 지인 중에 드림킬러가 많다고 한다. 내 꿈을 죽이는 사람들이 나와 가장 가까운 사람들이라는 것이다. 가보지 않은 것들을 한다고 하면 왜 하려고 하냐며 걱정되는 마음에 말린다.

하지만 결국 드림킬러는 본인 자신이라고 생각한다. 내 인생은 내 것인데, 그들이 내가 하고 싶은 것을 막는다고 그대로 주저앉을 것인가? 선택도, 책임도 내가 지면 되는 것이다. 책임지기 싫다고 남 탓을 하는 것은 비겁한 행동이다. 주식 투자를 시작하지 못하는 것은 아직 내가 준비가 안 되었기 때문이다. 내가 투자를 하고 싶은 이유와 앞으로 어떻게 할지를 부모님 앞에서 설명하고 설득하고 시작하면 된다.

그렇게 부모님을 설득해 주식 투자를 하고 나서도 멘탈이 흔들리는 순간이 종종 올 것이다. 바로 주식장이 좋지 않을 때이다. 하지만 좋은 종목에 투자한다면 바로 그때가 기회다. 주식 시장에서는 위기가 곧 기회이다.

코로나로 2020년 3월 당시 1400포인트대까지 떨어졌던 코스피 지수는 18개월 만에 3300포인트를 돌파했다. 2020년 동학개미 열풍이 불면서 주식에 투자하는 사람의 숫자도 증가했다. 내가 4장에서 말한 지수 추종 ETF만 투자했어도 코스피가 상승했기에 돈을 벌었을 텐데 주린이의 절반 이상이 손실을 본 것으로 나타났다. 그 이유는 무엇일까? 불나방처럼 주식에서 대박만을 노리며 투기성으로 뛰어들었기 때문이다. 지인에게 소개받아 어떤 업종인지도 제대로 알아보지 않고 재무제표 분석도 하지 않고 코스닥 종목에 투자하고, 종목 토론방을 기웃거리다 들은 정보로 묻지 마 투자를 해 손실을 보는 것이다. 그렇게 내가 산 종목에 대한 공부는 없이 주가가 떨어져도 언젠가는 오르겠지라는 희망회로를 돌린다. 저점의 싼 가격이라 생각될 때 또다시 해당 종목을 매수해서 평균단가를 낮추려는 '물타기'라는 것을 하게 된다. 하지만 시장은 누구도 예측할 수 없다. '그 가격이 바닥인 줄 알았는데 지하 10층까지 있더라'는 말은 주식 시장에서 자주 들리는 말이다. 주가가 더 빠지면 또다시 멘탈이 흔들리고 두려워진다.

그렇게 되면 주식을 하는 게 아니었구나 하고 주식 투자에 대한 회의감과 부정적인 생각을 갖게 된다. 투자자로 살려고 했던 것을 포기하고, 다시는 주식하지 않겠다고 다짐하며 투자의 세계를 떠나가는 사람이 많다. 주식 투자하는 방법이 틀린 것이었는데, 주식 투자 자체에 대해 회의

적으로 변한다. 남이 좋다고 하는 주식은 사지 말자. 내가 해당 기업을 분석하지 않아 충분한 지식 없이 들어가면 결국 매도 타이밍도 남에게 의존해야 한다. 최소한 시장을 조금이라도 읽는 눈을 가지고 투자를 해야 한다.

주식장이 파란 불일 때도 떠나지 않고 버틸 수 있게 해주는 것이 돈 공부와 투자 일기를 쓰는 것이다. 투자 일기를 쓰며 내 감정을 다스리고, 투자 안목을 기르는 준비를 하는 것이다. 투자 일기를 꾸준히 쓰면 앞으로의 내 투자 원칙을 세우고, 투자 시나리오를 쓸 수 있게 된다.

뉴스를 보며 세상의 흐름을 파악하는 것은 중요하다. 하지만 뉴스에 끌려가면 안 된다. 거짓 뉴스가 많다. 뉴스를 보고 좋은 주식을 선택 할 수 있었다면 주식 투자는 굉장히 쉬웠을 것이다. 하지만 주식 시장은 뉴스에 선행하는 편이다. 좋은 실적이 발표되기 전에 그것을 예상하고 주식이 오르는 것이다. 뉴스는 참고만 할 뿐 실제 경험하며, 경험한 것을 투자일기에 담으며 올바른 나의 투자 원칙을 세우는 것이 중요하다. 나는 멘토가 있었음에도 여러 시행착오를 거쳤다. 성공자의 말을 따르면 되는 것이었는데, 더 큰돈을 벌어볼까 싶어 지인이 좋다고 소개한 주식 종목을 팔랑귀가 되어 사버리고 아직 마이너스 수익률이라 팔지 못하고 있는 것도 있다. 그 후 투자 일기에 내가 분석하지 않은 종목은 절대 사지 않겠다는 멘트를 적어두었다.

주식 투자를 망설이는 가장 큰 이유는 무엇일까? 나는 '두려움'이라고 생각한다. 내 돈을 잃을 수 있다는 두려움 말이다.

『부자아빠 가난한아빠』의 저자로 유명한 로버트 기요사키는 대부분의 사람이 부자가 되지 못하는 가장 큰 이유는 그들이 지는 것을 두려워하기 때문이라고 했다. 진정한 승자는 패배를 두려워하지 않는다. 실패란 성공 과정을 구성하는 일부라 실패를 피해 가는 사람들은 결국 성공 또한 피해 가게 될 것이다.

투자의 귀재라는 워런 버핏도 투자에 실패한 사례가 여러 번 있고, 8,000억가량 사기당했던 적도 있다고 한다. 누구나 실패할 수 있다. 그렇기에 하루라도 어린 나이에 주식 투자를 해보는 것이 좋다고 생각한다. 실패를 맛본다 해도 어린 나이일수록 소액으로 시작하기에, 수업료를 지불한 셈 치면 된다. 실패에서 배우기 때문에 실패한 경험은 나의 자산이 된다. 그렇지만 실패를 했을 때도 모든 일이 나로 인해 발생했다는 책임의식이 있어야 한다. 그리고 실패의 원인을 직시해야만 비로소 그것을 극복하고 성공할 수 있다. 남을 원망하지 말고, 실패를 인정하고 경험을 통해 앞으로를 대비하는 것이 이기는 투자자가 되는 것이다.

두려움에는 실체가 없다. 두려움을 깨는 방법은 그냥 행동하는 것이다. '이번 시험에서 망하면 어떡하지?'라는 막연한 두려움을 느낀 적이 있을 것이다. 일어나지 않은 일을 두려워하고 미리 겁낸다. 그럴 땐 그냥 시험공부를 하면 된다. 주식 투자에 대한 두려움이 있다면 그냥 주식 투자를 시작해버리면 된다. 단, 성공할 수 있는 투자를 하도록 공부해야 한다. 10대에게 추천하는 여러 투자 방법을 벤치마킹하여 실행해보고 자신에게 맞는 투자법을 찾는 것이 중요하다. 이제 주식 투자를 시작하는 10대는 당연히 겁날 것이다. 하지만 성인이 되기 전의 올바른 투자 개념 정립과 습관이 성인이 된 이후의 올바른 투자 습관 정착을 도울 것이다. 『유대인 엄마의 부자 수업』에 나온 하버드 심리학과 연구 결과에 따르면 지식과 능력이 부와 성공에 미치는 영향은 15%밖에 되지 않는다고 한다. 반면 감정이 부와 성공에 미치는 영향은 80% 이상이다. 두려움이라는 감정을 극복하고 투자에 성공할 수 있다는 긍정적인 마음을 가지고 실행해보자.

나를 힘들게 하는 건 언제나 나였다. 막연한 두려움이라는 감정을 털어내면 주식 투자자로서 살아갈 수 있다. 용돈으로 쓰고 싶은 것도 많을 테지만 꾸준하게 주식을 사며 미래를 준비하는 작업을 해야 한다. 유혹을 이겨내고 미래를 준비하는 것이다. 또한 주식 투자를 포기하지 않으려면 잃지 않는 투자가 중요하다. 주식 시장에서의 위험을 최대한 분산시키기 위해 우상향하는 지수 추종 ETF를 분할 매수하며 매달 꾸준히 적립식 투자를 하길 바란다.

주식 투자를 포기하려는 자신과의 싸움에서 이기기 위해서는 돈 공부와 투자 일기를 쓰며 극복해야 한다. 했던 일보다 하지 않았던 일로 인생은 정해진다고 한다. 저축만 하던 인생을 투자자의 인생으로 바꾸어보자.

07

지금 바로 주식 투자에 도전하라

주변 지인들이 주식으로 돈을 벌었다는 얘기가 들려온다. 나는 아직 아무것도 모르니까 주식 공부를 하고 나서 주식 투자를 시작해야겠다는 생각이 든다. 주식 투자 책을 읽으니 ROE는 높고 PER는 낮은 기업의 주식을 사야 한다는데, ROE는 뭐고, PER는 또 뭐지? DART 사이트에 들어가서 기업 재무제표를 분석해야 하는데 뭐가 이렇게 복잡한 거야? 공부를 제대로 하고 주식 투자를 시작하려고 하면 이처럼 모르는 것이 너무 많아서 투자를 시작하기까지 시간이 정말 오래 걸린다. 그리고 주식 투자 공부는 끝이 없다. 물론 주식 투자에서 재무재표 분석은 필요하고 중요하다. 하지만 내가 4장에서 알려준 10대가 투자해야 하는 종목들에 실제로 주식 투자를 하면서 공부를 병행하는 것을 추천한다. 일부러 책에서는 주식 종목을 선정할 때 재무제표 보는 법은 소개하지 않았다. 처음부터 어려우면 시작도 하지 않을 것이라는 걸 알기 때문이다. 주식 투자를 일단 시작하는 것이 중요하다고 생각한다.

『럭키』라는 책을 읽었다. 책의 저자는 10년 동안 성공한 인물 1,000여 명과 인터뷰를 하며 성공 비결을 물었는데, 공통된 답변이 "운이 좋았다."라는 말이었다고 한다. 그럼 운을 좋게 하는 비결은 무엇이었을까? 바로 '시도하는 것'이었다. 복권을 긁지도 않았는데 당첨이 될 순 없는 것처럼 말이다. 막연하게 행운을 기다리는 게 아니라 목표를 위해 시도하며 노력하는 것이 중요한 것이다. 투자 전문가들을 보면 저 사람은 저렇게 잘하는데 나는 어렵겠다고 생각하지 마라. 전문가도 어설펐던 초보 시절이 있었다. 어떻게 하는지 알아서 시작하는 것이 아니다. 어떻게 하는지 알기 위해 시작해야 한다. 시작하고 부족한 부분은 채우고 고쳐나가면 된다. 주식 투자 공부를 하고, 투자 일기에 내 투자 습관의 단점을 적고 그걸 반복하지 않으려 노력한다면 더 나은 투자자가 되는 것이다. 따라서 일단 시작해야 한다.

『백만장자 시크릿』이란 책에서도 실행이 가장 중요하다고 말한다. 부자들은 필요한 정보를 미리 다 알 수 없다는 것을 인정한다. 책의 저자는 사람들의 성공을 돕는 교육을 할 때 원칙이 '준비, 발사, 조준!'이라고 한다. 준비하고 조준한 다음에 발사하는 것이 정석이라는 우리의 통념을 깬다. 최대한 짧은 시간 내에 최선의 준비를 하고, 행동을 취하고, 그 후에 수정 작업을 거치며 길을 계속 가라고 한다. 특히 주식 시장은 미래를 예측하기 어렵다. 모든 변수를 준비할 수 없으니 일단 시작해라. 완벽한 준비를 하겠다고 마음먹는 순간 주식 투자를 시작조차 할 수 없을 것이다. 나에게 와서 주식 투자를 하고 싶다고 말하며 주식 공부할 책을 추천해 달라는 지인이 있었다. 나는 경제교실에서 수업 교재로 썼던 『주린이도 술술 읽는 친절한 주식책』을 추천해주었고, 주식계좌 어플 설치 방법까지 알려주었다. 몇 달이 지나 주식 투자를 시작했는지를 물었는데, 여전히 준비가 안 되어 시작을 못 하고 있다고 했다. 완벽할 필요는 전혀 없다. 일단 시작하는 게 중요하다. 시작하고 시행착오를 거치면서 완벽해지려 노력하면 된다. 나이키 회사의 슬로건이 생각난다. 당신에게 해주고 싶은 말이다. 'Just do it(그냥 해).'

모든 부자의 공통점은 실행력이다. 실행력이 인생을 좌우한다. 도전하지 않으면 어떤 일이 일어날까? 아무 일도 일어나지 않는다. 그렇게 평범하게 살다 죽으면 된다. 실행한 사람만이 투자로 큰 수익의 기쁨을 누릴 수 있다. 돈은 행동하는 자의 것이다. 편안할수록 발전은 없다. 『부의 추월차선』의 저자는 성공은 아이디어가 아닌 실행에 있다고 말한다. 아이디어는 내면에서 끓어오르는 생각에 불과하고 아이디어를 실행하는 사람이 모든 것을 소유한다고 말한다. 그리고 "'언젠가'라는 말을 절대 하지 마라. 언젠가를 오늘로 만들어라."라고 말한다. '언젠가', '나중에' 밥 한번 먹자고 하는 사람이 많아서인지 나는 '언젠가, 나중에'라는 단어를 신뢰하지 않는다. 이제 말하기도 입 아프다. 제발 지금 바로 실행하자.

책의 4장에서는 10대가 투자해야 할 주식 종목을 알려주었다. 실행만 하면 된다. 나이에 따라 돈을 배분할 때 '100-연령=주식에 할당해도 좋은 최대한의 비율'이라고 하니 10대는 가진 돈의 80~90%를 주식에 투자해도 된다.

나는 주식 투자로 성공해 경제적 자유를 누리고 나와 내 주변 사람들의 행복을 추구하며 살아가고 싶다. 부자가 되어도 행복하지 않은 사람은 '나 자신'이 누구인지를 모르기 때문에 부자가 되어도 나의 행복을 추구하며 살 수가 없다. 주식 투자를 하기 전 필요한 준비가 있다면 나라는 사람이 어떨 때 행복한 사람인지 정도는 생각해보면 좋을 것 같다. 주식 투자를 미룬다는 것은 나에게 있어서는 나의 행복을 미루는 것과 같다. 그렇기 때문에 절대 미룰 수 없는 것이다.

돈으로 자유를 살 수 있고, 자유는 행복을 준다. 원하는 것을 하며 살기 위해 이 세상에 태어났고, 돈은 꿈을 지속시켜주는 동반자다. 그런 돈을 벌게 해주는 주식 투자를 바로 시작하기 바란다. 이 책을 읽고 주식 투자를 해야 할 필요성을 느꼈다면 지금 당장 도전해야 한다. 당신이 앞으로 어떤 삶을 살게 될 것인지는 실행에 달려 있다. 주식 투자로 복리 효과를 누리고 싶다면 하루라도 어릴 때 바로 시작해라. 다만, 10대가 주식을 시작하게 된다면 주식 투자 때문에 자신의 해야 할 일을 미루거나 못 하게 되는 일은 지양해야 할 것이다.

지인이 자신의 SNS에 "생각하면 이루어지는 것이 아니라 하면 이루어진다"고 올렸는데 공감이 많이 됐다. 역시 실행이 인생을 제대로 살아가는 답인 것이다. 나는 성공해서 책을 쓰는 것이 아니라 책을 써야 성공할 수 있다고 생각해서 책 쓰기를 실행했고, 이렇게 마무리까지 해냈다.

앞으로 나는 투자자로서 성공해 경제적 자유를 누리는 행복한 부자의 모습을 보여주겠다. 투자가 부자가 되는 정답이었음을 증명해내겠다. 나와 함께 성공할 투자 동지들이 되겠는가? 그렇다면 이 책을 덮고 이젠 실행에 옮기자. 당장 주식계좌를 개설하고 본인의 돈으로 저자가 책에서 소개했던 주식 중 1주라도 사보도록 하자! 10대 투자자가 된 당신의 멋진 앞날을 응원하고 있겠다.

부록(인터뷰)

교사가 만난
10대
주식 투자자들

학교에서 경제 교실로 방과후 수업을 하고, 모의 주식 투자대회를 개최하고 다양한 방식으로 경제 교육을 진행하고 있다. 그러면서 학교에서 실제로 주식 투자를 하고 있는 제자들을 알게 되었다. 평균적으로 우리 학교 고등학교 2학년의 경우 한 반에 한두 명의 학생이 주식 투자를 하고 있었다. 내 예상보다 많은 숫자였다. 그 학생들을 인터뷰하고 싶었다.

내가 학교에서 만난 세 명의 10대 주식 투자자들을 심층 인터뷰하였다. 공통점은 모두 18세 남자 고등학생이며, 17세에 주식 투자를 시작 했다는 점이다. 인터뷰 질문은 약 40문항 정도였는데 인상 깊었던 내용들을 소개하고자 한다. 투자 관련 책을 많이 읽는 우리 반 A 학생, 국내 주식 매수하고 온다고 장 시작하는 9시 넘어 등교하기도 한 B 학생, 투자 금액이 천만 원 단위를 넘어가는 현재 자퇴한 C 학생을 대상으로 설문조사를 통해 인터뷰를 진행하였다.

Q1. 첫 주식 투자는 어떻게 시작하게 되었나요?

-A 학생: 아빠가 주식을 시작하시게 되면서 이제는 공부만 해서 성공하는 시대가 아닌 투자를 해야 부자가 된다고 저에게 알려주셨고 흥미가 없더라도 한번 해보라고 하셨습니다. 시작 전에 공부가 필요하다고 생각해서 주식에 관한 책을 읽고 그 후에 시작했습니다.

-B 학생: 그냥 재미있을 것 같아서, 돈 벌고 싶어서 시작했습니다.

－C 학생: 어렸을 때부터 사회, 경제 등에 관심이 많아서 책, 뉴스, 기사를 많이 봤습니다. 그러면서 경제학이 나에게 굉장히 중요한 부분이라고 생각했습니다. 무엇보다 주식을 단순히 재테크, 돈벌이 수단으로 생각하지 않고 그 회사에 투자한다는 생각을 가지고 있었기에 주식을 시작할 수 있었습니다. 당연히 그 속에서 수익이 난다는 것은 내가 이 회사에 투자한 것이 잘못된 선택이 아니었다는 것을 느낄 수 있어서 좋았고 지금까지도 계속 더 좋은 아이디어를 갖고 있는 회사에 투자하고 있습니다.

Q2. 주식 투자 금액은 어느 정도이며, 투자 금액 출처와 투자 주기는 어떻게 되는가?

－A 학생: 현재는 약 200만 원 정도입니다. 부모님이 투자해보라고 한 달에 100만 원 정도 용돈을 주시면 매달 적립식으로 매수하였습니다.

－B 학생: 약 300만 원입니다. 부모님께 받는 용돈과 아르바이트비이며, 가장 많은 비중을 차지하는 것은 아르바이트비입니다. 특별한 주기 없이 돈 생길 때마다 가끔씩 매수합니다.

－C 학생: 약 3,000만 원입니다. 가족끼리 상의하에 납득할 만한 투자 이유가 있을 시 투자하며 부모님 용돈이 주요 투자금 출처입니다. 요즘은 직접 주식에 신경 쓸 여유가 부족해서 국어 공부를 하며 지문을 읽다가 흥미로운 소재가 나오면 조사해보다가 그 소재 관련 좋은 회사가 있

으면 투자하는 편입니다.

Q3. 현재 보유하고 있는 주식 종목은 무엇이며, 어떻게 사게 됐는가?

−A 학생: 삼성전자우입니다. 삼성전자는 국민주였고 우량주인지라 그 냥 사놓으면 이익을 보는 주식이라 생각했습니다. 그리고 배당 더 받는 우선주로 사자 생각해서 삼성전자우를 사게 되었습니다.

−B 학생: 씨젠, 프롬바이오입니다. 바이오주식을 사고 싶어서 사게 되었습니다.

−C 학생: 국내 주식으로 삼성전자, 삼성전자우, 현대차, 현대차2우B, 카카오, 카카오페이, 크래프톤을 보유하고 있고 해외 주식으로 테슬라, 마이크로소프트, 페이팔 홀딩스, 애플, 아마존, AMD, 메타 플랫폼스, 쿠팡을 보유하고 있습니다. 선정 이유는 해당 회사가 더 좋은 세상을 만들 수 있는 아이디어와 실행력, 자본 등을 가지고 있다고 생각했고, 현재 회사 기업의 임원들의 역할(직무유기, 사회적 물의) 등이 회사의 분위기와 이미지 등을 좋지 않게 만들 수 있다고도 조금 생각이 들어서 그 점도 어느 정도 참고했습니다. 또한 사회의 변화에 맞춰 민감하게 반응할 수 있는 기업인지도 매우 중요하게 생각했습니다. 계속해서 고민하고 반응하는 회사, 겉보기에 신경 쓰는 것보단 본질적 가치를 중요하게 생각하는 회사가 제가 생각하는 좋은 회사 중 하나라고 생각하여 해당 기업 주식을 보유하게 되었습니다.

Q4. 평소 본인의 주식 투자 종목 선정은 어떻게 결정하는가?

–A 학생: 부모님과의 상의, 책도 참고하지만 주된 주식 종목 선정은 제가 결정합니다.

–B 학생: 뉴스를 보며 저 스스로 결정합니다.

–C 학생: 모든 정보를 나오는 대로 믿기보다는 직접 찾아보고 알아보는 것이 가장 좋은 방법이라고 생각합니다. 인터넷 조사, 기사 검색, 기업에 들어가서 정보 직접 검색 등을 통해 조사합니다.

Q5. 매도 경험이 있다면 가장 큰 수익을 안겨준 종목은 무엇이며, 매수와 매도 이유는 무엇인가?

–A 학생: 삼전전자우가 제일 컸었지만 일부 매도하였고 보유 중인 현재는 약간 마이너스 수익률 상태입니다. 7만 원 정도에 매수하여 9만 원정도 갔을 때 일부 매도하였습니다. 매수 이유는 우량주에 국민주이므로 안 살 이유가 그때 딱히 없었고 계속 쭉쭉 오르고 있어 구매했습니다.

–B 학생: 삼성전자이고, 50% 수익률을 거두었습니다. 시작은 안전하게 하고 싶어서 국내 1등 주식을 매수하였고, 고점이라고 느껴질 때 매도하였습니다.

–C 학생: 엔비디아이고 80%의 수익률을 거두었습니다. 엔비디아는 GPU를 생산하는 회사중 단연코 최고라고 할 수 있습니다. 과학을 좋아하는 친구들과의 대화, 뉴스 기사 등에서 이미 그 사실은 알고 있었고 또

한 최근 가상화폐의 열풍으로 GPU가 굉장히 중요하게 작용하며 전기차의 반도체 부품에도 사용될 가능성이 있어서 투자했습니다. 매도 이유는 제게 주식은 회사에 투자하는 것이기 때문에 지속 성장 가능성이 굉장히 컸지만 매도 연습을 해보기 위해서 많은 고민 중에 선택한 것이 엔비디아입니다.(연습한다고 팔았는데 제 주식인생의 최대 미스라고 생각합니다. 갖고 있었으면 계속해서 성장하는 기업이었기 때문에 더 좋은 성과를 볼 수 있었는데 200%의 수익률도 안녕…)

Q6. 주식 투자하는 데 도움을 주로 어디서 받는가? 추천하고 싶은 주식 투자 방법은 무엇인가?

−A 학생: 책도 읽고, 페이스북에 주식 갤러리로 분석글이나 여러 가지 좋은 글이 많이 올라와서 참고할 수 있었습니다. 읽은 책 중에서는『주린이도 술술 읽는 친절한 주식책』이 주식 투자에 도움이 되었고, 『부의 추월차선』이란 책을 읽고 투자, 불로소득을 만들어야 부를 이룰 수 있음을 알게 되어 추천하고 싶습니다.

−B 학생: 아침 뉴스를 참고하여 주식 투자를 합니다.

−C 학생: 참고 책 중에서 가장 기억에 남는 책은 1학기 모의 주식 투자 수익률 1등을 했을 때 선생님께 선물로 받은 『돈의 속성』이 가장 기억에 남습니다. 돈이라는 것, 경제라는 것을 다시금 느끼게 해주었고 아직은 투자 지식에서 부족한 부분이 많다는 것을 알게 되었습니다. 도움을 받

고 있는 사이트 및 어플로는 삼성증권, 인베스팅닷컴, 미니스탁 등이 있습니다. 뉴스는 네이버 경제 뉴스, 지상파 뉴스 등을 찾아봅니다.

유튜브 영상 중에서는 〈슈카월드〉를 참고합니다. '이거 사세요.'라고 하는 유튜버들, 차트 보는 법만 알면 무조건 수익률 난다고 하는 유튜버들을 굉장히 싫어하고 절대 보지 않습니다. 하지만 〈슈카월드〉 방송은 주식 방송이 아닌 경제, 세계사 등의 다양한 주제로 요즘 러시아와 우크라이나의 상태, 부산 해상도시 건설 울산과 인천의 해저도시 건설, 제임스 웹 우주 망원경 발사 등의 정보를 알려주는 등의 방송을 하기 때문에 요즘 이런 게 있구나 하면서 그 분야에 관심이 생기고 찾아보게 됩니다. 유일하게 보는 경제 유튜브이고 쉴 때 생방송을 보면서 현재 경제 상황 등에 대해서 빠르게 캐치합니다.

Q7. 주식 투자를 해보니 좋았던 점은 무엇인가? 어려웠던 점은 무엇인가? 그 어려움 해결은 앞으로 어떻게 극복할 것인가?

−A 학생: 좋았던 점은 그 기업에 대해 알 수 있었고, 물건마다 어디 회사 것이고 얼마나 유용한지를 생각하는 등 사고방식이 바뀐 점입니다. 하지만 기업 분석이나 어떤 종목을 투자를 할지 잘 모르겠고 많이 어려웠습니다. 어려움 극복은 경험을 계속해서 해봐야 한다고 생각합니다.

−B 학생: 좋았던 점은 돈을 벌 수 있다는 것이었고 어려웠던 점은 내 마음처럼 주식 차트가 움직이지 않는 것이었습니다. 계속 주식 투자에

대해 공부하여 극복하려 합니다.

-C 학생: 좋았던 점은 몰랐던 새로운 것들을 알 수 있었고 경제를 아니까 세계를 알 수 있었습니다. 또한 제가 회사에 투자를 했고 그 투자로 인해 세계가 좋아지는데 조금이나마 기여했다는 생각에 좋은 것 같습니다. 어려웠던 점은 많이 공부도 하고 조사하면서 신경 써도 생각지도 못한 변수 등에 대비할 수 없기 때문에 당황하는 경우가 있었습니다. 변수를 직접 막을 수는 없겠지만 당황하지 않고 그 변화에 맞춰 적응하고 받아들일 수 있는 유연성을 키워야 할 것 같습니다.

Q8. 앞으로도 주식 투자를 할 것인가? 그렇다면 그 이유는 무엇인가?

-A 학생: 더 이상 매수는 안 하고 있습니다. 저에게 주식 투자는 맞는 것 같지 않아 부동산 투자로 넘어가 공부 중입니다.

-B 학생: 계속할 것입니다. 그냥 주식 투자가 재미있습니다.

-C 학생: 네. 계속해서 세상을 좋게 변화시킬 수 있는 회사가 있다면 투자할 것이고 그런 좋은 회사가 계속 나오길 바랍니다.

Q9. 주식 투자는 일찍 하는 것이 좋은가? 그렇게 생각한 이유는 무엇인가?

-A 학생: 네. 확실히 투자든 뭐든 일찍 시작을 해보고 적성에 맞는지부터 알고 열심히 공부하여 어린 나이에 실패도 해보고 경험을 쌓아가는

것이 가장 중요하다고 생각합니다.

-B 학생: 네. 이왕 잃을 거면 큰 금액보단 적은 금액을 잃어보고 자기와 맞지 않다면 금방 그만둘 수 있기 때문입니다.

-C 학생: 중립입니다. 왜냐하면 분명히 경제에 대해 알 수 있는 좋은 기회일 수 있고 세상이 좋아질 수 있도록 도울 수 있다는 것에 뿌듯함이 생길 수 있지만 저와 생각이 다르게 단순히 돈 벌기, 인생 한 방, 이런 식으로 주식을 하게 된다면 분명히 문제가 생길 것 같다고 생각합니다. 무엇보다 투자 금액이 커지거나 기업의 재정 등을 계속 보다 보면 돈에 대한 감각이 무뎌져서 10만 단위 아래는 비교적 작아 보이는 굉장히 위험한 일이 생길 수 있는 것 같아서 걱정입니다. 실제로 저 또한 억, 조 단위를 보다가 상대적으로 적은 만 원, 10만 원을 보니 '적네.'라고 순간 생각이 들어 소름이 돋은 적도 있어서 앞으로 조심해야겠다고 생각했습니다. 아직 저도 배워야 할 게 많다는 뜻이겠죠. 결국 가장 중요한 건 경제에 대해 충분히 공부하고 지식이 쌓인 후에 시작해야 한다는 것입니다.

인터뷰를 해보니 각각의 학생마다 투자 스타일이 달랐다. 세 명 학생의 인터뷰는 나에게도 많은 배움을 주었고 의외의 답변들도 많았다. 더 많은 인터뷰 내용은 책 곳곳에 담아내며 10대를 위한 돈 공부 방향을 제시하려 노력했다. 본인의 경험을 나누며 성실히 설문에 응해준 세 명에게 진심으로 감사하다고 한 번 더 책을 통해 고마운 마음을 전달하고 싶다.